진짜 돈 vs 가짜 돈
절대 실패 없는
— 금 투자 —

진짜 돈 vs 가짜 돈
절대 실패 없는
금 투자

초판 1쇄 발행 2025년 11월 12일
초판 3쇄 발행 2025년 12월 5일

지은이 배재한

발행인 장상진
발행처 (주)경향비피
등록번호 제2012-000228호
등록일자 2012년 7월 2일

주소 서울시 영등포구 양평동 2가 37-1번지 동아프라임밸리 507-508호
전화 1644-5613 | **팩스** 02) 304-5613

ⓒ배재한

ISBN 978-89-6952-639-7 03320

· 값은 표지에 있습니다.
· 파본은 구입하신 서점에서 바꿔드립니다.

진짜 돈 vs 가짜 돈

절대 실패 없는
금 투자

배재한 지음

■ 안전과 수익을 동시에 잡는 금 투자 절대 공식 ■

경향BP

'진짜 돈'이
뭔지 알고 투자하라

금은 안전자산을 넘어 완전 자산이다. 달러 인덱스가 상승할 때도 금값은 상승했다. 디플레이션이나 인플레이션, 스태그플레이션 등 그 어떤 상황에서도 강세를 보인다.

예전에 매장을 방문했던 노부부가 한 말이 아직도 기억에 남는다.

"이제 진짜 돈이 뭔지 알 것 같다."

그들은 과거 1kg 금이 4,000만 원일 때 망설였고 7,500만 원일 때도 망설였는데 이제야 결단을 내린 것이다.

사람들이 점점 '진짜 돈'의 개념을 이해해 가고 있다. 종이돈은 단지 신뢰를 기반으로 돌아가는 약속일 뿐이다. 반면, 금과 은은 실물 자산이다. '리얼 머니Real Money'다. 비트코인이 그렇듯 특정한 공동체 안에서만 통용되는 '합의된 상징'과 다르게 금은 전 인류가 수천 년 동안 인정해 온 가치를 담고 있다.

왜 그렇게 많은 사람이 금이나 은에 대한 이야기를 듣고도 계속 망설이는 걸까? 실물 금을 산다는 것은 단순한 투자가 아니다. 실물 금에 투자한다는 것은 금융 시스템이 흔들릴 때도 나를 지켜 줄 수 있는, 일종의 '방패'를 준비하는 일이다. 실제로 이 글을 쓰는 동안에도 1kg 골드바 10개와 1kg 실버바 100개를 구입한 고객이 있었다. 누가 시켜서가 아니라 스스로 '준비할 때가 왔다.'고 판단한 것이다.

중매 거래 시스템도 점점 더 많이 알려지고 있다. 단순히 은행을 통하거나 부가가치세 포함 가격으로 사는 것이 아니라 개인 간 신뢰를 기반으로 연결해 주는 중매 방식이야말로 지금 시점에서는 가장 효율적인 수단 중 하나다. 물론 여전히 오해도 있고, 가격 비교만 보고 '싸다, 비싸다'를 판단하는 사람들도 있다. 하지만 제대로 알고 비교하면 이 시스템이 얼마나 합리적인지 금세 알게 된다.

요즘 금값이 많이 올랐지만, 한국 금값은 국제 시세에 비해 여전히 저평가되고 있다. 그래서 중매 거래를 활용하면 훨씬 싸게 살 수 있고, 일정 기간이 지나면 시세 차익도 노릴 수 있다. 중요한 건 돈을 벌려고 조급해서는 안 된다는 것이다. 지금 내가 무엇을 위해 움직이는가에 대한 방향 감각이 중요하다. 미래가 불투명하고, 종이돈의 신뢰는 점점 떨어지고 있으며, 중앙은행 디지털 화폐CBDC든 스테이블 코인stable coin이든 인플레이션이든 모두 우리 자산을 흔들 수 있다. 이런 상황에서 금과 은에 대한 이해, 실물자산에 대한 접근은 단순한 취미가 아니라 필수 전략이다.

누구에게는 1돈짜리 반지일 수도 있고, 누구에게는 10kg 단위의 포트폴리오일 수도 있다. 어떤 방식이든 자신에게 맞는 규모로 실물 자산을 축적해 두는 일이 중요하다. 주식, 채권, 부동산 등 다양한 자산군이 있지만, 금과 은은 '없어지지 않는 실물'로서 언제든 제 몫을 해낸다.

나의 업은 금과 은의 가치를 공유하며 고객의 자산을 증식시키는 것이다. 예쁜 주얼리를 선택해서 고객을 아름답게, 기분 좋게, 행복하게 만든다는 게 내가 추구하는 가치다. 진짜 돈을 알아 가는 사람들의 선택은 결국 정답을 향해 움직이고 있다. 당신도 이제는 결단해야 할 시점이다.

배재한

차례

프롤로그 '진짜 돈'이 뭔지 알고 투자하라 • 5

1장
절대 실패하지 않는 금 투자의 시작

01 금은 사치가 아닌 전략이다 • 18
사람들은 왜 '금'을 찾는가? • 18 | 금 투자를 하려면 금고부터 장만하라 • 21

02 실물 금은 디테일에서 판가름 난다 • 25
골드바, 다 똑같지 않다 • 25 | 금은 단지 숫자가 아니라 손에 쥐는 실체다
• 28 | 실물 금 vs 금 선물 : 방어와 공격 • 31

03 위기일수록 금은 강해진다 • 35
브릭스와 통화전쟁 속 달러 패권과 금값의 미래 • 35 | 폭락하는 금융시장 속 최고의 안전자산은 금이다 • 40

04 금값은 로또가 아니라 경제의 바로미터다 · 42
　금값 상승의 구조적 원인 · 42 | 금값은 어떻게 결정될까? · 45

05 금은 상장폐지가 없는 자산이다 · 49
　실물 금은 상장폐지가 없다 · 49 | 진짜 금과 돈의 의미를 깨달아라 · 52

06 실물은 숫자보다 강하다 · 56
　금과 은은 차트를 보며 사고파는 물건이 아니다 · 56 | 투명한 유통으로 금을 매수하는 법 · 58

07 2030년까지 시스템이 가격을 끌어올린다 · 62
　수요를 끌어올리는 힘 · 62 | 구조적 자산으로 가는 길 · 66

2장
절대 실패하지 않는 안전자산 투자

01 구조적 변화가 금값을 끌어올린다 · 70
　미국의 통화 정책과 달러 시스템의 균열 · 70 | 금 공급의 한계와 수요의 구조적 전환 · 72

02 스테이블 코인이 부상할수록 금은 더 강해진다 · 75
　통제받는 화폐 vs 통제받지 않는 금 · 75 | 금 기반 스테이블 코인은 디지털 시대의 금본위제다 · 77

03 탈달러 시대, 세계는 다시 금으로 간다 · 80
　지정학적 충돌이 가져온 금의 귀환 · 80 | 인플레이션과 시스템 리스크의 교차점 · 81

04 금은 자산 포트폴리오의 생존 보험이다 • 83

금은 위기 시 자산을 지키는 최후의 수단이다 • 83 | 금은 가장 느리지만 가장 강한 자산이다 • 85

05 이제는 스마트폰으로 금 투자를 한다 • 88

소액으로도 금 투자를 할 수 있다 • 88 | 토큰화 금의 가능성과 리스크 • 90

06 금 ETF는 실물 없는 금 투자의 대안이 될 수 있을까? • 92

ETF는 실물 금 없이 금 투자하는 가장 빠른 방법이다 • 92 | ETF의 본질은 유동성이고 금의 본질은 실물이다 • 94

07 나이와 자산에 따라 금 투자 전략은 다르다 • 97

20대 사회 초년생부터 50대 자산 축적기까지의 금 투자 전략 • 97 | 은퇴자와 고액자산가의 금 투자 전략 • 99

3장
절대 실패하지 않는
금 투자 기초 원칙

01 제대로 사는 것이 중요하다 • 102

나에게 맞는 실전 금 투자법을 찾아라 • 102 | 싸다고 아무 금이나 사면 안 된다 • 104 | 금 투자 전문가가 알려 주는 매수·매도 팁 • 107

02 싸게 사서 똑똑하게 보유하라 • 111

골드바 10돈을 50만 원 싸게 사는 방법 • 111 | 실물 금 투자를 해야 하는 이유 • 114 | 안전하게 투자하려면 제대로 알아야 한다 • 118

03 금은 어려운 투자가 아니다 • 121

금 투자를 현명하게 하는 방법 • 121 | 금 투자가 복잡하다는 것은 편견이다 • 123 | 지금이라도 시작하는 게 가장 빠른 출발이다 • 126

04 같은 무게인데 왜 가격이 다를까? **128**
　오래된 제품이라고 함량이 줄어들지 않는다　**128**｜비브랜드 골드바는 매도 시 제값 받기 어렵다　**130**｜외국 골드바와 국산 골드바의 차이가 생기는 이유　**133**

05 부자들의 금 거래는 다르다　**137**
　부자들만 아는 금을 싸게 사는 방법　**137**｜신뢰할 수 있는 금 투자 파트너를 찾아라　**139**

4장
절대 실패하지 않는 실전 금 투자 전략

01 금 투자는 타이밍과 심리의 게임이다　**144**
　금 투자는 생각보다 쉽다　**144**｜투자는 '얼마나 기다릴 수 있느냐?'가 관건이다　**146**｜금은 오르기 전 조용할 때 준비하는 자산이다　**149**

02 지금 금값에 속지 말고 흐름을 읽어라　**151**
　조금 더 싸게 사려는 생각은 버려라　**151**｜국제 금값이 급등해도 국내 금값에는 바로 반영되지 않는다　**153**

03 환율을 모르면 금 투자를 할 수 없다　**156**
　환율 변동에 따른 금 투자 전략　**156**｜환율이 오르면 금값도 오른다　**159**｜환율과 금값이 급등할 때 골드바 싸게 사는 방법　**161**

04 국내에서도 달러로 금을 살 수 있다　**163**
　금과 달러의 관계를 파악하라　**163**｜달러로 골드바를 구매하는 방법　**166**｜달러로 환전 수수료 없이 금을 사다　**168**

05 금융 시스템의 구조가 바뀌고 있다 · 171

금은 금리 인하가 시작되면 가장 기대되는 자산이다 · 171 | 현금 기반의 금 거래 구조가 붕괴되고 있다 · 173 | 복잡한 경제 상황을 돌파하는 금 투자 전략 · 176

5장
절대 실패하지 않는 금 가격 읽기

---

01 금값은 유통 구조로 결정된다 · 180

금 투자의 본질은 시세 흐름과 유통 구조에 대한 이해다 · 180 | 구조를 이해하고 거래 시스템에 들어가라 · 183 | 시장 유통가 기준은 공급 중심으로 움직인다 · 185

02 금값은 실제 거래 현장에서 결정된다 · 188

뉴스 속 금 가격이 아니라 실제 거래가가 중요하다 · 188 | 한국의 금값은 어떻게 결정될까? · 191 | 금값이 올랐다는데 팔 때 반영되지 않는 이유 · 194

03 제대로 알고 팔아야 손해 보지 않는다 · 197

금을 판매할 때 동네 금은방을 피해야 하는 이유 · 197 | 검증된 정보와 구조를 통해 계획적으로 준비하라 · 199 | 실물 기반 거래 생태계를 적극 활용하라 · 201

04 순금 팔찌도 가치 투자다 · 203

순금 팔찌는 언제든지 유동화할 수 있는 실물자산이다 · 203 | 순금 주얼리의 금값은 선택이지만 수공비는 전략이다 · 207

6장
절대 실패하지 않는
실물 금·은 보관법

01 자산의 가치는 보관에서 결정된다 212
  골드바와 실버바를 보관하는 방법 212 | 실버바는 전문 보관 서비스를 이용하라 215

02 저평가된 은 투자에 숨은 기회가 있다 217
  숨은 자산가치인 실버바에 주목하라 217 | 은화는 관리가 필요한 자산이다 219 | 프리미엄 금화와 은화에 투자하라 221

03 실물자산의 족보를 확인하라 225
  99.9와 999.9는 미세한 차이가 아니다 225 | 일련번호는 단순한 각인이 아니다 230 | 보증된 제품에 투자하는 게 현명하다 232

04 브랜드가 실물자산의 격을 만든다 235
  LS 골드바는 단순한 금이 아니라 브랜드화된 자산이다 235 | 골드바는 브랜드와 외형에 따라 가치가 달라진다 239 | 주물금보다 브랜드 골드바를 선택하라 243

05 정보와 브랜드가 진짜 가치를 만든다 245
  모든 금이 다 똑같다는 말은 거짓말이다 245 | 브랜드, 거래 방식, 거래 구조에 따라 금값이 다르다 248 | 골드바를 살 때 호갱이 되지 않는 방법 250

7장
절대 실패하지 않는 금 매매 전략

01 중매 거래로 더 싸게 사고 더 비싸게 팔자 254
　금값 예측보다 거래 방식을 주목하라 254 | 중매 거래 플랫폼을 적극 이용하라 256 | 중매 거래로 훨씬 저렴하게 금을 살 수 있다 257 | 브랜드 가치가 있는 골드바는 중매 거래로 사라 259 | 실버바도 중매 거래를 적극 이용하라 260

02 수익률은 한 끗 차이에서 갈린다 263
　중매 거래는 매도자와 매수자 모두에게 이익이다 263 | 사고팔 때는 금은방이 아니라 중매 거래를 이용하라 266

03 홈쇼핑에서 금을 사면 손해다 269
　홈쇼핑에서 금을 사면 안 되는 이유 269 | 홈쇼핑에서 금을 사는 것은 가장 비싼 선택이다 271

04 아무리 급해도 아무 데나 팔지 마라 274
　골드바와 실버바를 아무 데나 팔면 손해다 274 | 프리미엄 제품은 신중하게 처리하라 276

05 실물 금 거래는 아는 만큼 번다 279
　비싸게 팔려면 정보를 모으고 구조를 이해하라 279 | 금도 브랜드가 대우받는다 281 | 금 투자는 부의 상징이 아니라 부자가 되는 방식이다 284

06 실물 골드바는 움직이는 돈의 최전선이다 287
　금 투자는 시세보다 실물이 중요하다 287 | 저렴한 금보다 자신의 취향에 맞는 금을 찾는 추세다 288 | 골드바는 단순한 상품이 아니라 시간을 이기는 자산이다 291

8장
절대 실패하지 않는 금 투자 리스크 관리

01 골드뱅킹은 수익을 갉아먹는다 • 296
골드뱅킹은 수익이 아닌 세금을 늘리고 유동성을 제한한다 • 296 | 세금 부담 없는 실물 골드바에 투자하라 • 300

02 세금 걱정 없는 금 투자 전략 • 303
중매 거래를 적극 활용하라 • 303 | 부가가치세 없이 금 거래하는 방법 • 304

03 보이지 않는 힘과 유혹을 경계하라 • 307
금과 은의 선물 증거금을 제대로 알고 투자하라 • 307 | 금 투자 리딩방을 경계하라 • 310

04 KRX 프리미엄 신호등과 금의 외환보유 비중 확대 • 314
KRX 금시장과 실물 금 시장의 관계 • 314 | 한국은 외환보유고에 왜 금을 더 담아야 하는가 • 318

에필로그 금은 '진짜 돈'의 가치를 아는 사람들의 실물자산이다 • 322

1장

절대 실패하지 않는 금 투자의 시작

01
금은 사치가 아닌 전략이다

사람들은 왜 '금'을 찾는가?

2022년 러시아가 우크라이나를 침공했을 때 전 세계 금융시장도 요동쳤다. 정치뿐만 아니라 경제도 불안정해지자 금, 특히 골드바에 대한 관심이 다시 높아졌다. 왜 사람들은 다른 경제적 가치보다 금을 찾았을까? 금은 단순한 투자자산을 넘어 삶의 다양한 순간에 실질적인 용도로 활용될 수 있는 실물자산이다. 이러한 속성이 불안정한 상황에서 주목받았던 것이다.

그 밖에도 골드바는 다양한 상황에서 활용할 수 있다.

첫째, 자녀의 미래를 위한 준비금이다. 자녀가 대학에 입학할 즈음에는 등록금과 주거비 부담이 만만치 않다. 지금 사 둔 골드바가 10년, 20년 후에 자녀의 등록금으로 유용하게 쓰일 수 있다. 지금의 금값 기준으로도 10돈~1kg 단위의 실물 금은 충분한 가치저장 수단이 될 수 있으며, 인플레이션 헤지에도 효과적이다.

둘째, 주거 확장이나 이사 시 실질적 자산 전환 수단이다. 더 넓은 평수의 아파트로 이사하거나, 주택을 리모델링하는 등 큰 비용이 필요한 시점에는 보유 중인 골드바를 일부 매각하여 주택 자금에 보태는 방식으로 활용할 수 있다. 실물 금은 부동산과 함께 대표적인 '현물 자산'으로서 교환 가능성과 실현 가능성이 높다.

셋째, 부모님께 필요한 건강 선물을 준비할 수 있다. 연세가 많은 부모님은 관절통이나 근육통 등으로 불편함을 호소하곤 한다. 이럴 때 골드바를 실물로 매도하거나 일부 처분해 온열 매트, 헬스케어 기기 등 실질적인 건강 선물을 마련하는 데 활용할 수 있다. 금은 저장 가치가 높은 자산이기에 시간이 지나도 구매력을 유지할 수 있다는 장점이 있다.

넷째, 결혼 예물 및 신혼 준비금이다. 결혼을 앞둔 신혼부부에게도 골드바는 예물로서뿐 아니라 신혼여행, 가전 구입, 전세 계약금 등 다양한 목적의 자금으로 전환할 수 있다. 특히 순금 예물로 받은 금을 보유하고 있다가 필요한 시점에 매도해 사용하는 방식은 실질적인 자산 활용 사례가 된다.

다섯째, 사업 자금 혹은 상가, 공장 매입 시 활용이다. 사업을 운영하는 사람들에게 금은 운영 자금의 비축 수단이자 위기 시 유동화가 가능한 보증 자산이다. 특히 상가나 공장 구입 시 초기 계약금, 중도금 등으로 전환해 활용할 수 있고, 급하게 인테리어 비용이 필요할 때 일부 매도하여 충당하는 식으로 유연하게 자금 운용을 할 수 있다.

여섯째, 자동차 구매나 취미 등 개인적 소비를 위해 활용할 수 있다. 고급 차량이나 캠핑카, 오디오 시스템 등 취미 자산을 구매할 때 금을 매도하여 자금을 마련하는 경우도 있다. 금은 시간이 지나도 가치 하락이 적어 장기 보유한 후 고관여 소비에 사용하는 전략적 수단이 될 수 있다.

일곱째, 노후의 생활 자금이다. 자녀를 모두 출가시키고 노부부만 남았을 때 국민연금이나 퇴직연금만으로는 부족한 생활비를 보완하기 위해 보유 중인 금을 조금씩 매도하며 생활 자금으로 활용하는 경우도 많다. 이는 노후의 비상금이자 인출 가능한 자산으로 금이 작용할 수 있음을 보여 준다.

시중에는 1kg 골드바부터 100g, 10돈, 1돈 등 다양한 단위의 실물 금이 유통되고 있다. 최근 국제 금 시세와 환율이 상승하면서 실물 금 가격도 상승세를 보이고 있는데, 중매 거래를 통해 위탁 매매하면 더 싸게 매입할 수 있다. 실제로 내가 운영하는 골드나라의 중매 거래를 통하면 7~8%가량 더 저렴하게 실물 금을 매입할 수 있다.

금은 단순히 예쁜 장신구나 사치품이 아니라 전략적 자산이다. 삶의 다양한 국면에서 현실적인 자산으로 작동하는 실물 가치 보존 수단이다. 단기간 시세 변동에 흔들릴 필요 없이 장기적으로 금을 천천히 모아 나가는 전략이 중요하다. 금은 부를 축적하고, 때로는 지키는 데 있어 믿을 수 있는 조력자가 될 수 있다.

금 투자를 하려면 금고부터 장만하라

실물자산에 투자하려는 결심을 행동으로 옮길 때 가장 좋은 방법은 무엇일까? 어쩌면 금고부터 사 놓는 것일 수 있다. 실물자산은 외양간부터 짓고 시작하는 것이라 할 수 있기 때문이다.

가끔 금 투자를 이제 막 시작해 보려고 하는데 금고부터 사 놔야 할지, 아니면 실물인 금부터 사야 할지 묻는 분들이 있다. 나는 그때마다 둘 다 같이 하라고 한다. 닭이 먼저냐, 달걀이 먼저냐는 식의 문제는 실물자산 투자에서 별 의미가 없다. 중요한 것은 '시작' 그 자체다. 시작은 금과 은을 조금씩 사면서 동시에 보관할 금고를 준비하는 것이다.

금고는 단지 철제 상자가 아니다. 부의 출발선이다. 물론 금고가 꼭 있어야만 금 투자를 할 수 있는 것은 아니다. 하지만 금고가 있으면 달라진다. 그 안에 무엇을 넣고 싶을까? 금, 은, 시계, 다이아몬드, 부동산 계약서, 등기부 등본, 달러, 현금 등 귀중한 것으로 채우고 싶지 않을까?

실제로 금 투자를 하지 않더라도 금고를 들여놓으면 '그 안을 채워

야겠다.'라는 생각이 든다. 이 단순한 심리의 전환이 바로 자산 축적의 첫 단계인 셈이다. 금고가 있는 집과 없는 집의 차이는 단순한 보안 문제를 넘어서 자산에 대한 마음가짐부터 달라지게 한다.

흔히 금고라고 하면 은행을 떠올리는데 증권사나 투자사도 있다. 그중에서 JP모건은 실물 은을 가장 많이 보유한 것으로 잘 알려져 있다. 투자의 달인 워런 버핏도 금 관련 투자에 나섰다. 사실 워런 버핏은 금은 이자가 없고 재투자가 불가능하다면서 거들떠보지도 않으며 투자자산으로의 가치를 평가절하한 인물이다. 그런 그가 금 관련 기업에 투자한 것이다.

많은 사람이 "금이나 은은 이자를 주지 않아서 필요 없다."라고 한다. 하지만 이런 생각이야말로 단편적이다. JP모건은 은 선물 시장에서 시세를 조작했다는 혐의로 형사 소송을 당하기도 했다. 그런데도 실물 은을 보유하는 입장을 계속 유지하고 있다. 무슨 이유 때문일까? 달러와 미국 패권이 흔들릴 수 있는 위기 상황에서 가장 확실한 방어선이 실물 은과 금이기 때문이다.

● CME 공식 데이터에 보고된 JP모건의 실물 은 보유량 ●

단위 : oz   2025년 7월 23일 기준

	이전 총액	수령	출고	순변동	조정	오늘 총액
등록분	40,252,492.490	0.000	0.000	0.000	0.000	40,252,492.490
적격분	170,031,088.333	0.000	0.000	0.000	0.000	170,031,088.333
합계	210,283,580.823	0.000	0.000	0.000	0.000	210,283,580.823

미국에서는 실물 금 보유에 제약이 많기 때문에 기관들은 실물 은 중심의 포트폴리오를 짜는 경우가 많다. 워런 버핏도 앞서 말했듯이 금 관련 기업, 즉 금광 관련 주식을 매입한 이유다. 금과 은은 의미 없다는 말은 전혀 사실이 아니다. 오히려 진짜 고수들은 금과 은을 다룰 줄 안다.

금 관련 투자는 언뜻 보면 복잡해 보인다. 예전에 누군가가 이렇게 물었다.

"실물 인출을 하지 않고 금값이 오르면 팔 목적으로만 금을 모은다면 한국거래소KRX 금시장은 비추인가요?"

너무 복잡하게 생각해서 나온 질문이다. KRX 금시장은 한국거래소라는 공기업이 운영하는 시장이고, 거래 안정성과 전산 시스템은 충분히 신뢰할 수 있다. 단, 전쟁이나 전산 마비와 같은 극단적인 상황을 염두에 둔다면 실물 금 보유도 병행하는 것이 좋을 수 있다.

이렇게 말하는 사람도 있다.

"금이 좋을까요, 은이 좋을까요?"

이런 질문은 너무 많이 고민하느라 시작조차 하지 못하는 사람들에게서 나온다. 나는 이런 질문을 받으면 이렇게 말한다.

"이번 달에 금이 당기면 금을 사고, 다음 달에 은이 당기면 은을 사면 됩니다."

비율은 중요하지 않다. 금 100g이 마음에 들면 그걸 사면 된다. 남는 돈이 있으면 실버 코인 하나, 혹은 1돈짜리 금을 사도 된다.

처음부터 '포트폴리오 구성'을 고민할 필요는 없다. 금과 은을 직접 사 보는 것이 가장 중요하다. 로또 당첨도 일단 복권을 사야 하는 것처럼 말이다.

물론 시간이 지나면 자연스럽게 금으로 투자 비중이 늘어날 때가 많다. 은은 부피도 크고 무거운 데다 운반마저 힘들어 자연스럽게 '은은 조금만 가지고 있고, 금을 더 사야겠다.'라는 생각을 하게 된다. 이건 계산이 아니라 체험을 통해 자연스럽게 배우는 것이다.

● 자산 시가 총액 ●

2025년 10월 기준

순위	이름	시가 총액
1	금	$29.674 T
2	엔비디아	$4.46 T
3	마이크로소프트	$3.817 T
4	애플	$3.744 T
5	알파벳(구글)	$3.066 T
6	은	$2.849 T
7	아마존	$2.272 T
8	비트코인	$2.156 T
9	메타 플랫폼즈(페이스북)	$1.8 T
10	VTI(Vanguard Total Stock Market) ETF	$1.703 T

02
실물 금은 디테일에서 판가름 난다

골드바, 다 똑같지 않다

실물 골드바에 얽힌 작은 혼란 하나를 짚어 보겠다. 바로 LS 골드바 1kg짜리 제품에 표기된 단어의 차이 문제다. 골드바를 자주 다루는 입장에서는 늘 보던 것이고, 그래서 아무렇지 않게 넘기던 사소한 차이였다. 하지만 누군가에게는 꽤 심각한 문제로 느껴질 수 있는 부분이기도 하다.

LS 골드바 2개를 나란히 놓고 보니 겉보기에는 똑같은 1kg짜리 주물 골드바인데 표기된 문구가 서로 다르다. 하나는 'MELTER', 다른 하나는 'SMELTER'라고 적혀 있다. 비전문가가 보면 '혹시 둘 중 하나가 가짜는 아닐까?' 하는 의심이 들 수도 있는 상황이다. 공신력 있는 회사에서 나온 제품이라고 해도 표기가 다르면 진위에 대한 혼란이 생기는 건 당연하다.

결론부터 말하자면 걱정하지 않아도 된다. 둘 다 정품이고, 둘 다 LS MnM에서 정식으로 제작한 골드바다. 2023년 5월까지는 'SMELTER'와 'MELTER' 2가지 표기를 혼용해 왔고, 6월부터는 'MELTER' 표기로 통일해 생산하고 있다. 소유한 골드바에 적힌 단어 하나가 다르다고 해서 마음이 불편해졌다면 이제는 그 불안을 내려놓길 바란다.

이처럼 같은 회사에서 같은 규격으로 만든 제품인데도 단순한 표기 방식 차이로 소비자 혼란이 생기는 건 의외로 흔한 일이다. 실물 금 투자자들, '진짜 금'을 직접 만지고 소장하는 분들 사이에서는 이런 작은 디테일 하나가 민감하게 작용할 수 있다. "내가 받은 골드바가 왜 다르지?", "혹시 가짜가 아닐까?" 하는 의심은 당연한 심리다. 그런데 의심이 계속되면 실물 금 시장 자체에 대한 불신으로 이어질 수도 있다.

실물 금 투자는 외형보다 본질에 집중해야 한다. 이 작은 오해 하나를 계기로 다시 한 번 실물자산에 대한 신뢰를 재확인하게 된다. '진짜 금'을 가진 사람에게는 그 무게만큼의 시간이, 안정감이 그리고 확신이 쌓여 간다.

LS MnM이라는 회사는 예전의 LS니꼬동제련이 사명을 바꾼 것이

• 같은 회사에서 만들었는데 이름이 다른 골드바 •

• 'SMELTER'로 표기된 골드바 •

• 'MELTER'로 표기된 골드바 •

다. 우리나라에서 '굿 딜리버리Good Delivery' 인증을 보유한 공신력 있는 금 제조사로 런던금시장협회LBMA의 인증을 받은 제품을 만드는 곳이기도 하다. 주물 방식의 골드바 외형이 조금 투박하게 보일 수도 있지만, 오히려 날것 같은 그 질감을 좋아하는 투자자도 많다. 반짝반짝 광택이 나는 프레스 골드바와 다른 매력이 있다.

금은 단지 숫자가 아니라 손에 쥐는 실체다

금 투자는 궁극적으로 안전자산을 보유하고자 하는 목적에서 시작된다. 그런데 그 '안전'이란 개념에는 금 자체뿐만 아니라 내가 어떤 금을 가지고 있고, 그것이 시장에서 어떤 평가를 받는가도 포함되어야 한다. 실물 금을 구입할 때는 브랜드, 제조사, 포장 상태, 재판매 가능성까지 고려해 종합적으로 판단해야 한다.

KRX 금 거래는 기본적으로 주식처럼 계좌 개설 후 실시간으로 거래할 수 있고, 1g 단위까지 거래가 가능하다는 점에서 접근성이 좋다. 실물 인출도 가능하기 때문에 '내가 산 금을 손에 쥘 수 있다.'는 장점에 끌려 많은 투자자가 이 방법을 선택한다. 그러나 문제는 바로 그 '인출' 이후에 벌어진다.

KRX 금 현물시장에서 실물 골드바를 인출했다가 크게 실망한 투자자가 늘고 있다. 나 역시 실물 금을 전문적으로 다루는 입장에서 KRX에서 인출한 골드바를 받아 든 한 고객의 충격적인 경험을 들으며 단순히 가격 논리로만 금 거래를 바라봐서는 안 되겠다는 생각이 들었다.

한 고객이 KRX에서 거래한 금을 실물로 인출했는데, 골드바 상태를 보고 깜짝 놀랐다. 스크래치가 많고 광택도 부족했으며, 포장 상태가 신문지에 싼 듯 조악했다고 한다. 그가 기대한 것은 한국조폐공사, LS MnM, 한국금거래소처럼 공신력 있는 브랜드 골드바였지만 받아 든 것은 처음 보는 제조사의 낯선 제품이었다.

심지어 KRX 측에서도 이런 불만이 많다는 사실을 인지하고 있었다. 실제로 고객들에게 전달되는 안내문에는 KRX 금 현물시장에서 매수한 금은 소장용이 아닌 투자용이며, 외형과 상처에 대해 불만을 제기할 수 없다는 내용이 있다. 한마디로 모양이나 마감에 신경 쓸 게 아니라 중량과 순도만 맞으면 된다는 입장이다.

문제는 일반인에게는 그 중량과 순도를 확인할 방법이 마땅치 않다는 데 있다. 고객이 불만을 제기해 품질 검사를 요청할 경우 검사 비용은 고객이 부담해야 한다. 게다가 어떤 제품을 받을지는 고객이 선택할 수 없다. KRX와 제휴된 금 보관소에 있는 물량 중 임치 순서에 따라 배정되기 때문이다.

이런 현실은 KRX 금 거래가 가진 한계를 드러낸다. 낮은 수수료와 편리한 거래만 보고 선택한 플랫폼이지만 실물 인출 시에는 브랜드 선택권도 없고 심미감이 높은 품질 보장도 기대할 수 없다. 일부 고객들은 예상치 못했던 제품을 받고 KRX 거래를 후회하며 중도 해지하거나, 이후 나를 찾아와 직접 실물 금 거래로 방향을 전환하기도 한다.

물론 KRX 금 거래 자체가 잘못된 시스템은 아니다. 단기 시세 차익을 노리거나 아주 소액으로 금 투자를 시작하는 사람들에게는 괜찮은 출발점이다. 하지만 실물을 기대하거나 장기 보유를 고려하는 사람에게는 결국 어떤 금을 받아 들게 될지 모른다는 리스크가 크게 작용한다.

실제 거래 현장에서 다양한 브랜드 골드바를 다루고 있는 입장에서 보면 소비자들이 믿고 선택하는 제품은 명확하다. 한국조폐공사, LS MnM, 한국금거래소, 골드나라 아우라 골드바는 국내에서 높은 브랜드 신뢰도를 갖고 있고, 시장에서도 재판매가 용이하다. 반면, 브랜드 인지도가 낮은 제품은 중고 거래 시 평가 절하되기 일쑤다. 이런 점에서 실물 금은 단순히 '금의 무게'가 아니라 '신뢰'와 '브랜드'까지 포함된 복합적인 가치다. KRX에서의 거래는 매끄러운 외형이나 브랜드 가치와는 거리가 있을 수 있으며, 순도와 중량 외의 요인은 고객이 감수해야 한다.

KRX 금 인출에 대한 고객의 분노와 실망은 단순한 오해가 아니다. 그것은 실물 금이 지닌 감각적이고 물리적인 기대치와 제도권이 제공하는 '투자용 금'의 현실 사이의 괴리에서 비롯된 것이다. 이런 부분에 대해 충분히 안내받지 못했다면 투자자는 속았다고 느낄 수밖에 없다.

금은 단지 숫자가 아니라 손에 쥐는 실체다. 그렇기 때문에 더더욱 믿을 수 있는 경로를 통해 좋은 브랜드의 실물 금을 정당한 가격에 확보하는 것이 중요하다. KRX가 아니라면 안 되는 것이 아니다. 오히려 자신이 보유한 금에 대해 확실한 이해와 소유의 만족을 원한다면 조금의 시간과 수고를 들여 실물 금을 직접 확인하고 거래하는 것이 바람직하다. 이 순간에도 수많은 사람이 실물을 통해 확신을 얻고 있다는 점을 잊지 말아야 한다.

실물 금 vs 금 선물 : 방어와 공격

2025년 2월 국제 금 시세가 1oz당 3,000달러를 돌파하면서 국내 실물 금 시장에서는 품귀 현상이 일어났고, 초보 금 투자자들이 KRX 시장을 통해 최대 25%가량의 프리미엄을 주고 실물을 인출하는 웃지 못할 해프닝도 벌어졌다. 이후 프리미엄이 빠지자 국제 금 시세가 15% 이상 올라도 그 당시 매수한 가격을 회복하지 못한 경우도 있다.

  나는 그 당시 KRX 시장에는 프리미엄이 너무 높게 형성되어 있음을 알고 당사를 통해 실물 골드바를 준비하는 것이 좋다고 조언을 하기도 했다. 다수의 금 투자자가 이때 높은 가격에 골드바를 매수한 경험으로 실물 금은 사고 난 후 20~30%는 올라야 수익이 난다는 오해를 낳기도 했다.

  금은 귀중한 자산이다. 금융위기든 인플레이션이든 전쟁이든 세상의 불확실성이 커질 때 사람들은 금으로 몰린다. 변하지 않고, 썩지 않으며, 수천 년 동안 신뢰를 받아 온 금은 그렇게 시대마다 다시 조명을 받는다.

금은 안전자산이고, 실물 금은 그중에서도 핵심이다. 금은 오래된 물질이다. 그러나 여전히 가장 미래지향적 자산이다. 그것은 변하지 않는 물성 때문이기도 하고, 전통적인 교환가치 때문이기도 하다. 전쟁이 터지거나, 은행이 무너지고, 달러가 흔들릴 때 사람들은 자연스럽게 금으로 돌아온다. 금은 변하지 않는다. 세상이 요동칠수록 더 빛을 발한다. 실물 금을 보유하고 있는 고위공직자나 자산가가 많다. 세무조사가 나올 때마다 공개되는 금고 속 골드바들이 그 증거다.

또 하나 중요한 점이 있다. 한국에서는 실물 금을 구매하고 보관하다가 가격이 올라서 팔더라도 현재까지는 세금이 부과되지 않는다. 단, 구매 시 부가가치세는 납부한다. 이 점만으로도 실물 금은 상당히 매력적인 투자 대상이다.

요즘처럼 급변하는 시대에는 실물 금만큼이나 금 선물도 활용할 줄 알아야 한다. 실물 금은 말 그대로 금고에 넣어 두는 금이고, 금 선물은 레버리지를 활용해 단기 가격 차이를 노리는 금융상품이다.

나는 실물 금뿐만 아니라 금 선물과 은 선물, 심지어 플래티넘과 팔라듐 선물까지 거래하는 실전 투자자이기도 하다. 실물 금은 보존과 축적을 위한 자산이다. 반면, 선물 금은 여유자금을 가지고 접근해야 하는 고위험 고수익 상품이다. 사실 선물 계좌는 돈을 넣을 때 '그 돈은 내 것이 아니다.'라는 생각으로 접근해야 한다. 실제로 금 선물의 레버리지가 23배에 달한 적이 있었다. 이 경우 내가 1억 원이 있으면 23억 원어치의 금을 매수할 수 있는 효과가 발생한다.

금값이 1돈당 60만 원을 넘겼을 때, 즉 3.75g짜리 소형 골드바 하나가 그만한 가격을 형성했다. 중량이 적기 때문에 굉장히 비싼 것이다. 금은 100g이나 1kg 단위로 갈수록 단가가 낮아지는 규모의 경제가 적용된다.

2008년 금융위기 이후, 그리고 코로나19 팬데믹 이후 미국은 엄청난 양의 달러를 찍어 냈다. 양적완화의 영향이다. 그런데 금값은 그렇게 풀린 달러의 양에 비해 굉장히 저평가됐다. 그렇다면 금은 여전히 상승 여력이 있으며, 지금은 새로운 가격대로 진입하기 전의 구간일 수 있다.

실전 투자자인 나도 금 선물을 처음 시작할 때는 고전했다. 20년 가까이 주식 투자를 하고, 주식 투자 대회에서 1위를 한 적도 있었지만, 금 선물은 완전히 다른 세계였다. 이렇게 다른 세계를 접할 때 내가 깨달은 것은 '태도'였다. 매일 공부하고, 연습하고, 작은 돈으로 경험해 보는 것이 중요하다.

금 선물은 단기 시세를 노리는 도박이 아니다. 반드시 중장기적 안목을 갖추고, 분할 매수를 하며, 여유자금으로 운영하는 게 필요하다. 특히 금이나 은 같은 원자재 선물은 거래량이 많지 않고, 예측이 어렵기 때문에 경험 없는 사람은 위험하다는 것을 알고 접근해야 한다. 투자를 하다 보면 며칠 새에 수억 원이 움직이는 것을 경험하게 된다. 그만큼 자제력과 전략이 중요한 시장이다.

금이 지금보다 더 오른다고 해도 이상할 게 없다. 다만, 언제 오를지 모르기 때문에 실물 금은 조금씩 꾸준히 모아 가는 것이 가장 현명한 방법이다. 적은 돈으로 큰돈을 벌려면 많은 시간이 필요하다. 금 투자도 마찬가지다. 한 번에 모든 것을 쏟아 붓는 게 아니라 조금씩 시간을 가지고 접근하는 태도가 중요하다.

시장은 계속 흔들리고 새로운 금융상품이 쏟아지지만 금은 여전히 변하지 않는다. 오히려 혼란의 시기에 더욱 빛난다. 실물 금은 자산의 '방어선'이고, 선물 금은 전략적 '공격수'다.

03
위기일수록
금은 강해진다

브릭스와 통화전쟁 속 달러 패권과 금값의 미래

브릭스BRICS 국가들이 금 보유량을 늘리며 달러 패권에 도전하고 있다. 달러 가치 하락 시 금값이 오르는 경향이 있는데 국제 정세가 금 시장에 미치는 영향은 어떨까?

"달러냐, 금이냐?"

이 질문은 단순한 자산 선택의 문제가 아니다. 지금 우리가 살아가는 글로벌 금융 질서에서 통화 패권이 흔들리는 조짐이 보일 때 그 질문은 더 절실해진다.

세계 경제가 전환기를 맞고 있다. 달러 패권은 여전히 강력하지만 브릭스를 중심으로 한 국가들과 중국은 이에 도전장을 내밀고 있다. 달러가 아닌 금과 자국 통화를 활용해 새로운 결제 시스템을 만들려는 움직임은 '통화전쟁'이라는 말이 어색하지 않을 정도다. 그렇다면 이 격변의 시기에 투자자에게 필요한 자산은 무엇일까? 지금은 역사와 위기를 견뎌 낸 실물 금에 대한 전략적 시각이 절실히 필요한 시점이다.

　달러는 오늘날 가장 보편적으로 통용되는 기축통화다. 특히 한국처럼 외환 의존도가 높은 나라에서는 위기 상황마다 달러가 '안전자산'처럼 여겨진다. 하지만 달러의 근본적인 가치는 1971년 브레턴

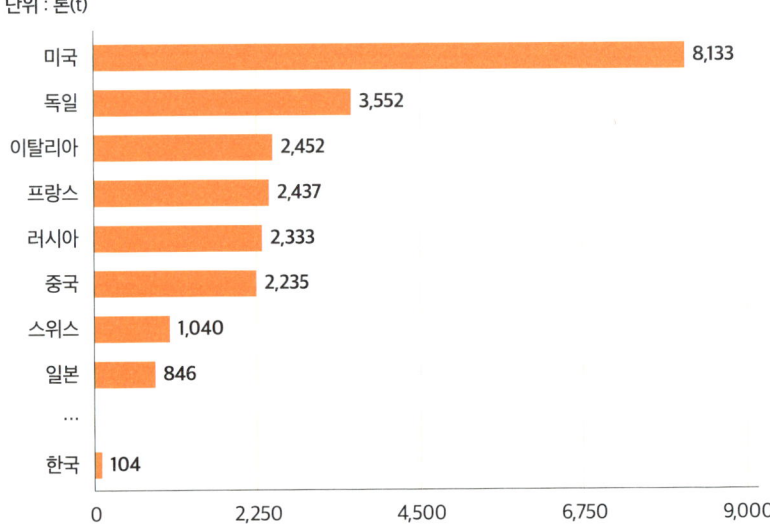

● 세계 중앙은행 금 보유량 ●

단위 : 톤(t)

국가	보유량
미국	8,133
독일	3,552
이탈리아	2,452
프랑스	2,437
러시아	2,333
중국	2,235
스위스	1,040
일본	846
…	
한국	104

우즈 체제가 종료되면서 금 태환이 폐지된 이후부터 완전히 종이 화폐로 전환됐다. 현재 달러의 가치는 오로지 신뢰에 기반을 둔 것이다. 1973년 이후 석유와 달러를 연동시킨 '페트로 달러 체제'를 통해 패권을 유지하고 있지만, 이 구조가 언제까지 지속될지는 장담할 수 없다.

반면, 금은 5천 년 동안 가치가 증명된 실물자산이다. 전쟁과 인플레이션, 금융 시스템 붕괴 등에서도 살아남았고, 현재도 여전히 '최후의 신뢰 자산'으로 불린다. 달러와 금을 단순히 이자 유무로 비교해서는 안 되는 이유가 여기에 있다. 달러는 50년의 역사에 불과하고, 금은 5천 년의 신뢰를 가지고 있다는 것을 잊지 말아야 한다.

브릭스의 도전은 금을 매개로 한 탈달러화 전략이다. 최근 들어 중국, 러시아, 인도 등 브릭스 국가들은 달러 결제망을 우회하려는 시도를 가속화하고 있다. 특히 중동의 맹주 사우디아라비아가 브릭스에 합류하면서 석유 결제 시 달러 독점 체제도 위협받고 있다. 이런 흐름 속에서 금은 결제 수단의 대안이자 국가 간 신뢰를 담보할 수 있는 수단으로 주목받고 있다. 즉 금은 단지 투자자산이 아니라 국가 전략의 수단으로 기능하고 있다는 것이다.

달러 패권의 시대가 지금처럼 유지될 것이라 믿는 것은 시장을 너무 단편적으로 바라보는 위험한 시각일 수 있다. 투자자 입장에서는 달러와 금, 모두에 대한 균형 잡힌 관점이 그 어느 때보다 필요하다.

현금 자산만큼이나 금을 보유한 개인들도 늘어나고 있다. 그런데 문제는 많은 투자자가 실물 금이 아닌 '종이 금'에만 의존하고 있다는 것이다. 대표적인 예가 골드뱅킹이다. 예금처럼 금을 쌓아 두고 실물로 전환할 수 있다는 점에서 인기가 있지만 정작 실물 인출 시 어마어마한 세금과 수수료가 발생한다.

예를 들어, 수익이 발생하면 배당소득세 15.4%가 원천징수되며, 금융소득 종합과세 대상이 되어 최고 49.5% 세율이 적용될 수도 있다. 금이 알을 낳는 것도 아닌데, '배당 소득'으로 분류되어 세금이 붙는 현실은 투자자들에게 불리한 구조다. 그래서 실물 금을 직접 보유하는 전략은 이런 복잡한 과세 구조의 제약에서 벗어날 수 있고, 장기적으로는 훨씬 효율적인 포트폴리오 구성 방식이다.

이렇듯 금 투자는 실물 금 투자로 자산 가치를 극대화해야 한다. 그리고 달러와 비교하여 향후 추세와 가치 전망을 잘 살펴야 한다. 그런데 가끔 이런 질문을 하는 사람들이 있다.

"안전자산으로 딱 하나만 고르라면 금입니까? 달러입니까?"

이 질문에 아마도 많은 투자 전문가가 이구동성으로 "한 가지만 고를 수 없다."라고 말할 것이다. 모든 위기에는 국지성과 예외성이 있어서 자산 포트폴리오의 분산이 필수이기 때문이다. 달러는 유동성과 접근성이 좋지만 위기 시 신뢰가 무너질 수 있다. 금은 인출과 보관의 어려움이 있지만 위기에서 살아남는 자산이다. ETF, 선물, 주식 등 금융상품은 모두 종이 자산으로 시스템 붕괴 시에는 무력해질 수 있다. 따라서 현금 달러와 같은 달러 실물자산을 일정 수준 보유하면서도 금 역시 실물 형태로 나눠 보유하는 것이 가장 바람직한 전략이라 할 수 있다. 특히 50달러, 20달러, 10달러, 5달러, 1달러 단

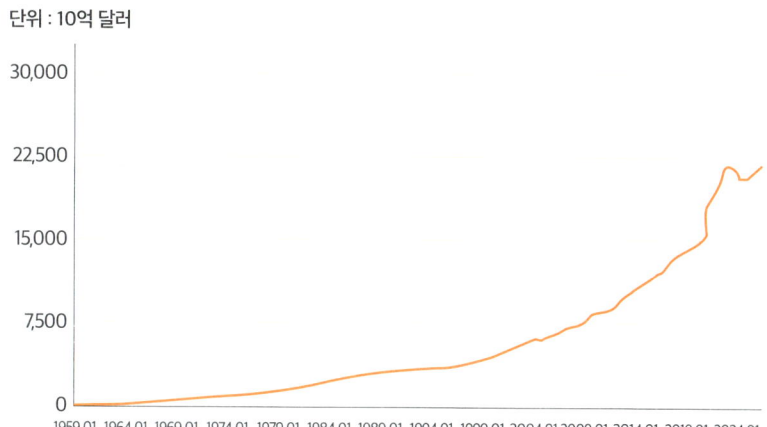

위로 소액도 준비해 놓으면 좋다. 위기 시 현금 유동성 확보 차원에서 매우 현실적인 대책이 될 수 있기 때문이다.

현대 금융 시스템은 '신뢰'를 기반으로 한다. 그러나 그 신뢰는 언제든지 흔들릴 수 있다. 신뢰가 흔들리면 사람들은 다시 가장 오래된 자산인 금으로 눈을 돌린다. 브릭스가 통화전쟁을 시작하고, 달러의 결제 지위가 흔들리는 이 시점에서 금은 다시금 화폐 이상의 존재, 자산 이상의 전략적 수단으로 재조명되고 있다.

미국을 비롯한 서방 국가들은 러시아가 우크라이나를 침공하자 스위프트망에 제재를 가하면서 러시아의 달러 표기 자산을 동결했다. 이 사건은 중국을 비롯해 전 세계에 미국과 대치하는 상황이면 언제든 달러 자산이 동결된다는 불안감을 심어 주었고, 탈달러화가 가속화되는 계기가 되었다. 중국은 미국 채권 보유 1위 국가에서 3

위로 추락했다. 이는 미국 채권 대신 중국 중앙은행을 통한 금 매수로 돌아선 것으로 다른 국가들의 중앙은행 금 매수에 상당한 영향력을 미쳤다. 최근 1oz당 4,000달러 이상의 금값 상승의 큰 원인으로 꼽힌다.

미국 달러화의 위상이 추락하고 미국 채권의 매수자가 없어지는 상황에서 스테이블 코인을 비롯한 암호화폐 시장이 성장하는 현상도 일어나고 있다. 달러화 기반의 스테이블 코인은 USDT, USDC 등이 있는데 이 코인을 발행할 때마다 미국 채권을 구매하는 효과가 발생한다. 일본, 영국, 중국 등이 미국 채권의 주 매수자였는데 이제는 전 세계에서 코인을 구매하는 기업과 개인이 미국 채권을 사고 있는 것이다.

나도 이러한 시대적 변화와 흐름을 느끼며 암호화폐를 통한 실물 금 투자 전략도 세우는 중이다. 그런데 중요한 것은 스테이블 코인을 비롯한 암호화폐 등 새로운 경제적 가치가 등장해도 "역시 믿을 건 금밖에 없다."는 것이다. 이 말이 다시 입에 오르내리는 이유는 단순한 유행이 아니다. 시장이 불안할수록 금은 조용히 그 자리를 지킨다. 그리고 준비된 투자자는 조용히 그 금을 확보하면서 지켜본다.

폭락하는 금융시장 속 최고의 안전자산은 금이다

금은 장기적으로 경제적 혼란이나 금융위기 속에서 가장 확실한 안전자산 역할을 한다. 특히 글로벌 금융시장이 불안정할 때 금값은 더욱 견고하게 유지되거나 상승하는 경향을 보인다. 이런 상황이 되면 투자자들은 안전자산으로 이동하려 한다. 예를 들어, 미국 주식시장이 급락하고 원-달러 환율도 자꾸 오르며 급등세를 보일 때가 있다. 이런 경우에도 금은 전통적인 안전자산으로서 견고한 가치를 유지한다. 국제 금값이 조정 국면에 있더라도 장기적으로 볼 때 금의 가치는 더욱 상승할 가능성이 크다.

금 가격은 국제 시세뿐만 아니라 환율의 영향도 크게 받는다. 환율이 상승하는 국면에서는 국제 금 시세가 하락하더라도 국내 금값은 오히려 강세를 나타낼 수 있다. 최근에도 환율이 급등하면서 실물 금 구매 가격이 부가가치세를 포함하여 약 90만 원 수준을 기록한 적이 있다.

환율이 높은 시기에는 국내 금값이 더욱 올라가는 효과가 있기 때문에 미리 금을 확보해 두는 것이 현명한 선택이다. 중매 거래를 통해 금을 매입하면 시장 가격 대비 3~10% 정도 할인을 받을 수 있으며, 이는 향후 큰 경제적 이익으로 이어질 수 있다.

현재와 같은 금융시장의 혼란기에서 금은 안전성과 수익성을 동시에 제공하는 최적의 투자자산이다. 달러 보유를 통한 헤지 전략도 필요하지만, 금은 더욱 안정적이고 확실한 자산 보호 수단임을 잊지 말아야 한다.

04
금값은 로또가 아니라 경제의 바로미터다

금값 상승의 구조적 원인

최근 금값이 급등하며 투자자들의 관심이 높아지고 있다. 금값이 이렇게 상승하는 배경은 무엇일까? 금값의 급등은 로또 당첨의 행운과는 다르다. 역사적 사건과 경제 원리를 이해하면 금값 상승 원인을 이해할 수 있다.

1971년 이전까지 세계 경제는 금환본위제를 따르고 있었다. 당시 미국은 금 1oz를 35달러로 고정하여 각국이 달러를 가져오면 금으로 교환해 주는 시스템을 유지했다. 그러나 1971년에 미국의 닉슨 대통령은 금과 달러의 교환, 즉 금 태환을 중단했다. 미국이 보유한 금보다 훨씬 많은 달러를 발행해 더 이상 금과 달러를 교환해 줄 수 없는 상황이 되었기 때문이다.

이 때문에 달러의 신뢰가 급격히 무너지기 시작했다. 달러는 더 이상 금에 기반을 둔 신뢰성 있는 화폐가 아니라 단순한 종이 화폐가 되어 버렸다. 각국은 달러에 대한 불신으로 금과 같은 실물자산으로 자금을 이동시켰고, 금값은 빠르게 상승했다. 그리고 1973년과 1974년에 발생한 오일쇼크로 인해 유가가 급등하면서 인플레이션이 심화됐다. 그러자 금값은 더 큰 폭으로 올랐다. 미국은 금리를 대폭 인상해 달러 가치를 방어하고자 노력했고, 결국 금값은 어느 정도 안정화되었다.

2000년대 들어 금값은 또 한 번 큰 상승을 보였다. 2000년 초반 1oz당 약 200달러였던 금값은 2011년까지 1oz당 2,000달러 정도로 약 10배 가까이 상승했다. 이런 급격한 상승의 주요 원인은 미국의 통화량 증가였다. 미국이 경제위기와 경기침체에 대응하여 막대한 양의 돈을 발행하면서 달러의 신뢰는 다시 흔들리게 되었다.

지금도 달러의 신뢰는 우려스러운 수준이다. 2025년 현재 미국의 채무는 38조 달러를 넘었다. 결국 추가 양적완화를 통해 통화량은 더욱 증가할 것이다. 자본주의가 유지되는 한 화폐 발행량은 증가할 수밖에 없다. 이에 따라 투자자들은 인플레이션 헤지를 위해 금을 비롯한 실물자산에 투자하기 시작했다. 금은 대표적인 실물자산이자 안전자산으로서 가치 보존의 역할을 한다. 따라서 통화량 증가와

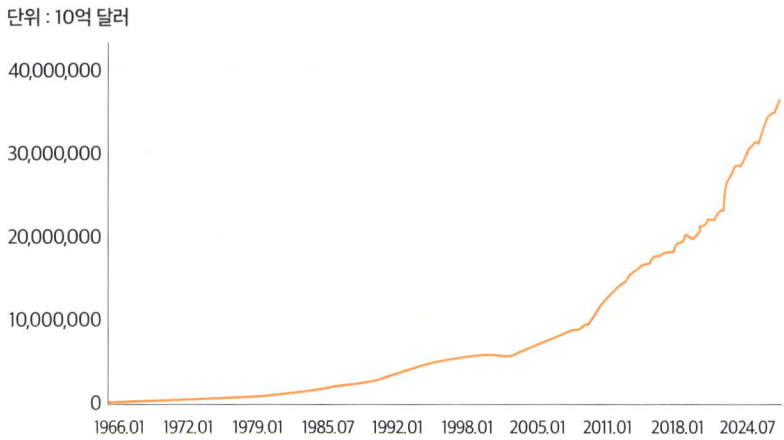

● 미국의 총 부채 ●

단위 : 10억 달러

달러 가치 하락으로 인해 수요가 증가하며 금값이 큰 폭으로 상승하게 된 것이다.

2020년 코로나19 팬데믹 이후 각국 정부와 중앙은행 등은 경기 부양을 위해 막대한 양의 화폐를 발행했다. 초기에는 통화량 증가에도 불구하고 물가 상승이 나타나지 않아 많은 경제학자가 혼란을 겪었다. 그러나 시간이 지나면서 결국 인플레이션이 현실화되었다.

미국 연방준비제도Fed는 급격한 물가 상승을 억제하기 위해 금리를 제로 금리에서 5.25%포인트까지 빠르게 인상했다. 이러한 고금리 환경에서도 금값은 상대적으로 안정된 모습을 보였다. 이제 많은 투자자가 "실물 시장에서 다른 자산들의 가격은 이미 상승했는데, 금값만 아직 크게 움직이지 않았다."는 점을 주목하며 금값의 추가 상승 가능성을 기대하고 있다.

금값이 상승하는 가장 큰 원인은 달러 가치의 하락과 화폐 발행량의 증가, 이에 따른 인플레이션 위험 때문이다. 역사적으로 볼 때 달러 신뢰가 무너지고 인플레이션이 확대될 때마다 금값은 꾸준히 상승해 왔다. 앞으로도 경제적 불확실성이 커지고 달러의 신뢰가 흔들릴 때마다 금은 투자자들에게 피난처로서의 가치를 발휘하며 지속적으로 상승할 가능성이 크다.

투자자라면 금값 상승의 역사적 원인을 이해하고, 앞으로의 경제 환경을 고려해 금을 자산 포트폴리오에 적극적으로 포함하는 전략을 마련할 필요가 있다.

금값은 어떻게 결정될까?

금은 오랫동안 자산의 안전한 피난처로 여겨져 왔다. 하지만 금값이 어떻게 결정되는지에 대한 정확한 이해는 부족한 경우가 많다. 금값 결정에 영향을 미치는 주요 요인을 명확히 이해하면 보다 전략적인 금 투자를 할 수 있다.

먼저 국제 금 시세와 환율의 영향을 고려해야 한다.

첫째, 국내 금 시세는 기본적으로 국제 금 시세에 의해 결정된다. 국제 금 시세는 주로 선물 시장에서 결정되며, 글로벌 경제 상황이나 중앙은행의 금리정책, 인플레이션, 지정학적 위기 등 다양한 요인에 따라 변동한다.

둘째, 원-달러 환율이 금 시세에 미치는 영향은 절대적이다. 같은 국제 금 시세라 하더라도 환율이 상승하면 국내 금값은 자동으로 올라가게 된다. 반대로 환율이 하락하면 금값이 내려가는 효과가 나타난다.

국내 금 시장의 수급 상황도 알고 있어야 한다. 국내 금 시세는 국제 금 시세와 환율 이외에도 국내의 수요와 공급 상황에 따라 영향을 받는다. 즉 국내 시장에 실제로 유통되는 실물 금의 양과 시장에서 이를 구매하려는 수요가 국내 금값을 결정한다.

만약 국제 금 시세가 지속적으로 상승하고 환율까지 오르면 국내 금값은 빠르게 따라 오른다. 그러나 국제 금 시세와 환율이 오르내리며 방향성이 뚜렷하지 않을 때는 국내 금 시세도 제한된 범위 내에서만 변동하게 된다.

종종 실물 금을 거래할 때 나타나는 가격은 네이버나 KRX 금시장 등 온라인에서 제공하는 금 가격과 차이가 있다. 이는 실물 금 거래가 실제 수급에 따라 즉각적으로 가격이 형성되기 때문이다. 수요가 공급을 초과하면 실물 금 거래 가격이 온라인에서 제시되는 선물 가격보다 높아지는 현상이 나타난다.

최근의 경제 상황에서 주목해야 할 부분은 바로 환율이다. 환율이 급격히 상승하는 상황에서는 국내 금값 역시 자동으로 동반 상승하는 경향을 보인다. 특히 원화 가치가 크게 하락할 경우 금값은 그만큼 더욱 가파르게 상승할 가능성이 크다. 따라서 환율 급등과 같은 경제위기 상황에서는 금을 미리 보유하는 것이 자산을 지키는 최적의 전략이다.

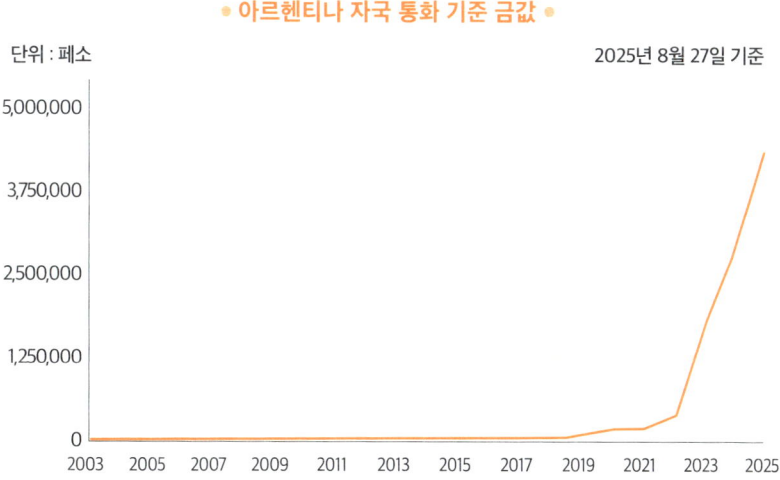

베네수엘라, 아르헨티나, 튀르키예, 브라질의 자국 통화 기준 금값 상승을 보면 간담이 서늘할 정도다. 금을 소유한 사람과 그렇지 않은 경우 부의 격차를 절실하게 느낄 수 있다.

이처럼 금의 가격은 국제 금 시세와 환율, 국내 금 시장의 수급 상황이 복합적으로 얽혀 결정된다. 이를 정확히 이해하면 금 투자의 타이밍과 전략을 더 효과적으로 계획할 수 있다. 특히 환율이 급등하거나 경제 불확실성이 높은 시기에는 금 보유를 늘려 자산 보호에 대비하는 것이 현명한 선택이 될 것이다. 장기적 관점에서 꾸준히 금을 확보하는 전략이 금융시장의 혼란 속에서 가장 안정적인 선택임을 잊지 말아야 한다.

05

금은 상장폐지가 없는 자산이다

실물 금은 상장폐지가 없다

나는 금값이 오르는 흐름을 보면 한편으론 반갑고, 다른 한편으론 씁쓸하다. 반가운 이유는 명확하다. 내가 줄곧 강조해 왔던 실물 금 투자에 대한 논리와 방향이 시장 흐름에 의해 입증되고 있기 때문이다. 그러나 아직도 많은 사람이 이 흐름의 진짜 의미를 놓치고 있는 것을 보면 씁쓸하다. 금값이 오르고 있는데도 시장은 어딘가 인위적인 누름, 억제의 흔적을 지우지 못하고 있다. 달러 패권이 무너지기 직전이라는 불안감 때문일까? 누군가는 이를 막기 위해 필사적으로 금값을 억제하려 애쓰는 것처럼 보인다.

　이러한 억제는 단기적으로 효과를 발휘할 수 있을지 모른다. 그러나 장기적으로는 역사의 흐름을 막을 수 없다. 나는 이 흐름을 단순한 '가격 싸움'으로 보지 않는다. 금값이 오르면 단순히 투자 수익률이 좋아지는 게 아니다. 이는 달러라는 기축통화에 대한 신뢰가 무너지고 있다는 방증이며, 현대 화폐 시스템의 내면에 있던 위선과 허상이 조금씩 드러나고 있다는 신호다.

　어떤 사람들은 금을 여전히 고점이라 말한다. 그러나 나는 그렇게 보지 않는다. 주식과 금을 동일 선상에 놓고 바라보는 그 인식 자체가 오히려 문제다. 주식은 기업의 성장성이나 배당 성향, 혹은 경영진의 역량에 따라 천차만별이다. 실적이 무너지면 주가는 폭락하고, 경우에 따라서는 상장폐지로 이어지며 전 재산을 날릴 수도 있다. 그러나 금은 다르다. 실물 금은 상장폐지가 없다. 망하지 않는다. 그것이 바로 금이 지닌 유일무이한 가치다.

　이러한 금의 진가는 단지 시장에서의 가격 상승만으로 설명될 수 없다. 금은 무기명 거래가 가능하다는 점에서 그 어떤 금융자산보다도 자유롭다. 나는 종종 이 점을 강조한다. 실물 금에는 내 이름이 새겨지지 않는다. 내가 사서 보관하면 그만이다. 그래서 금은 상속과 증여에서도 강력한 힘을 발휘한다. 오늘 1kg을 2억 원에 자녀에게 줬다고 치자. 10년 뒤에 그 금값이 10억 원이 되었다면 기분이 어떨 것 같은가? 현금 2억 원을 줬을 때와는 비교가 되지 않는다. 같은 액수의 자산을 넘겨도 금을 넘겼을 때는 물가 상승에 따라 가치가 함께 올라간다. 이것이 인플레이션 헤지다.

금의 장점은 여기서 끝나지 않는다. 무엇보다도 금은 '시간이 만들어 낸 돈'이라는 점에서 그 어떤 자산보다도 오랜 검증을 받아 왔다. 석유, 채권, 비트코인보다 더 오래된 자산이다. 짧게는 5천 년, 길게는 수만 년 동안 금은 인간 사회에서 지속적으로 가치의 기준이 되어 왔다. 종이 화폐가 사라지고 국가가 무너져도 금은 남았다. 로마가 사라지고 몽골 제국이 몰락해도 금은 여전히 거래되었고, 가치의 척도로 남았다. 나는 이런 금의 속성이야말로 진짜 '부의 본질'이라고 생각한다.

많은 사람이 말한다.

"지금 금 사면 고점 아닌가요?"

나는 이렇게 답한다.

"그게 걱정된다면 매달 조금씩 꾸준히 사십시오."

금은 단타로 접근할 대상이 아니다. 내 자산의 일부를 '진짜 돈'으로 바꾸어 두는 행위다. 오늘보다 내일이 불안하다면, 내일보다 10년 후가 걱정된다면, 이 순간의 금은 단지 귀금속이 아니라 생존의 방패다.

그리고 잊지 말아야 할 게 있다. 진짜 돈은 고요히 기다린다. 금은 가치가 무너지는 종이돈 세상에서도 묵묵히 제 역할을 해 낸다. 나는 종종 이런 상상을 한다.

'언젠가 금을 억누르던 손길들이 사라지고, 시장이 진짜 가치를 반영하기 시작하면 어떤 일이 벌어질까?'

그때 가면 아마 오늘 이 글을 읽고 있는 당신은 이렇게 말하게 될 것이다.

"그때 금을 사 두길 참 잘했구나."

진짜 금과 돈의 의미를 깨달아라

새해를 맞이할 때마다 나는 다시 한 번 이 질문을 되새기게 된다.

"진짜 돈이란 과연 무엇인가?"

나는 금을 다룬 지 십수 년째다. 수많은 고객을 만나고, 수많은 금을 보고, 만지고, 거래해 오면서 몸에 밴 감각이 있다. 최근 매장을 찾아온 한 노부부를 보며 그 생각은 더욱 깊어졌다. 그분들은 1kg 골드바 1개와 1kg 실버바 30개를 구입하셨다. 그러면서 이렇게 말씀하셨다.

"예전에 1kg 골드바가 4,500만 원 하던 시절, 집 금고에 2억 원을 그냥 현금으로 넣어 놨습니다. 그때는 금이 뭔지도 몰랐죠."

그때도 기회는 있었고, 지금도 기회는 있다.

그분들은 쇼츠 영상에서 본 이야기를 했다. 누군가 금을 사서 어디 땅에 묻어 뒀다는 이야기였다. 처음에는 우스갯소리 같았지만, 금을 제대로 보관할 수 없었던 현실 속 불안감이 고스란히 전해졌다. 마당에 묻었든 화분 아래에 뒀든 4,000만 원에 산 그 금은 7,500만 원으로 훌쩍 올랐다. 2025년 현재 골드바 1kg의 가격은 2억 2,000

만 원이 넘는다.

그분들은 이번에는 기회를 놓치지 않겠다며 멀리서 시간을 들여 직접 매장을 찾아왔다. 나는 그분들이 진심으로 금의 의미를 깨닫고 있다는 걸 느꼈다. 실물 금의 가치를 '주식'처럼 오르고 내리는 차트로만 본다면 단기적으로는 손해를 볼 수도 있다. 하지만 금은 무너지지 않는 자산, 사라지지 않는 실물 가치를 지닌다.

금값이 오르고 있을 때 '더 오를까?', '지금 사면 늦지 않았을까?' 같은 생각을 수없이 반복하게 된다. 이럴 때 나는 금이든 은이든 실물 자산은 시간이 흘러도 제 가치를 지켜 주는 진짜 화폐라는 사실을 말해 주고 싶다. 2017년 1월에 1돈의 실물 금값은 19만 9,000원이었다. 그게 2024년에 36만 원을 넘고, 2025년에는 80만 원을 넘었다. 무려 4배 이상 상승했다. 55년이라는 시간 동안 달러는 99%의 구매

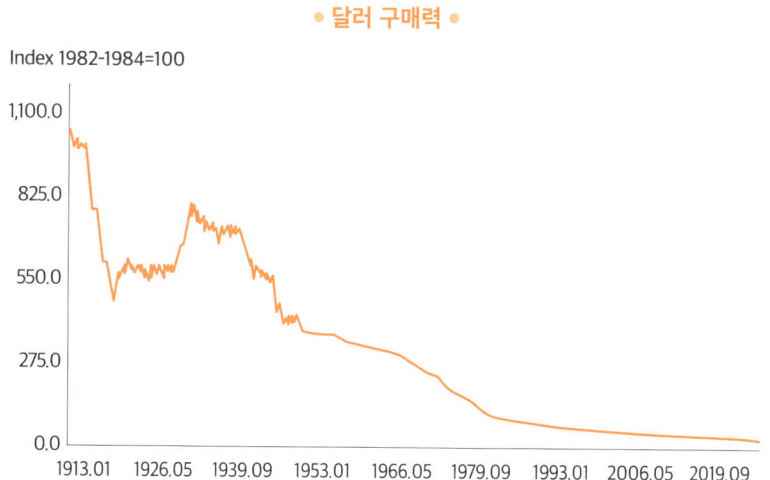

• 달러 구매력 •

력을 잃었다고 하는데, 금은 오히려 그 반대의 길을 걸었다. 단순히 가격이 올라서가 아니라 세상이 불안정해질수록 사람들이 금을 찾게 되기 때문이다.

나는 매일 수많은 고객과 금을 중매 거래하고 있다. 전국 1등 거래량을 자부한다. 누가 얼마나 샀고, 얼마나 팔았는지 실시간으로 다 보고 듣는다. 1kg 단위의 골드바를 수십 개씩 사 가는 고객도 있고, 100g 단위로 1~2개씩 꾸준히 사는 고객도 있다. 그 모든 선택의 공통점은 하나다. '금은 진짜다.'는 믿음에서 비롯한 결정이라는 점이다. 인플레이션은 통장을 갉아먹고, 주식은 리스크를 동반하며, 부동산은 유동성이 낮다. 그러나 금은 딱 들고 갈 수 있는 자산이다.

금을 중매 거래하는 곳이 있다는 것을 아는 사람이 많지 않다. 하지만 내가 운영하는 사이트에는 매일 수백 개의 중매 매물이 등록되고 빠르게 거래된다. 고객이 올려놓은 물건을 또 다른 고객이 사 간다. 법인이든 개인이든 상관없다. 가격도 투명하다. 불필요한 프리미엄도 없다. 그리고 이 모든 거래는 믿을 수 있는 방식으로 진행된다. 발렉스 같은 보안 배송업체가 실물을 전달하고, 무기명 세금계산서를 통해 법적으로도 완결된다.

나는 자주 "지금 금을 사야 하는 이유는 단 하나다. 더 오르기 때문이 아니라 더 늦기 전에 금을 잡을 수 있는 마지막 기회일 수 있기 때문이다."라고 말한다. 아무리 설득하고 안내해도 아직도 "예금하면 되지 않나요?", "주식 하면 더 많이 벌 수 있지 않나요?"라는 질문은 끝이 없다. 주식은 1년에 2~3배 오르기도 하지만 망할 수도 있다.

금은 그렇지 않다. 다시 한 번 말하지만 실물 금과 은은 상장폐지가 없는 자산이다. 금이란 자산은 당신의 기억보다 오래 살아남는다.

금이 진짜 돈이라는 사실을 아직도 모르고 있었다면 지금 알면 된다. 내가 왜 방송을 하고, 수많은 사람과 상담하고, 중매 거래를 만들고, 오픈 채팅방까지 운영하면서 정보를 나누는지 생각해 보라. 금은 단지 비싼 금속이 아니다. 당신의 미래를 지킬 수 있는 가장 확실한 안전장치다.

나는 오늘도 금을 사고팔며, 누군가에게는 후회를, 또 다른 누군가에게는 기회를 전하고 있다. 후회하는 편에 설지, 기회를 잡는 편에 설지는 오직 본인의 선택에 달려 있다. 금은 언제나 그 자리에 있다. 문제는 내가 어디에 서 있느냐다.

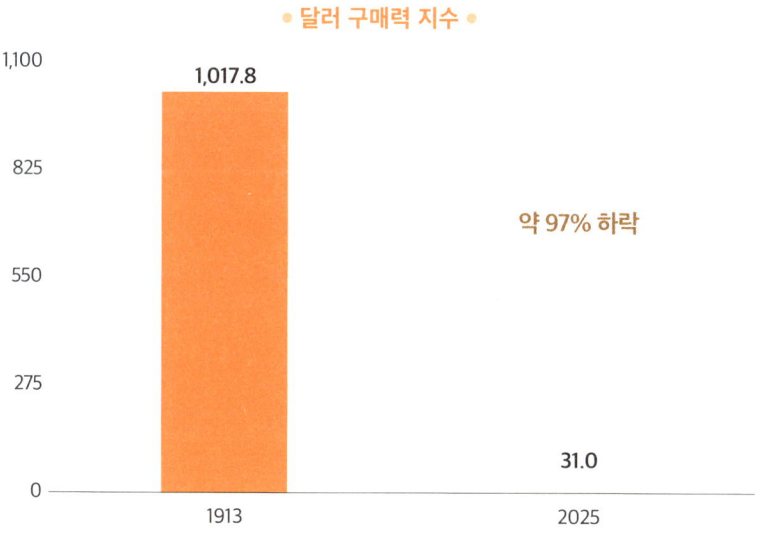

06
실물은 숫자보다 강하다

금과 은은 차트를 보며 사고파는 물건이 아니다

2023년 3월 미국에서 실리콘밸리은행SVB과 시그니처은행이 잇따라 파산했다. 미국 연준은 급히 나서서 예금 전액을 보장하겠다고 발표했고, 당시 바이든 대통령과 재무부까지 수습에 나섰다. 금융 시스템의 균열이 시작될 때 우리가 준비해야 할 것은 단기 반등에 취하는 것이 아니라 위기의 본질을 직시하는 태도다. 그리고 실물 금과 은은 그런 대비의 핵심이다.

나는 오랫동안 실물 금과 은 투자를 강조해 왔다. 단기적인 차익을 노리기보다 위기의 순간에도 가치를 지키는 자산, 즉 '진짜 돈'이 무엇인지에 대한 확신이 있기 때문이다. 당시 미국 발 금융 혼란은 그 확신이 틀리지 않았음을 증명한다. 하루 만에 56조 원이 인출되며 40년 역사를 자랑하던 실리콘밸리은행은 단 36시간 만에 무너졌다. 이것이 바로 '금융 시스템 붕괴'라는 말의 실체다.

주식시장은 폭락했고, 금값은 급등했다. 은값은 하루 만에 6% 이상 폭등했고, 국제 금 시세도 2% 이상 상승했다. 나스닥과 같은 기술주 중심 시장이 무너지는 와중에도 실물 금을 모아 온 사람들은 조용히, 그러나 확실하게 자신의 자산가치를 지키고 있다.

나는 수년간 말해 왔다.

"실물 금과 은을 모으는 사람들의 시간이 반드시 올 것이다."

당시 나는 "지금은 위기의 초입일 뿐이다."라고 강조했다. 미국 연준은 어쩔 수 없이 금리 인상을 중단하거나 심지어 금리 인하와 양적완화에 나설 것으로 봤다. 돈을 찍어 내고 풀어야만 시스템 붕괴를 막을 수 있기 때문이다. 그러나 그 결과는 결국 '화폐 가치 하락'이라는 대가로 돌아온다. 그 악순환의 고리를 끊을 수 있는 건 오직 '진짜 돈', 즉 금과 은뿐이다.

많은 사람이 금 투자에 주저한다. 스프레드가 크다, 부가가치세가 부담된다, 실물 보관이 어렵다, 어디서 어떻게 사야 할지 모르겠다 등 다양한 이유를 댄다. 하지만 나는 그 해답을 알고 있다. 금 거래 플랫폼을 통해 합리적인 중매 가격으로 거래할 수 있고, 금고를 통해 안전하게 실물자산을 보관하는 방법도 알려 주고 있다.

실제로 나에게 상담을 요청한 사람들의 생각은 달랐다. 주식에서 손실을 보고 마음이 지친 사람들이 실물자산의 의미를 다시 생각하기 시작했다. 누군가는 '모르는 데 투자하지 말자.'는 교훈을 되새기며 천천히 포트폴리오를 실물자산으로 전환하고 있다. 100g, 10돈 단위로 차곡차곡 모아 가면서 말이다. 그들은 실리콘밸리은행 파산 사태에서 어떤 것도 영원하지 않으며 시스템은 언제든 무너질 수 있다는 사실을 배운 것이다.

금과 은은 단지 차트를 보며 사고파는 물건이 아니다. 이것은 '내 자산을 스스로 지킨다.'는 의지의 상징이자, 화폐와 금융 시스템이 붕괴될 때 최후의 가치 보존 수단이다. 당시 실물 금 시장은 조용했다. 관심이 많지 않은 이 시기가 오히려 기회였다. 위기가 본격화되면 실물은 동이 나고, 아무리 돈을 들고 있어도 구하지 못하는 날이 오기 때문이다.

'준비된 자산'만이 위기 이후의 기회를 선사한다. 지금이라도 골드바든 실버바든 하나씩 시작해 보길 권한다.

투명한 유통으로 금을 매수하는 법

금값이 상승세일수록 사람들의 고민은 커진다. 지금이라도 사야 하는 걸까? 그렇다면 KRX 금시장에 들어가는 것이 나을까, 아니면 실물 금을 직접 구입하는 것이 현명할까? 이 질문은 단순한 선택의 문제가 아니다. 시장의 구조와 흐름 그리고 금이라는 자산이 갖는 속성과 투자 방식의 특성을 제대로 이해해야 내릴 수 있는 결정이다.

우선 KRX 금시장은 정부가 금 거래의 양성화를 위해 마련한 제도권 시스템이다. 수수료가 저렴하고, 현재로서는 양도 차익에 대한 과세가 면제되어 있다는 장점이 있다. 하지만 이 제도는 '한시적'이라는 단서가 붙는다. 언제까지 비과세가 지속될지는 아무도 모른다. 더 큰 문제는 KRX에서 금을 매수한 후 실물로 인출하려 할 때 발생한다. 부가가치세 10%가 부과되고, 수수료가 추가된다. 또한 어떤 브랜드의 골드바가 인출될지는 알 수 없다. 브랜드에 따라 시세 차이가 존재하는 실물 금 시장의 특성을 고려하면, 이는 단순한 불편을 넘어 자산가치에 직접 영향을 주는 문제다.

반면, 실물 금은 눈에 보이고 손에 잡히며, 어떤 브랜드의 제품을, 어떤 상태의 제품을 살 것인지 직접 고를 수 있다. 특히 중매 거래 시스템이 정교하게 작동하는 시장에서는 검증된 골드바를 합리적인 가격에 살 수 있는 기회가 많다. 예를 들어, 한때 똑같은 LS 1kg 골드바를 기준으로 비교해 보면, KRX에서 인출해 구매할 경우 9,400만 원 이상의 자금이 필요했지만 중매 거래를 통하면 이보다 수백만 원 저렴하게 구매할 수 있었다. 실물 금 거래 플랫폼이 활성화되어 있는 지금, 브랜드별, 상태별 제품 정보를 확인하고 특가 제품까지 실시간으로 접할 수 있는 시스템은 일반 투자자에게도 큰 이점이다.

금 시장에는 또 하나의 비공식적인 흐름이 있다. 이른바 '현금 시장' 또는 '뒷금 시장'이라고 불리는 유통 채널이다. 이 시장에서는 세금이나 거래 기록 없이 현금으로 거래가 이루어지며, 종종 시세보다 저렴한 가격에 금을 확보할 수도 있다. 하지만 이 시장은 정부의 세금 감시망에서 벗어나 있기 때문에 위험 요소가 크다. 매수한 금이 정식 유통 제품인지, 비파괴 검사에서 문제가 발생하지는 않을지, 언제든지 의심받을 수 있는 구조이기 때문이다. 또한 일련번호가 없는 제품일 경우 중매 거래 플랫폼에 위탁 판매를 맡기기 어려우며, 매도 시 가격이 일반 제품보다 낮게 책정되는 경우도 많다.

그렇다면 지금처럼 금값이 꾸준히 오르는 상황에서 투자자에게 가장 합리적인 선택은 무엇일까? 정답은 '검증된 실물 금을 투명한 유통망을 통해 합리적으로 매수하는 것'이다. 브랜드가 명확하고 일련번호가 살아 있는 골드바는 시간이 지나도 가치가 유지되며, 필요 시 언제든 다시 유통 시장에 매도할 수 있다. 이 과정에서 자신에게 유리한 중매 플랫폼, 신뢰할 수 있는 딜러, 합리적인 수수료 체계, 다양한 고객 응대 시스템을 갖춘 회사를 선택하는 것이 관건이다.

이와 더불어 금이라는 자산의 본질에 대해서도 다시 한 번 생각해 볼 필요가 있다. 금은 화려한 수익률을 자랑하는 자산이 아니다. 대신 물가 상승, 경제 불안, 통화 가치 하락에 대응하기 위한 '자산 방어의 수단'이다. 바로 이 점에서 실물 금이 갖는 강력한 신뢰성과 실체성이 빛을 발한다. 자산을 안전하게 저장하고, 위기 속에서도 환금성과 가치를 동시에 확보하려는 사람들에게 금은 여전히 매력적인 선택지다.

나는 직원들에게 골드바와 실버바를 유통하며 '고객의 자산을 증식시키는 직업'을 자부심으로 여기라는 말을 종종 한다. 단순히 금을 사고파는 상인이 아니라 자산 방어의 가치를 설명하고, 적절한 매수 타이밍을 안내하며, 투자자에게 최선의 판단을 도울 수 있는 동반자가 되라고 한다. 앞에서 말한 '신뢰'와 맥락이 닿아 있다. 거래 과정뿐만 아니라 거래의 주체와 그 거래를 돕는 우리까지 포함해서 신뢰야말로 가장 중요한 요소다.

지금 금을 사야 할지 말아야 할지 망설이고 있다면 자기 자신에게 먼저 물어보자.

"나는 금을 왜 사려 하는가?"

"어떤 경로를 통해 사는 것이 내게 가장 유리한가?"

그 질문의 답을 찾는 과정이야말로 가장 현명한 금 투자의 출발점이 될 것이다.

07
2030년까지 시스템이 가격을 끌어올린다

수요를 끌어올리는 힘

금값의 방향을 가르는 첫 번째 축은 정책과 매크로이다. 중앙은행, 특히 연준의 금리 인하 기조는 금의 기회비용을 낮추며 곧바로 강세로 바꾸어 놓는다. 금리는 숫자이지만 시장에서는 신뢰와 시간의 문제로 읽힌다. '더 낮은 실질금리, 더 긴 완화'라는 시그널이 나올수록 금은 포트폴리오에서 안전판으로서의 비중을 요구한다.

여기에 트럼프 정부가 표방해 온 기조인 미국 행정부의 약달러 지향이 겹치면 비달러권에서의 가격 민감도는 커지고, 달러로 표시되는 국제 금 시세는 한 단계 위의 박스를 만들 수 있다. 정책이 불확실할수록 자산은 단순한 것을 찾는다. 그때 금은 늘 후보의 최상단에 있다.

정책 외부의 변인도 수요를 두텁게 만든다. 정부 규제 개입으로 금 거래 규제 강화나 수입 관세 인상이 논의될 때마다 단기적으로는 왜곡이 생기지만, 중장기적으로는 '합법적이고 투명한 통로를 통해 보유하자.'는 수요가 오히려 정돈된다. 종이 화폐에 대한 불신이 높아질 때도 마찬가지다.

기술 혁신은 비트코인, 토큰화된 금 등 다양한 '디지털 금'을 만들어 냈다. 그러나 대체재가 늘어날수록 금의 정체성은 더 선명해진다. 디지털이든 실물이든 준비자산으로의 역할을 온전히 수행할 수 있는 담보로서 금은 여전히 비교우위를 갖는다. 중앙은행의 순매수는 바로 그 신뢰의 집계이다.

지정학 충돌, 무역 분쟁, 국제 금융 불안이 간헐적으로 폭발할 때마다 금은 위험 회피 자산으로 돈의 방향을 바꾸어 왔다. 시장 심리가 과열될 때는 거품이 형성되지만 그 거품이 사라져도 금의 역할은 사라지지 않았다. 조정은 반복되지만 추세는 기능이 만든다.

'가치 저장', '위험 회피', '준비자산'이라는 3가지 특성이 유지되는 한 이러한 특성이 가격을 끌어올리는 구조는 쉽게 바뀌지 않는다. 대중의 심리 및 시장 과열 위험으로 거품 형성 가능성도 존재하며 중간 조정은 피할 수 없으나 꾸준한 우상향이 예상된다.

이 구조를 2030년까지의 가격 밴드로 바라보면 단서가 분명하다.

● 금값 100년 차트 ●

단위 : 달러(1oz당)

인플레이션이 높은 수준에서 끈질기게 버티고, 실질금리는 낮거나 마이너스로 전환되며, 달러 약세가 이어지고, 지정학 리스크가 누적되고, 중앙은행의 금 매수가 가속화되는 환경이라면 금은 '안전자산의 압도적 수혜자'가 된다. 이 조건이 충족될 때 런던금시장협회 LBMA가 제시한 2030년 1oz당 7,000달러 시나리오는 '가능한 경로'로 읽힌다.

금 투자 리서치 하우스인 인크레멘텀Incrementum의 「골드 위 트러스트 보고서 2025In Gold We Trust 2025」가 상단 스트레스 케이스로 제시한

● 인플레이션을 반영한 금값 ●

단위 : 달러(1oz당)

● 금의 연평균 상승률 ●

단위 : %

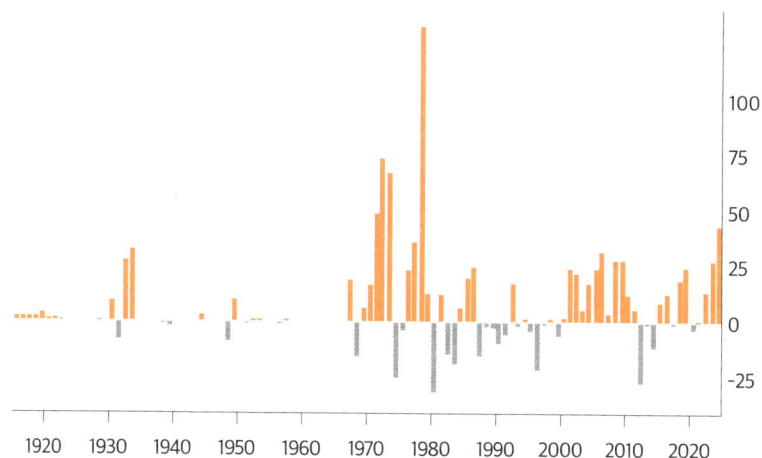

8,900달러도 같은 전제 위에서만 의미가 있다. 반대로 실질금리 재상승과 달러 강세 복귀가 겹치면 밸류에이션은 정상화되고 중간 조정은 깊어질 수 있다.

요점은 단정이 아니라 확률이다. 금은 '가격을 맞히는 게임'이 아니라 '상황의 다양성을 견디게 해 주는 장치'라는 사실을 잊지 말아야 한다.

구조적 자산으로 가는 길

두 번째 축은 공급과 비용이다. 금 시세 급락을 만들 만한 대규모 공급 충격은 이론상 가능하다. 탐사 성공과 광산 기술 혁신이 겹치면 생산 곡선이 일시적으로 위로 올라갈 수 있기 때문이다.

그러나 현실의 공급은 느리고 무겁다. 탐사에서 상업 생산까지 걸리는 시간, 환경·사회적 인허가, 자본비용과 총 유지비 상승이 상향 경직성을 만든다. 도시 광산화 사업 등 재활용이 늘어나는 구간이 있더라도 그것이 추세를 뒤집기보다는 조정의 길이를 늘이는 정도에 그치기 쉽다.

핵심은 수요 대비 속도이다. 수요가 넘치면 새로운 공급은 흡수되고, 수요가 식으면 조정은 오지만 시장 메커니즘은 유지된다.

리스크 점검은 솔직해야 한다. 전쟁이나 분쟁과 같은 지정학적 사건은 금을 밀어 올리지만 상황이 완화되면 그 프리미엄은 되돌림을

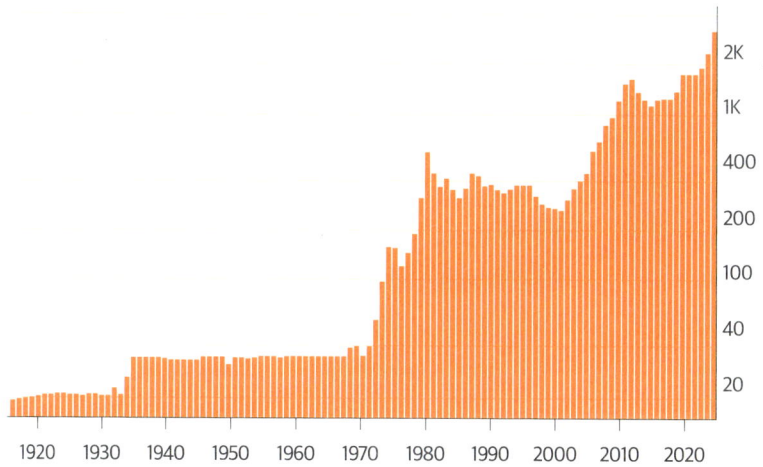

● 금 연평균 가격 ●

단위 : 달러(1oz당)

부른다. 무역 분쟁과 금융 시스템 리스크는 정책 이벤트에 의해 급변한다. 시장 심리가 과열될 때는 '금은 반드시 오른다.'라는 신념이 서사로 확장된다. 이 구간의 신호는 선물·옵션 포지션의 군집화, 금광주·로열티 기업의 과열, 신규 상장 러시 같은 주변부에서 먼저 나타난다.

여기서 필요한 것은 타이밍이 아니라 규칙이다. 사상 최고점 구간에서는 분할 이익 실현으로 변동성을 줄이고, 10~15% 내외의 조정 구간에서는 분할 매수로 평균단가를 관리하는 방식이 대표적이다.

그렇다면 2030년을 향한 시나리오는 어떻게 실전에 연결할까?

첫째, 비중이다. 총 금융자산, 즉 포트폴리오 중 금의 비중을 10~

30% 범위에서 정하고, 생애주기와 변동성에 맞춰 탄력적으로 조정한다.

둘째, 구성이다. 코어는 현물과 ETF로 만든다. 환금성과 투명한 추적 오차가 장점이고, 국내 투자자는 환율 변동이 수익률을 증폭하거나 상쇄할 수 있음을 염두에 두어야 한다.

셋째, 체크리스트이다. 실질금리(물가연동국채), 달러 인덱스, 연준 회의와 성명, 미국 재정·부채 이벤트, 중앙은행 월별 순매수, 주요 지정학 캘린더를 고정적으로 점검하면 감정 대신 데이터로 리스크를 다룰 수 있다.

금은 단순한 귀금속이 아니다. 가치 저장 수단이자 안전자산이며, 중앙은행 준비자산으로서의 기능을 동시에 수행해 온 특이한 자산이다. 인플레이션이 높게 유지되고 실질금리가 낮거나 마이너스로 전환되며 달러 약세가 지속되는 환경, 지정학 리스크가 누적되고 중앙은행의 매수가 가속화되는 환경에서는 금이 '안전자산의 압도적 수혜자'가 될 수 있다. 반대로 그 전제가 약화하면 조정은 깊어진다.

그러나 어느 쪽이든 포트폴리오 관점에서 금의 유효성은 남는다. 시스템이 가격을 만들고, 시스템은 쉽게 사라지지 않는다. 그래서 금은 '언젠가 오를지도 모르는 투기적 종목'이 아니라 '항상 일정 비중을 유지해야 하는 구조적 자산'이어야 한다. 2030년의 숫자는 변동하겠지만 그 숫자에 이르는 길에서 금이 맡는 역할은 변하지 않는다.

2장

절대 실패하지 않는 안전자산 투자

01
구조적 변화가
금값을 끌어올린다

미국의 통화 정책과 달러 시스템의 균열

미국 경제의 기반은 달러다. 세계는 수십 년간 달러를 중심으로 무역하고, 거래하고, 투자해 왔다. 하지만 이 시스템은 오랫동안 '신뢰'를 전제로 유지되었을 뿐 실제로는 부채로 유지되는 구조였다. 미국은 수조 달러에 달하는 재정적자를 떠안고 있고, 미국의 국가 부채는 2025년 기준 38조 달러를 넘어서며 눈덩이처럼 불어나고 있다. 문제는 이 부채를 줄일 수 있는 현실적인 방법이 없다는 데 있다. 증세는 정치적으로 불가능하고, 경제 성장은 더디며, 긴축은 금융 시스템에 충격을 준다. 남은 방법은 결국 '돈을 더 찍는 것'뿐이다.

이러한 배경에서 미국은 스테이블 코인과 중앙은행 디지털 화폐 CBDC 발행을 본격적으로 논의하고 있다. 표면적으로는 금융 혁신이지만, 실제로는 기존 화폐 시스템의 실패를 디지털로 봉합하려는 시도에 가깝다. 디지털이라는 형식은 달라졌을지 몰라도 결국 그 기초가 되는 신뢰는 여전히 국가 부채로부터 출발한다. 즉 뿌리는 바뀌지 않았다. 아무리 기술이 발달해도 그 기반이 흔들리면 시장은 반응한다. 그래서 금으로 눈을 돌린다.

달러 시스템이 흔들릴수록 금은 강해진다. 실제로 2008년 금융위기 이후 미국이 양적완화를 단행했을 때 금값은 1oz당 1,000달러 초반에서 1,900달러까지 치솟았다. 코로나19 팬데믹 이후 또 한 번 유

● 통화 공급량과 금값 ●

동성이 폭발하자 금은 2,000달러를 돌파했다. 이런 흐름은 반복되는 일시적 현상이 아니다. 이것은 화폐 시스템이 한계에 부딪쳤다는 구조적 신호다. 결국 미국조차 달러만으로는 위기를 돌파할 수 없다는 현실을 인정하고, 금이 '신뢰의 마지막 보루'로 돌아오는 순간, 금값은 단순한 가격 이상의 의미를 가지게 된다.

금 공급의 한계와 수요의 구조적 전환

금은 무한정 만들어 낼 수 있는 자산이 아니다. 우리가 사용하는 현금이나 디지털 통화와 달리 금은 물리적으로 지구상에 존재하는 유한한 자원이다. 세계금협회WGC에 따르면 지금까지 인류가 채굴한 금의 총량은 약 21만 톤 정도이며, 이중 상당수는 이미 보석, 산업용, 중앙은행 보유 등 다양한 용도로 흡수되어 시장에 다시 나오지 않는다. 남아 있는 미채굴 매장량은 약 5만 톤 정도로 추정되며, 연간 채굴량은 약 3,000톤 안팎에서 정체된 상태다.

채굴 기술이 발전했다 하더라도 새로운 금광을 찾는 데는 막대한 시간과 비용이 들며, 환경 규제와 지역사회의 반발 등으로 실제 생산량은 제한적이다. 기존 대형 금광들도 점점 채산성이 낮아지고 있고, 새로운 금광 개발은 점점 더 드물어지고 있다. 이처럼 공급이 고정되거나 줄어드는 가운데 수요는 점점 확대되고 있다. 이 수요는 단순히 개인 차원을 넘어 '국가' 수준으로 전환되고 있다.

2022년부터 세계 주요 중앙은행들은 사상 최대 규모로 금을 사들였다. 미국, 중국, 러시아, 인도, 튀르키예 등은 달러 외환보유고 대신 금 보유량을 늘리고 있으며, 이는 명백한 '신뢰 이동'의 신호다. 특히 러시아는 서방 제재 이후 금을 루블의 가치를 뒷받침하는 수단으로 삼았고, 중국은 위안화의 신뢰를 높이기 위해 금을 전략적으로 축적하고 있다. 이런 국가적 수요는 과거와 차원이 다르다. 단지 '분산투자'가 아니라 '대체 통화 수단 확보'라는 구조적 목적이 있기 때문이다.

　중앙은행뿐 아니라 글로벌 투자자, 패밀리오피스, 자산운용사들

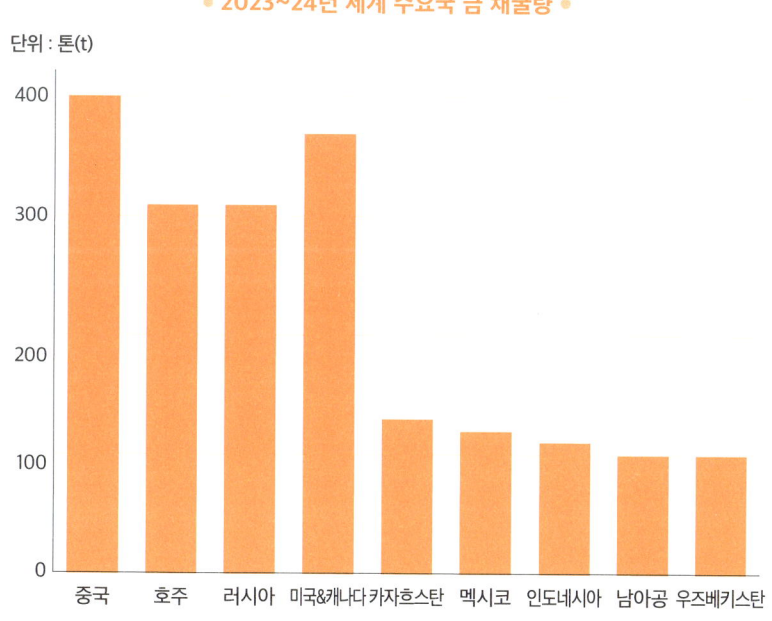

● 2023~24년 세계 주요국 금 채굴량 ●

도 금을 방어적 자산에서 전략적 자산으로 재평가하고 있다. KRX 금시장, 금 ETF, 중개 거래 플랫폼 등 금에 대한 접근성이 높아진 것도 수요 확산에 큰 영향을 미치고 있다. 결과적으로 공급은 더 늘릴 수 없고, 수요는 국가 단위로 커지고 있으며, 금값은 이 구조적 불균형을 반영하고 있다. 지금의 가격은 '끝'이 아니라 '출발점'일 수 있다.

02
스테이블 코인이 부상할수록 금은 더 강해진다

통제받는 화폐 vs 통제받지 않는 금

지금의 시대는 돈에 대한 신뢰가 흔들리는 시기다. 과거에는 돈이라 하면 지폐나 동전을 의미했지만, 이젠 그런 실물조차 점점 사라지고 있다. 디지털이 새로운 화폐의 표준이 되고 있으며, 그 중심에 스테이블 코인이 있다. 스테이블 코인은 쉽게 말해 '가격이 고정된 암호화폐'다. 일반적인 암호화폐인 비트코인이나 이더리움은 가치가 시시각각 변하지만, 스테이블 코인은 달러에 연동되는 식으로 안정적인 가격을 유지한다. 그래서 많은 사람이 암호화폐를 사용할 때 중간 거래 수단으로 스테이블 코인을 선호한다. 널리 쓰이는 스테이블 코인으로는 USDT(테더), USDC(서클) 등이 있다.

그런데 이 안정성의 바탕은 아이러니하게도 다시 '달러'다. 이름은 코인이지만 실상은 '디지털 달러'에 가까운 셈이다. 안정성을 유지하기 위해 테더는 달러를 준비금으로 보유하고 있고, USDC는 미국 금융기관의 감사를 받고 있다. 겉은 탈중앙화처럼 보이지만 실상은 기존 금융 시스템 안에 들어와 있는 구조다. 문제는 바로 여기에 있다. 스테이블 코인은 보통 디지털 화폐나 블록체인을 말할 때 기대하는 자유와 분산, 독립성에서 점점 멀어지고 있다. 미국이 스테이블 코인을 본격적으로 규제하려는 이유도 통제력을 강화하기 위해서이다.

결국 이런 흐름은 투자자에게 메시지를 준다. 디지털이라는 이름 아래서 화폐는 오히려 더 쉽게 감시받고 통제될 수 있다는 사실이다. 전통적 화폐가 가지고 있던 익명성과 물성이 사라지게 되면 사람들은 '진짜 손에 쥘 수 있는 자산'을 찾기 시작한다. 그 자산의 정점에 금이 있다. 금은 누구의 허락도 없이 보유할 수 있고, 어느 국가에서도 통용될 수 있으며, 물리적으로 존재하기 때문에 시스템 리스크에서 벗어날 수 있다. 스테이블 코인이 커지면 커질수록 금은 오히려 그 대안으로 더 빛난다.

이 흐름은 이미 시장에 반영되고 있다. 2020년 이후 각국 중앙은행이 금을 매입하는 속도는 사상 최고치를 기록했고, 개인 투자자들도 실물 금 거래에 다시 관심을 가지기 시작했다. 미국이 디지털 화폐CBDC와 스테이블 코인을 계획, 발행하고 있다는 뉴스가 나올 때마다 금값은 의미 있는 반등을 만들어 냈다. 그 반응은 단순한 가격 변동이 아니라 화폐 시스템 자체에 대한 회의가 만들어 낸 결과다. 스테이블 코인은 혁신처럼 보이지만, 그 이면에는 전통 화폐 시스템의 균열이 자리하고 있다. 그리고 그 균열 속에서 금이 '기준'으로 다시 소환되고 있다.

스테이블 코인은 결국 '화폐의 통제력'을 강화하는 방향으로 발전할 수밖에 없다. 미국이 디지털 화폐를 통해 모든 결제를 추적하고, 실시간 조세 징수를 가능하게 만들고자 하는 것은 통화 정책과 세수 정책을 위한 강력한 도구다. 하지만 그러한 기술은 동시에 개인의 자유를 제약하는 칼날이 되기도 한다. 디지털이 넘치는 시대일수록 사람들은 아날로그적 가치에 다시 반응한다. 금은 그중에서도 가장 전통적이면서도 여전히 강력한 힘을 가진 자산이다. 이것이 스테이블 코인과 금의 본질적인 상관관계다. 화폐가 디지털로 극단화될수록 금은 그 반대편에서 균형추 역할을 하게 된다.

금 기반 스테이블 코인은 디지털 시대의 금본위제다

스테이블 코인과 금의 관계는 단순히 반대 개념만은 아니다. 흥미롭게도 실제로는 금을 담보로 하는 스테이블 코인도 존재한다. 대표적인 사례가 바로 'PAXG PAX Gold'와 'XAUT Tether Gold'다. 이들은 1토큰당 1oz의 실물 금을 보증하며, 해당 금은 안전한 금고에 물리적으로 보관된다. 다시 말해 실물 금에 100% 연동된 디지털 자산이다. 투자자는 이 토큰을 사는 동시에 실물 금의 소유권을 얻는 셈이며, 필요시 실제 금으로 인출도 할 수 있다.

이 금 기반 스테이블 코인의 등장은 시사하는 바가 크다. 디지털 자산의 혁신성과 실물자산의 신뢰성을 동시에 확보하려는 시도라는 점에서 일종의 '디지털 금본위제'라고 볼 수 있다. 이는 특히 암호화폐 시장 안에서도 법정화폐에 대한 의심이 커졌기 때문에 가능한 흐름이다. 2022년 테라-루나 사태처럼 알고리즘 기반 스테이블 코인이 붕괴되었을 때 시장은 '진짜 담보가 있는 자산'에 주목했고, 그 결과가 바로 금 연동형 토큰이었다.

그뿐만 아니라. 러시아, 이란, 브라질 등의 국가들은 금을 기반으로 한 디지털 결제 시스템을 공동 개발하려는 시도도 하고 있다. 이는 단지 암호화폐 실험이 아니라 기존 달러 결제 시스템을 회피하고자 하는 전략적 판단이다. 특히 러시아는 국제 결제망 스위프트 SWIFT에서 퇴출된 이후, 금과 디지털 기술을 결합한 자국 중심의 결제 시스템을 모색하고 있다. 이런 흐름이 확산될 경우 세계 통화 질서에 중대한 변화가 생길 수 있다.

다시 말해 스테이블 코인은 지금까지 '디지털 달러'에 가까운 형태로 발전했지만, 앞으로는 '디지털 골드'로 진화할 수 있는 가능성도 함께 열려 있다는 것이다. 그리고 이런 전환의 흐름은 금의 역할을 더욱 강화한다. 달러가 흔들리고, 암호화폐가 불안정할수록 금은 기술과 결합하며 다시 중심으로 돌아온다. 실제 금이 아니라면 믿을 수 없는 시대이기 때문이다. 시대가 불안할수록 금에 연동된 자산만이 신뢰를 가질 수 있다.

결국 스테이블 코인은 금의 경쟁자가 아니라 오히려 금의 중요성을 부각시키는 존재다. 법정화폐와 암호화폐가 모두 흔들릴 수 있다는 인식이 커질수록 금은 그 둘을 초월하는 자산으로 재평가된다. 금은 누구의 것도 아니며, 누구도 함부로 그 가치를 결정할 수 없다. 디지털 기술은 금을 더 빠르게, 더 효율적으로 거래할 수 있게 해 준다. 하지만 그 가치의 핵심은 여전히 '물성'에 있다. 금은 손에 쥘 수 있고, 국가의 파산에도 안전하며, 시간이 지나도 썩지 않는 속성을 가지고 있다. 이것이 디지털 시대에도 금이 여전히 유효한 이유다. 나도 금 기반 스테이블 코인 발행, 유통을 위한 계획을 세우고 있다.

03
탈달러 시대, 세계는 다시 금으로 간다

지정학적 충돌이 가져온 금의 귀환

2020년대는 전쟁과 충돌의 시대다. 러시아-우크라이나 전쟁은 아직도 끝나지 않았으며, 이스라엘-이란-팔레스타인 분쟁은 중동 전체를 불안정하게 만들고 있다. 대만해협과 한반도, 남중국해에서도 군사적 긴장감이 점점 고조되고 있다. 세계는 더 이상 안정된 질서를 말할 수 없다. 이처럼 지정학적 불확실성이 높아질수록 시장은 '위기 대응 자산'을 찾는다. 바로 금이다.

전쟁은 금값을 끌어올리는 가장 확실한 요인 중 하나다. 1973

년 오일쇼크 이후 금값은 급등했다. 1980년대 소련의 아프간 침공, 1990년 걸프전, 2001년 9·11 테러, 2008년 금융위기 등 국제적으로 위기가 올 때마다 금값은 급등했다. 이유는 단순하다. 전쟁이 터지면 신뢰가 사라지고, 통화와 자산이 흔들리며, 실물로서의 가치가 있는 금만이 피난처 역할을 해 주기 때문이다.

이제는 국가 차원의 대응도 달라졌다. 브릭스 국가들은 '탈달러'를 위한 수단으로 금을 선택하고 있다. 러시아는 루블-위안 결제를 확대하며, 그 결제 기반을 금 보유로 보강하고 있다. 중국은 위안화의 국제화를 추진하면서 금을 통해 통화 신뢰를 확보하려 한다. 사우디아라비아의 브릭스 합류는 석유-금 결제를 가시화하고 있다. 이는 단순히 외환보유를 다변화하는 것이 아니라 달러 중심의 결제 시스템을 뒤흔들 수 있는 흐름이다.

이러한 흐름은 금을 단지 가격이 오르내리는 상품이 아니라 '국가 간 결제의 수단', '전쟁 대비의 수단', '통화 안정의 수단'으로 자리매김하고 있다. 그 변화는 아직 뉴스 헤드라인에 오르지는 않았지만, 내부적으로는 엄청나게 판이 뒤바뀌고 있다. 세계는 조용히, 그러나 분명히 금으로 이동 중이다.

인플레이션과 시스템 리스크의 교차점

금은 '신뢰의 대체물'이다. 지금 세계가 겪는 가장 큰 리스크는 단순한 경제 불황이 아니다. 그것은 '신뢰 상실'이다. 누구도 자기가 들고 있는 화폐가 내일도 같은 가치를 유지할 수 있다고 확신할 수 없다. 인플레이션은 눈에 보이지 않는 세금처럼 자산가치를 갉아먹으며, 각국 정부는 위기 때마다 통화를 더 찍는 방식으로 버티고 있다.

미국은 2020년 코로나19 팬데믹 이후 5조 달러가 넘는 돈을 시장에 풀었다. 유럽, 일본, 중국도 마찬가지다. 세계는 지금 '돈의 가벼움'을 체감하고 있다. 하지만 금은 다르다. 금은 어떤 나라도 멋대로 찍어 낼 수 없고, 모든 시대를 거쳐 가치가 유지되어 왔다. 인류는 금을 5,000년간 신뢰해 왔다. 이 압도적인 시간의 축적이 금의 가치를 담보한다.

또한 금은 '상장폐지가 되지 않는 자산'이다. 어떤 기업도, 어떤 은행도, 어떤 화폐도 파산하거나 사라질 수 있다. 하지만 금은 그렇지 않다. 바로 '최종 자산'이라는 의미다. 특히 금은 디지털 화폐 실험이 본격화될수록 더욱 중요해질 것이다. 디지털은 언제든지 감시당하고, 통제당할 수 있지만, 금은 그렇지 않기 때문이다. 익명성, 물성, 국제성, 희소성. 금은 모든 조건을 갖춘 유일한 실물이다.

그래서 세계가 움직이고 있다. 각국 중앙은행은 더 많은 금을 보유하려 하고, 고액 자산가들은 금 ETF를 넘어서 실물 금으로 눈을 돌리고 있다. 국내에서도 위탁 매매 시스템, 중매 거래 플랫폼 등이 등장하면서 금은 더 이상 보석함 속 장신구가 아니라 진지한 '자산'이 되었다. 이 모든 흐름은 금값의 상승을 이끄는 동력이 되고 있다. 그것은 시장의 감정이 아니라 구조 그 자체다.

04
금은 자산 포트폴리오의 생존 보험이다

금은 위기 시 자산을 지키는 최후의 수단이다

자산 포트폴리오를 구성할 때 흔히 수익률 곡선만을 바라본다. 주식은 어느 나라가 유망한지, 채권은 금리가 어떻게 바뀔지, 부동산은 입지와 시세의 흐름이 어떤지 분석하며 배분 비중을 결정한다. 그런데 정작 중요한 질문이 빠져 있다.

'만약 위기가 왔을 때 나는 무엇으로 살아남을 것인가?'

포트폴리오 구성에서 금은 바로 이 질문에 답을 해 주는 자산이다. 수익률이 높아서가 아니라 모든 것이 무너질 때 유일하게 살아

남는 자산이기 때문이다.

금은 공격적인 자산이 아니다. 주식처럼 배당을 주지도 않고, 부동산처럼 임대수익을 창출하지도 않는다. 하지만 세계 경제가 붕괴하거나 금융 시스템이 마비되었을 때 현금보다 더 빠르고 강하게 반응한다. 2008년 금융위기, 2011년 유럽 재정위기, 2020년 코로나19 팬데믹 시기에도 금값은 빠르게 상승했다. 반대로 이 시기에 주식은 반 토막이 났고, 부동산은 얼어붙었다. 금은 위기에 다른 자산의 손실을 상쇄하는 유일한 버팀목이었다.

포트폴리오에서 금을 배제해서는 안 되는 이유는 바로 여기에 있다. 금은 가격 상승을 노리는 것이 아니라 전체 자산이 망가지지 않도록 지키는 '보험' 역할을 수행한다. 모든 포트폴리오에는 그 중심축을 잡아 줄 고정점이 필요하다. 금은 이 고정점 역할을 한다. 자산이 무너지지 않게 중심을 잡고, 상황에 따라 균형을 회복할 수 있게 도와준다. 즉 금은 수익률이 아니라 안정성의 척도다.

그렇다고 해서 금을 많이 가져야 하는 것은 아니다. 금을 너무 많이 갖는 것도 전략적으로는 비효율적이다. 왜냐하면 금은 수익 창출력이 낮아서 포트폴리오 전체의 상승 여력을 제한할 수 있기 때문이다. 하지만 적정 비율을 유지할 경우 전체 변동성은 급격히 줄어들고, 리스크 조정 수익률은 오히려 높아진다. 보통 10~30% 수준이 적정하다. 리스크 성향이 보수적이면 금 비중을 높이고, 공격적이면 낮추면 된다.

특히 고액 자산가나 패밀리오피스, 기관투자자들은 자산 규모가

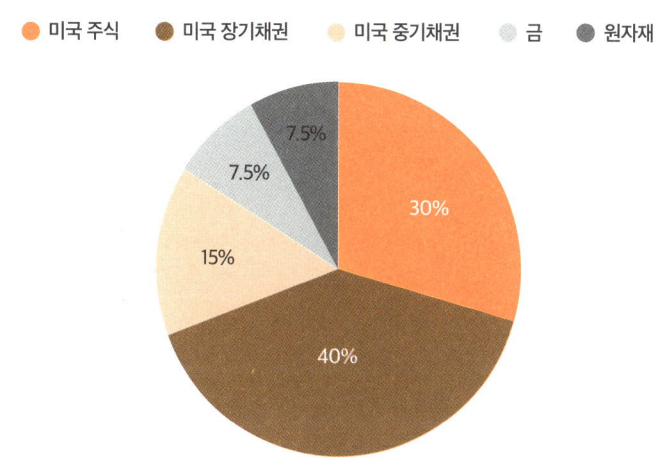

클수록 '방어'에 더 큰 가치를 둔다. 수십억 원의 자산에서 10%만 무너져도 수억 원의 손실이 발생한다. 이런 손실을 막기 위해서는 단기 수익률보다 구조적인 방어선이 필요하다. 그래서 이들은 항상 일정 비율의 금을 편입하고 있다. 금은 언제든 거래할 수 있고, 국가가 파산해도 통용되며, 손에 쥘 수 있는 실물이라는 점에서 어떤 자산보다도 '마지막 안전판'이 되어 준다. 다시 말해 금은 전체 포트폴리오가 절벽으로 떨어지지 않도록 붙잡는 마지막 고리다.

금은 가장 느리지만 가장 강한 자산이다

금은 빠르게 반응하지 않는다. 주식처럼 하루 만에 급등하거나, 부동산처럼 단기간에 호가가 뛸 일도 없다. 그러나 구조가 무너지면 가장 먼저 반응한다. 전쟁이 발발하거나, 달러 시스템이 흔들리거나, 세계 금융시장이 붕괴될 조짐이 보일 때마다 금은 조용히 그리고 단단하게 움직인다. 금의 움직임은 빠르지 않지만 그 파장은 깊고 오래 간다.

최근 몇 년 사이에 디지털 자산이나 부동산 중심의 자산 배분 전략이 각광받으면서 금의 입지가 줄어든 듯 보였지만, 2022년 이후 다시 흐름이 바뀌고 있다. 미국 연준이 금리 인상을 멈추고, 인플레이션이 고착화되며, 각국 중앙은행이 금을 사들이기 시작했다. 세계는 다시 '실물'에 반응하고 있다. 그중에서도 금은 누가 보증하지 않아도 스스로 가치를 가지는 거의 유일한 자산이다.

특히 달러에 대한 신뢰가 흔들릴수록 금의 필요성은 더 커진다. 포트폴리오의 대부분을 원화, 달러, 위안화 등 특정 통화에 연동된 자산으로 구성해 놓은 경우 환율 리스크와 통화 가치 하락이 겹치면 전체 자산이 손실로 이어질 수 있다. 이때 금은 모든 통화와 '적당한 거리'를 유지하며 자산 전체의 균형을 잡아 주는 역할을 한다. 실제로 글로벌 헤지펀드나 연기금들도 이를 반영해 달러 대비 금 비중을 조정하고 있다. 금은 단순한 대체재가 아니라 통화 기반 자산의 균형추다.

금은 현금과도 다르다. 현금은 인플레이션 앞에서는 무기력하다. 하지만 금은 화폐 가치가 무너질 때 그 반대 방향으로 움직이기 때문에 '실질 가치 보존'이 가능하다. 예를 들어, 10년 전에 1oz당 1,000

달러였던 금값이 지금은 4,000달러를 넘어섰고, 같은 기간 동안 달러의 구매력은 줄어들었다. 이 차이는 단순한 시세 차익이 아니라 금이 인플레이션을 이긴 실질 자산이라는 증거다.

그렇다면 어떻게 보유해야 할까? 방법은 다양하다. 소액 거래, 실물 골드바 구매, 금 ETF 투자, 중매 거래 플랫폼 활용 등 각자의 목적과 여건에 맞게 선택할 수 있다. 실물 금은 장기 보유자에게 유리하고, ETF는 단기 유동성에 좋다. 중매 거래 매매는 실시간 시세 반영과 수수료 절감 측면에서 유리하며, 골드바 브랜드와 순도에 따라 재판매가에서도 차이가 난다. 무엇보다 중요한 것은 금은 수익을 얻기 위해 타이밍을 재는 자산이 아니라는 점이다. 언제 들어가고 언제 나올지를 따지는 것이 아니라 포트폴리오의 방어선으로서 항상 자리 잡고 있어야 하는 자산이다.

금은 배당도 없고, 기업 공시도 없고, 개발 호재도 없다. 그러나 금은 수천 년 동안 전쟁과 공황, 통화 위기를 모두 견뎌낸 자산이다. 금을 포트폴리오에 포함시켜야 하는 이유는 단순한 가격 상승이 아니라 가장 근본적인 '신뢰의 축'으로서 기능하기 때문이다. 그것이 바로 금이 가장 느리고, 가장 강한 자산인 이유다.

05
이제는 스마트폰으로 금 투자를 한다

소액으로도 금 투자를 할 수 있다

금 투자는 한때 부자들의 전유물이었다. 금고에 골드바를 쌓아 두고, 동네 금은방에서 1kg짜리 바를 거래하던 시대의 이야기다. 하지만 이제는 다르다. 누구나 스마트폰만 있으면 몇천 원으로도 금을 '소유'할 수 있는 시대가 열렸다. 그리고 그 중심에는 디지털 금 투자 플랫폼이 있다. 대표적인 예가 토스, 카카오페이, KB증권, NH투자증권, KRX 금시장 연동 계좌 서비스다. 이 플랫폼들은 금 투자의 진입장벽을 획기적으로 낮췄다.

예를 들어, 토스에서는 1,000원 단위로 KRX 금을 매수할 수 있다. 실시간 시세가 제공되고, 주식처럼 매수와 매도가 가능하며, 거래 수수료도 증권사를 통한 일반 거래에 비해 매우 낮다. 이러한 방식은 특히 2030 세대의 투자 성향과 잘 맞는다. 이들은 초기 투자금이 적고, 수익률보다는 자산 보존과 분산투자를 선호하는 경향이 있다. 게다가 실물에 대한 감각보다 인터페이스UI 중심의 신뢰를 구축하는 디지털 세대다. 스마트폰 앱에서 몇 번의 클릭만으로 자산을 매수하고, 실시간으로 그래프를 보며 확인하는 투자 방식은 이들에게 매우 익숙하다.

과거에 금은 한꺼번에 큰돈을 들여야만 손에 쥘 수 있는 자산이었다. 하지만 지금은 금 0.01g도 소유할 수 있고, 실시간으로 팔 수 있다. 이러한 디지털 소액 금 투자 서비스의 확장은 금을 실물자산이면서도 유동성이 높은 자산으로 재정의하고 있다. 특히 은행 예금 금리가 낮거나, 주식시장이 불안정할 때는 이처럼 안정적이고 분산 가능한 자산으로 금을 모으는 방식이 실용적이다.

2030 세대에게 금은 더 이상 큰돈을 굴리는 자산이 아니다. 디지털 금 투자 플랫폼을 중심으로 일상 속의 금융 루틴이 되고 있다. 누구나 시작할 수 있고, 누구나 실물의 일부를 가져갈 수 있으며, 무엇보다 '자산을 모은다.'는 실질적 체감을 안겨 준다. 이것이 디지털 금 투자의 가장 큰 매력이다.

토큰화 금의 가능성과 리스크

디지털 금 투자 방식에서 또 하나 주목할 만한 흐름은 바로 '토큰화 금Tokenized Gold'이다. 이는 실제 금 1g, 1oz, 혹은 1kg 단위를 기반으로 발행된 블록체인 기반의 디지털 토큰으로 이 토큰을 소유하면 실물 금에 대한 권리가 생긴다. 대표적인 예로는 PAX GoldPAXG, Tether GoldXAUT 같은 암호화폐 기반 금 토큰이 있다. 이들은 금 1oz당 1개의 토큰을 발행하고, 실물 금은 제3의 금고에 안전하게 보관된다. 투자자는 해당 토큰을 거래하면서 원할 경우 실물 금으로 교환할 수도 있다.

이 시스템은 금 투자에 혁신을 불러왔다. 우선 국경을 초월한 거래가 가능해졌고, 블록체인을 통해 투명성과 유동성을 동시에 확보할 수 있게 되었다. 특히 전통적인 금 투자에 비해 거래 속도, 수수료, 분할 소유 측면에서 월등한 편의성을 제공한다. 이 방식은 국제적으로 금을 분산 보유하려는 투자자나, 암호 자산 중심 투자 포트폴리오에 실물자산의 안정을 추가하려는 투자자에게 큰 매력을 가진다.

하지만 아직 넘어야 할 벽도 많다. 가장 큰 문제는 '신뢰'다. PAXG, XAUT 등은 금 1oz를 실제 금고에 보관한다고 주장한다. 하지만 이 금고가 정말 안전한지, 정기적으로 감사를 받고 있는지, 투자자가 실물 금 인출을 원할 때 어떤 제약이 있는지에 대해 명확하게 설명되지 않는 경우가 많다. 블록체인의 기술력은 뛰어나지만, 기초 자산인 금의 실재 여부를 완벽하게 검증하기는 어렵다. 실제로 2022년 테라-루나 사태처럼 알고리즘 기반 스테이블 코인조차 붕괴한 사례는 시장 신뢰에 큰 경고를 던졌다.

또한 국내에서는 이러한 토큰화 금 투자에 대한 제도적 장치가 미비하다. 블록체인 기반의 금 거래는 법적으로는 디지털 자산으로 분류되기 때문에 금 투자로서의 세제 혜택이나 법적 보호는 부족한 편이다. 실물 금을 매입하면 부가가치세나 양도소득세 부담이 적지만, 토큰화 금은 자칫하면 암호화폐와 동일한 리스크와 규제를 동시에 안게 될 수 있다. 따라서 제도 정비가 이루어지기 전까지는 이 방식이 본격적으로 대중화되기 어렵다는 지적도 있다.

하지만 이 모든 리스크를 감안하더라도 '토큰화 금'은 앞으로 무시할 수 없는 시장이다. 특히 젊은 세대, 블록체인 친화적인 투자자들에게는 익숙한 플랫폼이고, 장기적으로는 실물자산과 디지털 기술이 결합된 '하이브리드 자산'의 대표주자가 될 수 있다. 결국 이 시장의 성패는 하나다. '실물 금과의 연동을 얼마나 투명하게 증명할 수 있는가?'이다. 이 지점이 명확해진다면 토큰화 금은 금 ETF와 실물 금의 중간지점에서 새로운 투자 자산군으로 자리 잡을 수 있다.

06
금 ETF는 실물 없는 금 투자의 대안이 될 수 있을까?

ETF는 실물 금 없이
금 투자하는 가장 빠른 방법이다

금은 대표적인 실물자산이지만, 이제는 더 이상 금을 손에 쥐지 않아도 금값에 투자할 수 있는 시대다. 바로 '금 ETF_{Exchange Traded Fund}'를 통해서다. 금 ETF는 실제 금 시세에 연동해 가격이 움직이는 금융상품으로 증권 계좌만 있으면 주식처럼 사고팔 수 있다. 실물 금을 직접 사서 보관하지 않아도 되며, 매매가 빠르고 간편하다는 점에서 많은 투자자가 선호하는 방식이다.

잘 알려진 금 ETF로는 미국의 SPDR Gold Shares_{GLD}, iShares Gold Trust_{IAU}, 국내에서는 KODEX 골드선물(H), TIGER 골드선물(H) 등이 있다. 이 상품들은 대부분 런던금시장협회_{LBMA}나 COMEX 시세에 연동되어 움직이며, 일부는 금 선물에 투자하는 구조이기도 하다. 예를 들어, GLD는 실제 금을 보관하는 방식을 택하는 '실물 연동형' ETF이고, 국내 상품 대부분은 선물 가격에 따라 움직이는 '파생형' ETF다.

금 ETF의 가장 큰 장점은 유동성과 접근성이다. 금을 실물로 사려면 우선 큰돈이 필요하고, 구매 시 부가가치세 10%를 부담해야 하며, 보관비도 별도로 들 수 있다. 하지만 금 ETF는 최소 수천 원부터 투자할 수 있고, 매매 수수료 외에 추가 비용이 없다. 보관·운반·감정 등의 문제에서 자유롭고, 원하면 언제든 매도해 현금화할 수 있다는 점은 금 ETF가 가진 막강한 장점이다. 특히 바쁜 직장인이나 실물자산 관리에 익숙하지 않은 투자자에게는 이 간편함이 압도적인 매력이다.

또한 금 ETF는 단기투자에 유리하다. 주식시장처럼 개장 시간 내에 실시간 거래가 가능하며, 시세를 손쉽게 확인할 수 있다. 특히 환헤지 여부에 따라 환율 리스크를 줄일 수도 있어 원-달러 환율에 민감한 투자자라면 '환헤지형'을 선택함으로써 금값만 순수하게 추적하는 투자가 가능하다. 반대로 환율까지 고려한 투자수익을 기대한다면 환노출형 ETF를 활용할 수도 있다.

하지만 금 ETF는 모든 투자자에게 완벽한 상품은 아니다. 가장 흔한 오해 중 하나는 'ETF를 사면 금을 실제로 보유한 것'이라고 생각하는 것이다. 실제로 많은 금 ETF는 금 시세에 연동되긴 하지만, 실물을 투자자가 직접 소유하는 구조는 아니다. 금 ETF 보유자는 금을 '소유'하는 것이 아니라 금값과 연동된 금융 파생상품에 투자하는 것이라는 점을 명확히 이해할 필요가 있다.

ETF의 본질은 유동성이고 금의 본질은 실물이다

금 ETF의 구조는 편리함을 극대화한 대신 '금의 본질적 속성'을 희석시키는 단점도 함께 안고 있다. 실물 금은 실체가 있고, 중앙은행이나 국가가 파산해도 그 자체로 통용되는 최후의 자산이다. 반면, 금 ETF는 금융 시스템 안에서만 작동하는 금융상품이라는 점에서 본질적으로 금의 물성과는 거리가 있다. 즉 금 ETF는 금의 '시세'에 투자하는 것이다. 금이라는 실물을 보유하는 투자는 아니다.

예를 들어, 전쟁이나 금융 시스템 붕괴, 사이버 공격 등으로 주식시장이 마비되면 금 ETF 역시 거래가 중단될 수 있다. 그럴 경우 실물 금은 여전히 가치가 있지만, 금 ETF는 단순한 숫자에 불과할 수 있다. 또 하나 주의할 점은 금 ETF의 보관 금에 대한 접근 권한이 투자자에게 없다는 사실이다. SPDR GLD 같은 실물형 금 ETF도 투자자가 금고에 보관된 금을 인출할 수는 없다. 실제로 금 ETF 운용사는 금을 HSBC 등 제3의 기관에 보관하고 있다. 금 ETF 투자자는 해당 금의 '지분'도 '소유권'도 아닌 단지 수익률을 따라가는 계약을 체결한 셈이다.

또한 국내 금 ETF는 대부분 '선물 ETF' 구조로 설계되어 있다. 즉 금 실물이 아닌 금 선물 가격을 추종하기 때문에 만기 롤오버에 따른 비용 손실, 가격 왜곡 등의 리스크가 존재한다. 이런 특성 때문에 장기 보유 시 금 현물 가격과 괴리율이 커질 수 있다. 따라서 국내 금 ETF는 단기 가격 흐름에 베팅하거나 트레이딩용으로 활용하는 것이 더 적합하다.

세금 문제도 중요하다. 국내에서 금 ETF는 기타소득으로 분류되어 15.4%의 세금이 원천징수된다. 반면, 실물 금을 KRX 금시장에서 거래할 경우에는 부가가치세와 양도소득세가 면제된다. 특히 일정 조건을 갖춘 중개 거래 플랫폼에서 실물 금을 거래하면 세제 혜택을 그대로 받으면서 수수료는 금 ETF보다 낮은 경우도 있다. 이처럼 금 ETF는 편리하긴 하지만, 절세 측면에서는 실물 기반 거래에 비해 불리할 수 있다.

그렇다면 금 ETF는 언제, 어떤 목적으로 활용하는 것이 좋을까? 크게 2가지로 나눌 수 있다.

첫째, 단기 트레이딩 관점에서의 시장 대응 전략이다. 예를 들어, 지정학적 리스크가 급등하거나 금리 하락 전망이 강하게 제기될 때 금 ETF를 통해 금값 상승에 빠르게 베팅할 수 있다.

둘째, 장기 포트폴리오에 금 관련 자산을 편입하고자 할 때다. 이 경우 환헤지 여부, 선물형 대 실물형의 차이, 괴리율 등을 면밀히 비교해 금 ETF를 선택하는 것이 중요하다.

결론적으로 금 ETF는 금이라는 자산에 간접적으로 접근하는 매우 효율적인 수단이다. 하지만 금의 본질이 '신뢰 기반의 실물자산'이라는 점을 고려할 때 금 ETF는 결코 실물 금을 대체할 수 없다. 금에 대한 투자 목적이 수익률 추종인지, 자산 방어인지, 시스템 리스크 대비인지에 따라 투자 수단이 달라져야 한다. 금 ETF는 금융 시스템 안에서 작동하는 도구이고, 실물 금은 시스템이 무너져도 남는 자산이라는 차이를 분명히 인식해야 한다. 국내 금 ETF 투자의 경우 수익에 대해 15.4%가 부과되고, 해외 금 ETF의 경우 22%의 양도차액이 발생한다. 금융소득 종합과세 대상에 포함되며 고액의 자산을 투자하는 경우 세금 부담도 고려해야 하는 요소이다.

금 ETF는 아니지만 퇴직연금을 금 관련 상품에 투자하는 방법도 있다. 나는 신한골드 증권 투자신탁 1호(주식)를 활용하고 있다.

07
나이와 자산에 따라 금 투자 전략은 다르다

20대 사회 초년생부터
50대 자산 축적기까지의 금 투자 전략

금 투자는 단순히 금값의 등락을 맞히는 투기 행위가 아니다. 그것은 각자의 생애주기, 자산 상황, 리스크 성향에 따라 전략적으로 구성해야 하는 포트폴리오의 축이다. 특히 나이대별로 금의 역할은 극명하게 다르다. 금은 누구에게나 필요한 자산이지만, 누구에게나 같은 방식으로 필요한 자산은 아니다.

사회에 진입한 지 얼마 되지 않은 2030 세대라면 금이 '포트폴리오의 중심'이 되어선 안 된다. 이 시기에는 투자금 자체가 적고, 수익률 중심의 자산 축적이 중요하기 때문이다. 그럼에도 금을 일정 부분 보유해야 하는 이유는 명확하다. 바로 심리적 안정감과 자산 분산의 시작이라는 의미 때문이다. 단 5만 원어치라도 금을 매입하고 보관하면 자신이 실물자산의 일부를 쥐고 있다는 감각이 생긴다. 이 체험은 금융 문맹에서 벗어나는 첫걸음이 된다.

20대는 주식과 ETF 등 수익형 자산에 집중하되 금 비중을 소액 적립식 또는 토스나 카카오페이 앱 기반 거래로 3~5% 정도로 꾸준히 유지하는 것이 이상적이다. 자산이 쌓이기 전부터 금을 소유한다는 것은 '언제든 환금 가능한 실물'을 갖고 있다는 의미이며, 갑작스러운 경제위기나 주식시장 폭락 때 일정 수준의 방어 기제를 마련해 두는 행위다. 아직은 '수익'보다 '경험' 중심의 금 투자를 해야 한다.

40~50대, 특히 자녀 교육비, 주택 대출, 사업 운영 등 다양한 자금 흐름에 노출된 세대는 금을 전혀 다르게 접근해야 한다. 이 시기는 리스크도 크고, 보유자산도 커지며, 퇴직·이직·창업 등 인생 전환기에 접어들 가능성이 높다. 이 세대의 경우 금은 단순한 분산 수단이 아니다. '긴급 유동성 확보'와 '시스템 위기 대응'이라는 2가지 명확한 목적을 가진 자산으로 편입해야 한다.

이때는 금 ETF와 중매 거래 플랫폼을 병행하는 이중 전략이 효과적이다. 금 ETF는 유동성을 확보해 줄 수 있으며, 중매 거래를 통한 실물 금 거래는 세제 혜택과 실제 보유의 의미를 함께 가져다준다. 금 비중은 10~30%까지 확대하는 것이 안정적이다. 특히 달러 기반

자산의 비중이 큰 경우에는 금이 통화 리스크를 흡수해 주는 역할까지 할 수 있다. 이 세대에게는 금이 '위험 방어 자산'이자 '현금의 대체 수단'이 되는 것이다.

은퇴자와 고액자산가의 금 투자 전략

은퇴자에게 금은 투자 대상이 아니라 생존 자산이다. 고정 수입이 끊기고, 현금흐름이 줄어드는 시기에 무슨 일이 있어도 팔 수 있는 자산은 절대적으로 중요하다. 그런데 예금이나 현금은 물가 상승 앞에서 매년 가치가 줄어든다. 주식은 수익이 나기도 하지만 하락장에서는 모든 걸 잃을 수도 있다. 부동산은 유동성이 낮고, 시세 변동에 민감하다. 이때 필요한 건 현금성과 안전성의 균형을 갖춘 자산이다. 금이 여기에 해당한다.

은퇴 이후의 포트폴리오에서는 금 비중을 10% 이상, 최대 20%까지 확대하면 좋다. 이때 중요한 건 언제든 현금화가 가능한 구조를 갖추는 것이다. 금 ETF와 KRX 금시장 매매를 병행하거나, 실물 금을 일부 위탁 보관하며 매매 가능한 상태로 두는 전략이 효과적이다. 특히 중개 플랫폼을 통한 수수료 절감형 실물 거래 시스템을 활용하면 실물 금을 보유하면서도 유동성을 확보할 수 있다.

금은 배당이나 이자를 주지 않는 상태에서도 시장의 붕괴에 대비한 최후의 보루로 기능했는데, 내가 운영하는 골드나라에서 처음으로 금 배당 운용 정책을 실시하여 세전 2.56%, 세후 2% 배당금을 지급하고 있다. 이후 하나은행과 한국금거래소도 합작해서 금 배당 운용 정책을 실시하고 있다.

고액 자산가의 경우에는 이야기가 달라진다. 이들에게 금은 단순한 안전자산이 아니다. 금은 글로벌 자산 보존과 재산의 익명성, 분산화의 수단이다. 전 세계의 초고액 자산가들은 일정량의 금을 항상 실물로 국가 밖에 보관하는 전략을 택한다. 스위스 금고나 싱가포르의 보안 창고, 두바이의 골드뱅크 등을 활용해 국가 리스크를 회피한 자산 보유 전략을 쓴다. 여기서 금은 화폐나 주식과 달리 국경을 넘나드는 실물 가치의 저장고 기능을 한다.

최근 국내 고액 자산가들도 이 흐름에 눈을 뜨고 있다. 특히 자산의 1~2%를 해외 금화나 글로벌 금 ETF로 분산하는 동시에 일부는 국내에 실물 금을 위탁 보관하면서 시장의 리스크에 대응한다. 이들은 금을 단기적으로 사고팔기보다는 '보이지 않는 보험'으로 간주하며 장기 보유한다. 금은 대외적 경제 충격, 통화 위기, 세금 이슈 등에 대응하기 위한 '보이지 않는 자산 방어막'이기 때문이다.

또한 고액 자산가들은 금과 함께 은, 백금 등 다른 귀금속 자산군과의 혼합 포트폴리오도 구성한다. 금의 단점인 수익성 부족을 보완하면서도 귀금속 전반의 실물 가치 상승 가능성을 포착하려는 전략이다. 혼란기에는 수익보다 '지속 가능성'이 중요하다는 점을 알고 있는 사람일수록 금을 더 중요하게 다룬다. 이들에게 금은 단지 빛나는 금속이 아니라 진짜 돈이며 보존 자산이자 국제적 보증 자산이다.

3장

절대 실패하지 않는 금 투자 기초 원칙

01
제대로 사는 것이 중요하다

나에게 맞는 실전 금 투자법을 찾아라

최근 국제 정세가 매우 불안정하게 흘러가고 있다. 세계 곳곳에서 벌어지는 전쟁으로 인한 긴장감이 고조되면서 물류의 흐름이 막히고 있다. 이러한 긴장이 계속되면 한국 경제에도 당연히 충격이 생길 수밖에 없다. 이러한 불확실성 속에서 안전자산인 금과 은의 가치는 더욱 주목받고 있다.

많은 사람이 금 투자에 관심을 가지며 다양한 방식으로 접근한다. 하지만 실전에서 어떤 투자 방법이 유리한지는 신중하게 고려할 필요가 있다. 먼저 골드뱅킹에 대해서 알아보자. 과연 골드뱅킹은 믿고 투자해도 될까?

골드뱅킹은 은행을 통해 금을 투자하는 방식으로 통장에 금을 적립하는 형식이다. 이 방식은 실물을 인출하지 않고 계좌로만 차익 거래를 할 때에도 배당소득세가 발생하고, 실물금을 인출하면 아무리 낮은 가격에 금을 매수했다고 해도 실물 인출 시점에 부가가치세와 인출수수료가 발생한다. 최악의 경우에는 금융소득 종합과세 대상이 되어 추가적인 세금 부담이 생길 수 있다. 건강보험료 인상은 덤으로 따라온다.

다음으로 KRX 금시장이 있다. 한국거래소에서 운영하는 금 거래 시장이다. 증권사 계좌를 통해 금을 거래할 수 있는 시스템이다. 주식처럼 금을 사고팔 수 있다. 가장 큰 장점은 실물금을 인출하지 않고 거래만 할 때는 부가가치세가 면제된다는 것이다. 실물 금 거래 대비 큰 이점이 된다. 국제 금 시세와 연동되므로 신뢰할 수 있는 가격으로 거래할 수도 있다. 하지만 증권사 거래 수수료가 발생하고, 실물 금으로 인출할 경우에는 추가 비용이 부과된다. 때로는 과도한 김치 프리미엄이 붙기도 한다. 따라서 장기 보유를 고려하는 투자자라면 실물 인출보다 거래 차익을 노리는 전략이 유리하다.

금 ETF도 주식처럼 매매가 가능하다. 소액으로도 투자할 수 있고, 실물 금을 보관할 필요가 없어 편리하다. 하지만 국내 ETF는 금융상품으로 분류되기 때문에 15.4%의 배당소득세가 부과된다. 펀드 운용 비용도 포함되기 때문에 장기적으로 보면 실물 금보다 수익률이 낮을 수 있다. 해외 ETF는 양도 소득세 22%가 부과된다. 따라서 금 ETF는 적합하지 않다는 생각이다.

실물 금 투자는 가장 확실한 투자 방법이다. 실물 금 투자, 즉 직접 골드바, 금화뿐만 아니라 실버바, 은화 등을 구매하여 보유하는 방식이다. 장기적으로 안정적인 가치 보존이 가능하다. 금융 시스템과 무관하게 실질적인 자산으로 보관할 수 있다는 장점도 있다. 또한 매도 차액에 대해 세금이 부과되지 않는다. 실물자산을 보유하기 때문에 신뢰도가 높다.

이처럼 금 투자는 투자자의 목적과 성향에 따라 최적의 방법이 달라질 수 있다. 단기적인 유동성을 고려한다면 KRX 금시장이나 금 ETF가 유리할 수 있으며, 장기적인 가치 보존과 안전한 투자를 원한다면 실물 금 투자가 가장 효과적이다. 특히 실물 금 투자는 금융위기나 경제 불확실성이 커질 때 강력한 보호 수단이 된다.

가장 현명한 금 투자 방법은 투자자의 목적에 따라 신중하게 선택하는 것이다. 실전에서 활용할 수 있는 다양한 전략을 알고 있는 게 중요하다. 안전자산으로서 금의 가치는 여전히 유효하며, 현명한 투자 전략을 통해 안정적인 수익을 창출할 수 있을 것이다.

싸다고 아무 금이나 사면 안 된다

단순히 가격이 저렴하다는 이유만으로 아무 금이나 사면 안 된다.

금의 품질을 보장받기 위해서는 반드시 공신력 있는 회사에서 생산된 제품을 구매해야 한다. 예를 들어, 한국조폐공사 골드바, LS 골드바, 골드나라 아우라 골드바 등 엄격한 품질 검사를 거쳐 999.9 순도의 금을 생산하는 브랜드에서 사는 게 좋다. 이 브랜드들은 무작위 샘플 검사를 통해 함량을 확인하고 품질을 유지한다.

가짜 금이나 저품질 금은 당연히 위험하다. 공식 인증을 받지 않은 금이나 무명 브랜드의 골드바는 신뢰성이 떨어진다. 작은 업체들은 금을 무작위로 제작하고, 품질 검증이 제대로 이루어지지 않는다. 더군다나 이런 업체들은 문제가 생기면 쉽게 폐업하고 다시 다른 브랜드를 만들기도 한다. 그러다 보니 소비자들이 피해를 보더라도 보상받기 어려운 구조다.

금을 사고팔 때는 신뢰가 무엇보다 중요하다. 금 함량을 테스트하는 비파괴 검사기 XRF, X-ray Fluorescence를 보유한 소매점은 전국적으로 봐도 극히 적다. 일반 소비자는 눈으로만 보고 금의 진위를 판별하기가 어렵다. 그래서 더욱더 인증된 업체에서 제공하는 제품을 구매해야 한다. 가짜 금 제품은 외관상 정품과 구분이 어렵고, 위조업체들은 '999.9 표시'까지 그대로 따라 찍어 놓기도 한다.

불순물 함유 가능성도 경계해야 한다. 일부 불량 골드바의 경우는 실제 금 함량이 88~89% 정도밖에 되지 않으며 나머지는 은이나 기타 불순물이 포함되어 있을 수 있다. 겉보기에는 비슷해 보이지만, 테스트를 해 보면 순도가 떨어지는 경우가 발생한다. 이런 경우에는 금을 매각할 때 기대했던 가격보다 훨씬 낮은 금액을 받을 수밖에 없다. 게다가 도매상이 매입할 때는 1% 정도 차감하기 때문에 가격이 더 낮아진다. 이처럼 금을 싸게 구매하여 이득을 보려던 소비자

●가짜 금 유통 모습●

●함량 미달 금 유통 모습●

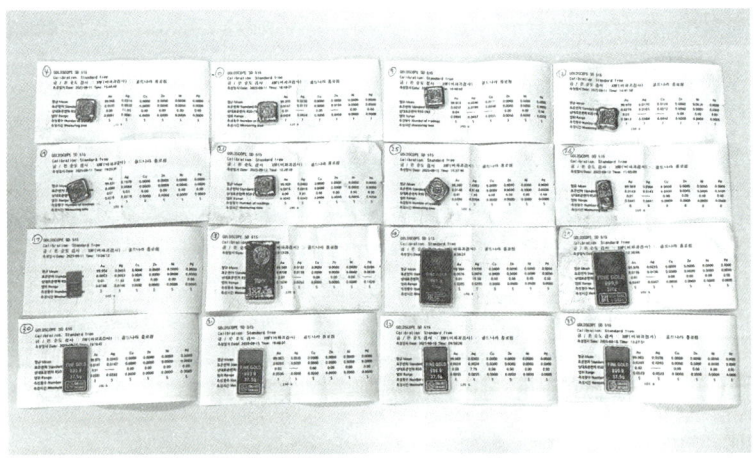

가 오히려 손해를 보게 되는 경우가 많다.

유사 브랜드 위조도 조심해야 한다. 가짜 브랜드 제품이 유통되고 있다. 예를 들어, 이름을 비슷하게 짓거나 영문의 철자 하나를 바꾸는 것으로 소비자들을 혼란스럽게 한다. 당연히 이러한 브랜드의 금 제품을 구매하면 실제 가치보다 훨씬 낮은 가격으로 거래될 위험이 크다. 2023년 스위스의 UBS 은행이 CS 은행을 인수한 게 이슈였는데, 그 때문인지 가짜 UBS 골드바가 유통되기도 했다.

싸다고 아무 금이나 사면 나중에 매각할 때 큰 손실을 볼 위험이 크다. 신뢰할 수 있는 브랜드에서 인증된 금을 구매하는 게 장기적으로 안전하다. 향후 매각할 때도 높은 가치를 유지할 수 있는 전략이다. 결국 안전자산의 대표 격인 금은 거래할 때도 안정적인 조건에서 하는 게 맞다. 소소한 이익을 기대하려고 무리하게 싼 것만 찾다가 도리어 손해를 볼 수 있는, 즉 소탐대실의 함정에 빠지지 않도록 주의해야 한다.

금 투자 전문가가 알려 주는 매수·매도 팁

금과 은, 특히 실버바나 골드바를 거래하면서 가장 많이 받는 질문 중 하나가 "많이 사면 싸지 않나요?"이다. 일반적인 소비재처럼 대량 구매 시 할인 혜택이 있을 거라는 기대인데, 실물 귀금속 시장은 꼭 그렇지만은 않다. 특히 실버바는 오히려 50kg, 100kg, 심지어 200kg

단위로 대량 구매 요청이 들어오면 공급자 입장에서 물량을 조달하기가 어려워져서 단가가 더 올라가는 경우도 있다.

최근 실버바 거래량이 눈에 띄게 늘고 있다. 예를 들어, 수년 전 100만 원대에서 거래되던 1kg 실버바의 가격이 순식간에 120만 원, 130만 원을 넘어 현재는 300만 원을 넘어섰다. 한 고객이 골드나라 플랫폼을 통해 1kg 실버바 400개를 178만 9,000원에 올려놓았는데 올린 지 하루 만에 팔렸다. 심지어 210만 원에 올라온 한국조폐공사 실버바도 거래가 빠르게 성사됐다. 이건 단순히 시세 때문만이 아니라 실물 수요가 그만큼 있다는 방증이다. 실버바 시장이 "꿈틀거리기 시작했다."는 말이 빈말이 아니다.

그렇다면 골드바는 어떨까? 예를 들어, 한국조폐공사에서 제조된 골드바와 비브랜드 골드바가 같은 조건에서 나란히 나온다면 소비자들은 어떤 것을 고를까? 대부분은 익숙하고 검증된 브랜드, 즉 한국조폐공사 제품을 선택한다. 브랜드 가치와 유통 이력, 중고 시장에서의 재판매 가능성까지 고려하기 때문이다. 물론 브랜드 인지도가 낮은 골드바도 블랙프라이데이 같은 특정 이벤트를 계기로 공임을 절감하고, 합리적인 가격에 공급되면 그만큼 경쟁력을 가질 수 있다. 하지만 기본적으로 시장은 익숙한 브랜드를 더 선호한다.

"똑같은 10돈짜리 골드바를 올렸는데 왜 내 것은 안 팔릴까?"

이런 상황에는 다 이유가 있다. 누가 만들었는지, 어떤 패키징인지, 브랜드는 무엇인지에 따라 미묘하게 가격 차이가 발생하고, 구매자들은 그 미묘함을 예민하게 감지한다. 한국조폐공사 골드바, LS

골드바, 골드나라 아우라 골드바처럼 널리 알려진 제품들은 중고 시장에서 더 높은 가격을 형성한다. 이런 브랜드 골드바는 매각 수수료를 제외하더라도 일반 타사 제품보다 높은 가격에 거래된다.

중매 거래, 위탁 매매의 경우도 마찬가지다. 금값이 많이 오른 시점에는 매물이 줄어들고 수요는 오히려 급증하기 때문에 잘 만든 골드바나 실버바는 금방 팔린다. 물론 반대 상황도 있다. 매물이 한꺼번에 많이 나오거나 금 시세가 일시적으로 조정되면 구매자들이 신중해진다. 그럴 때는 판매도 조금 지체된다. 결국 수급과 타이밍의 문제다.

나는 지금 여러 개의 오픈 채팅방을 운영하는데 현재 4,000여 명

● 한국조폐공사 오롯 골드바 ●

이 참여하고 있다. 이 안에서는 금과 은을 포함한 실물 투자에 대한 이야기뿐만 아니라 개인적인 삶의 변화, 은퇴 이후의 재정 계획, 상속이나 증여에 대한 고민들도 오간다. 은퇴 이후 인생 2막을 준비하는 사람이 많다. 내가 이 시장에서 오래 활동하면서 느낀 것은 금과 은은 단순히 수익을 내기 위한 수단이 아니라 삶의 불확실성과 미래의 불안을 헤쳐 나가기 위한 '현명한 보존 자산'이라는 것이다.

어떤 사람은 정년퇴직 후 카페를 운영하면서 평생 일자리보다 '진짜로 즐길 수 있는 일'을 고민하기도 한다. 또 다른 사람은 퇴직금 일부로 금을 사 두고 위급할 때 조금씩 유동화한다. 그야말로 '금은 위기의 순간마다 힘이 되는 자산'이라는 걸 경험으로 안 사람들이다.

요즘처럼 금 시세가 요동치고, 환율이 불안정하며, 글로벌 경제가 긴장 국면을 넘나드는 시기에는 실물자산에 대한 관심이 더욱 커진다. 단순히 가격이 오르내리는 문제만이 아니다. 실물 금과 은을 준비한다는 것은 곧 내 삶의 리스크를 조절하는 일이고, 자산을 지키기 위한 전략이며, 어떤 이들에게는 가족에게 물려줄 수 있는 '형태 있는 유산'이 되기도 한다.

그렇기 때문에 골드바나 실버바를 살 때는 단순히 '지금 가격이 싼지'만 보지 말고, 어떤 브랜드인지, 향후 유통에 문제가 없는지 그리고 내가 언제 어떤 용도로 활용할 것인지를 먼저 고민해야 한다. 그게 진짜 투자자의 자세다.

02
싸게 사서 똑똑하게 보유하라

골드바 10돈을 50만 원 싸게 사는 방법

"같은 10돈짜리 골드바인데 왜 가격이 이렇게 다른가요?"

골드바를 구매할 때 누구나 한 번쯤은 이런 질문을 떠올린다. 실제로 골드바의 가격은 구매처와 구매 방식에 따라 수십만 원의 차이가 날 수 있다. 그렇다면 골드바 10돈을 정상가보다 50만 원 이상 저렴하게 구매하는 실전 노하우는 무엇일까? 조금만 관심을 가지면 누구나 접근할 수 있지만 모르면 그대로 비싸게 사고 끝나는 경우가 허다하다.

우선 정가와 실거래가의 차이부터 이해하자. 예를 들어, 10돈짜리 골드바 정가가 골드나라 공시가격 기준으로 637만 4,000원 정도로 표시된 적이 있었다. 이는 일반 소비자가 아무런 추가 정보 없이 가서 구매할 때 적용되는 소비자 기준 가격이다. 하지만 동일한 골드바를 중매 거래 방식으로 구매하면 약 50만 원 이상 저렴하게 구매할 수 있다. 실제로 같은 10돈짜리 골드바를 585만 원, 또는 그보다 더 낮은 579만 원 전후로 구매한 사례도 많다. 약 9% 이상 가격 차이가 발생하는 셈이다.

이처럼 가격 차이가 나는 이유가 무엇일까? 먼저 거래 현장 판매가를 보자. 유명 브랜드 매장에 직접 가서 구매하면 부가가치세와 수수료가 포함된 일반 소비자가 적용받는 정상가로 사야 한다. 중매 거래 방식은 골드나라의 전국 지점으로 구매 의사를 밝히고, 계좌이체 후 매장 방문 수령 또는 택배 수령을 선택하면 공식 정가보다 저렴한 거래가 적용된다. 골드나라의 네이버 카페나 오픈 채팅의 특가방을 활용하거나 유튜브 멤버십에 가입하면 특가 혜택을 받을 수 있다. 골드나라의 SNS를 활용하면 비용을 줄일 수 있다.

이러한 금을 사고파는 매매 과정은 불법이거나 비정상적인 우회 방식이 아니다. 판매처에서도 해당 방식이 있다는 것을 알지만 고객이 물어보지 않으면 굳이 먼저 설명하지 않는 경우가 대부분이다.

구매자의 질문이 구매가를 바꾼다. 이러한 차이는 결국 정보를 가진 사람과 그렇지 못한 사람의 태도에서 비롯한다. 실제로 상담 전화를 할 때도 단순히 "10돈짜리 골드바가 얼마예요?"라고 묻는 것과

"중매 거래로 저렴하게 구매할 수 있는 방식이 있다던데요?"라고 묻는 것 사이에는 큰 차이가 있다. 판매처는 고객이 요청하거나 알지 못하면 가장 일반적인 가격을 안내하게 되어 있다. 따라서 "중매 거래로 구매하면 가격이 어떻게 되나요?"라고 물어보는 게 현명한 구매의 첫걸음인 셈이다.

고객이 가진 금을 팔아서 현금화할 때도 마찬가지다. "카페에 소개된 최고가 매입 가격을 보고 왔습니다.", "제가 가진 골드바를 중매 거래로 할 경우에는 얼마를 받을 수 있나요?" 등의 질문을 하는 게 좋다. 이러한 질문은 구매자가 정보에 민감하고, 합리적인 가격을 찾고 있다는 신호를 주는 것이다. 동시에 판매처 역시 적극적으로 대안을 제시하게 만든다.

골드바를 구매하기 전에 구매 단계를 확인해 보자.

첫째, 골드나라의 홈페이지, 오픈 채팅방, 네이버 카페에 가입하면 다양한 제품 리스트와 실시간 가격을 확인할 수 있다.

둘째, 전화 상담을 활용하여 원하는 제품의 중매 거래 가능 여부와 실시간 가격을 문의한다.

셋째, 수량 확인 및 주문이다. 제품별로 보유 수량이 정해져 있으므로 원하는 수량이 있는지 확인한 후 계좌 이체로 결제한다.

넷째, 방문 수령 또는 배송 선택이다. 입금 후 방문 수령을 하거나 택배로 받아볼 수 있다.

이 모든 과정은 결코 어렵지 않다. 다만, 기본적인 SNS 가입, 전화 확인, 계좌 이체 등의 절차가 다소 귀찮게 느껴질 수 있다. 하지만 그 결과가 50만 원 차이로 돌아온다면 그 정도 번거로움은 충분히 감수할 만하다. 실제로 10돈짜리 골드바를 579만 원에 산 사람과 637만 원에 산 사람의 차이는 단지 5~10분의 정보 탐색과 실천력에서 나온다. 이 차이는 단순한 절약이 아니라 장기적으로 자산을 축적할 수 있는 가장 기본적인 역량이기도 하다.

모르면 당하고, 알면 이긴다. 금은 누구에게나 같은 시세이지만, 어디서 어떤 방식으로 사느냐에 따라 손에 쥐게 되는 '금의 무게'는 달라진다. 정보는 무기이고, 질문은 전략이다. 지금 골드바를 구매하려 한다면 가장 먼저 물어야 할 질문은 이것이다.

"더 합리적으로 살 수 있는 방법이 있을까요?"

실물 금 투자를 해야 하는 이유

실물 금 투자에 대한 관심은 예전보다 더 구체적이고 현실적인 투자 방식으로 자리 잡아 가고 있다. 실물 금 투자를 지금 시작해야 하는 9가지 근거를 중심으로 금이 왜 중요한 자산인지 살펴보자.

첫째, 금리 인하와 함께 찾아오는 금값 상승의 역사다. 역사는 반복된다. 미국 연준이 금리를 인하하는 시기마다 금값은 대체로 우상향해 왔다. 1970년대, 2000년대 그리고 지금이다. 금리는 자산시장의 중력을 결정하는 핵심 변수다. 고금리 기조에서는 채권과 예금으로 돈이 몰리고, 금과 같은 비이자 자산은 상대적으로 소외된다. 하지만 금리 인하 시기에는 상황이 반전된다. 금리 인하로 시중에 풀리는 유동성이 실물자산에 다시 흐르면서 금값이 서서히 상승하게 되는 것이다. 현재 미국은 금리 인하의 시점을 논의하고 있으며, 이는 실물 금에 대한 장기적 투자 시점을 다시금 시사하고 있다.

둘째, 화폐의 홍수, 즉 양적완화 이후 실물자산의 가치 재평가다. 2020년 코로나19 팬데믹 이후 전 세계 중앙은행은 전례 없는 규모의 유동성을 시장에 공급했다. 달러, 유로, 위안화, 엔화 등 주요 기축통화의 발행량은 천문학적으로 늘어났다. 이렇게 무제한으로 발행된 화폐는 결국 가치 하락이라는 후폭풍을 가져오게 된다. 화폐는 늘어났지만 금은 그렇지 않다. 제한된 공급과 수천 년 동안 화폐 대체 수단으로서의 내재 가치를 지닌 금은 이런 유동성 과잉 시대에 '가치를 저장하는 수단'으로서 존재감을 다시금 증명하고 있다.

셋째, 탈달러화의 가속이다. 패권 통화의 흔들림과 금의 부상이다. 중국, 러시아, 브라질 등 브릭스 국가들을 중심으로 한 탈달러 움직임은 점점 현실이 되고 있다. 원자재 결제에 위안화가 사용되고, 국제 무역에서 자국 통화 결제를 늘리려는 시도가 늘어나고 있다. 이러한 흐름은 단지 외교적 구호가 아니라 실질적인 '통화 패권 질서'의 재편을 의미한다. 달러 중심의 거래 시스템이 흔들릴 때 대안은 무엇인가? 많은 국가가 그 해답을 '금'에서 찾고 있다. 각국 중앙은행의 금 보유량 증가는 이를 방증하는 지표다.

넷째, 지정학적 리스크의 시대다. 전쟁, 불안 그리고 금의 상관관계를 잘 들여다봐야 한다. 러시아-우크라이나 전쟁, 이스라엘-팔레스타인 분쟁, 이란과 이스라엘의 충돌 등 지정학적 위기는 여전히 진행 중이다. 여기에 경제 불균형, 극심한 사회 양극화, 인플레이션 위협 등이 맞물려 전 세계적으로 불안감이 커지고 있다. 이런 상황에서 사람들은 자연스럽게 '안전자산'을 찾게 된다. 실물 금은 언제나 위기의 시기에 가장 강력한 대안 자산으로 작동해 왔다. 금은 인플레이션에도 강하고, 전쟁이나 정치적 리스크에도 그 가치를 지켜주는 자산이다.

다섯째, 화폐 개혁의 신호탄, 즉 스테이블 코인과 금화 발행이다. 미국을 비롯하여 주요 국가들은 중앙은행 디지털 화폐 도입을 본격화하고 있다. 디지털 시대에 맞춰 실물 화폐를 대체하는 새로운 형태의 '국가 발행 화폐'가 나오는 셈이다. 한국조폐공사도 미국의 이글 금화, 캐나다의 메이플 금화와 같은 법정 금화를 발행할 준비에 들어갔다. 이는 단순한 기념주화 수준이 아니다. 법정 금화는 액면가를 부여받은 '돈'이기에 부가가치세 적용에서도 예외가 될 수 있으며, 금이 실질적 화폐의 역할을 하는 전환점이 될 가능성을 내포한다.

여섯째, 무기명 거래와 상속·증여의 효율성이다. 실물 금은 무기명 자산이다. 계좌 추적이나 신분 확인 없이 실물로 보유할 수 있는데, 이 점은 상속이나 증여 측면에서 큰 장점을 가진다. 예를 들어, 2억 원짜리 금 1kg을 증여하고 10년 후 10억 원이 되었을 경우 세금은 최초 증여 당시 시세 기준으로 처리되기에 절세 효과가 크다. 실물 금은 이렇게 세대 간 부의 이전 수단으로도 매우 유효한 수단이 된다.

일곱째, 역사적 고점에도 여전히 유효한 금값 상승 여력이다. 금값은 이미 사상 최고치를 경신한 상태다. 그렇지만 여기에서 멈추지 않을 가능성이 크다. 앞서 두 차례 금 슈퍼 사이클, 즉 1970년대와 2000년대에도 수년간의 횡보를 거쳐 수직 상승이 나타났다. 특히 지금은 그 어느 때보다 달러의 가치가 불안정하며, 세계 경제는 다양한 외부 충격에 노출되어 있다. 실물 금은 그러한 '불확실성의 시대'를 뚫고 전례 없는 고점으로 향할 준비를 하고 있다.

여덟째, 개인 투자자들이 여전히 외면하는 자산이다. 금의 아이러니한 특징 중 하나는 바로 '다수가 주목하지 않을 때 오히려 빛을 발한다.'는 점이다. 부동산·주식·코인과 같은 투자처가 주목받을 때 실물 금은 조용히 저평가되는데, 역설적으로 이때가 가장 매력적인 매수 타이밍이다. 지금 금을 보유한 사람은 여전히 소수다. 다수가 몰리기 전에 선점하는 것이야말로 '부자들의 방식'이다.

아홉째, 단점을 해소한 현실적인 투자 방법이다. 실물 금 투자가 어렵다는 오해는 점차 사라지고 있다. 부가가치세, 스프레드, 보관 걱정 등은 더 이상 문제가 되지 않는다. 2~3%의 저렴한 수수료로 거래할 수 있는 위탁 중매 거래 시스템이 자리 잡았고, 보관을 위한 금고나 디지털 보관 서비스도 대중화되었다. 예전처럼 복잡하거나 불투명한 시장이 아니다. 오히려 가장 직관적이고 명료한 투자 수단 중 하나가 되어 가고 있다.

지금은 여전히 실물 금에 투자할 '시간'이 있는 시점이다. 그것은 다수가 몰리기 전의 조용한 기회이자, 모든 불확실성과 경제 충격에 대응하는 가장 원초적이고 견고한 선택지다. 부디 늦지 않기를 바란다. 금은 인류의 역사와 함께해 왔고, 앞으로도 그럴 것이다. 그 긴 역사 속에 지금 이 시기는 세 번째 금 슈퍼 사이클의 출발점일지 모른다.

안전하게 투자하려면 제대로 알아야 한다

금과 은에 대한 관심이 높아지고 있는 가운데 실물 금 투자를 처음 접하는 초보 투자자들이 자주 묻는 질문들이 있다.

첫째, 국제 금 시세는 어떻게 움직이고 있는가?

최근 국제 금 시세는 이스라엘-팔레스타인 분쟁, 중동 지역의 확전 우려로 인해 급등하고 있다. 하루에도 3% 이상 상승하기도 했으며, 같은 맥락에서 국제 유가 또한 5% 이상 급반등했다. 전쟁이나 불확실성이 클수록 금은 안전자산으로 주목받는다.

둘째, 국내 금 시장 동향은 어떤가?

국제 정세가 요동치면서 문의는 다소 늘고 있으나 실물 금이나 은을 실제로 매수하는 사람은 아직 소수에 불과하다. 다만 최근에는 위탁 중매 거래 방식이 등장하면서 이전보다 더 유연하고 유리한 방식으로 금 거래가 가능해지고 있다.

셋째, 위탁 중매 거래란 무엇인가?

위탁 중매 거래는 금을 팔고자 하는 고객이 직접 매도 희망가를 설정하고, 이 가격에 사고자 하는 구매자가 나타나면 중개를 통해 거래가 성사되는 구조다. 이 방식은 동네 금은방이나 거래소보다 더 높은 가격에 금을 팔 수 있는 장점이 있으며, 구매자 역시 시세보다 저렴한 조건에 금을 구할 수 있는 가능성이 생긴다.

넷째, 수수료는 얼마나 발생하는가?

실물 금을 매도할 경우 수수료는 약 2.15% 수준이다. 이는 판매자에게만 적용되며, 구매자에게는 수수료가 발생하지 않는다. 기존의 '15~20% 가격이 올라야 수익이 난다.'는 오해는 지금의 거래 방식에서는 해당되지 않는다.

다섯째, 브랜드에 따라 매입가가 다른 이유는 무엇인가?

같은 중량과 순도의 골드바라도 브랜드에 따라 매입 가격이 달라질 수 있다. 이는 소비자의 인식, 브랜드 신뢰도, 포장 상태 등에 따라 가격이 재평가되기 때문이다. 대표적인 고신뢰 브랜드로는 한국조폐공사 골드바, LS 골드바, 골드나라 아우라 골드바 등이 있다.

여섯째, 10돈 골드바는 왜 1돈짜리보다 단가가 저렴한가?

단위 중량이 클수록 공임비가 낮아지기 때문에 단가가 저렴해진다. 예를 들어, 10돈 하나를 만드는 비용과 1돈 10개를 각각 제작하는 비용은 차이가 크다. 다만, 위탁 중매 매물 중에서는 판매자의 급매 및 특가 여부에 따라 일반적인 단가 흐름과 다른 경우가 발생할 수 있다.

일곱째, 은화 가격은 왜 모두 다른가?

은화는 발행 국가, 조폐국, 디자인, 희소성에 따라 가격이 달라진다. 예를 들어, 미국 이글 실버코인은 발행국의 위상과 디자인으로 인해 프리미엄이 높게 형성된다. 캐나다 메이플, 호주 캥거루, 영국 브리타니아 등도 각기 다른 가격대를 형성한다.

여덟째, 금은 언제 사는 것이 좋은가?

금은 특정 시점에 집중해서 매수하기보다는 여유자금이 있을 때마다 분할 매수하는 방식이 가장 안전하고 유리하다. 금값이 오르면 보유한 금의 가치가 상승하고, 금값이 하락하면 더 많은 양의 금을 저렴하게 확보할 수 있기 때문에 상승·하락 국면 모두에 유리한 전략이다.

아홉째, 실물 금은 위기 속 자산 보호 수단이 될 수 있는가?

금과 은은 전통적으로 인플레이션과 금융위기 속에서 가치 보존 수단으로 기능해 왔다. 실물 금은 전자적인 시스템 외부에서 보유 가능하고, 국가 외부의 지정학적 리스크에도 강한 자산이기 때문에 자산 포트폴리오의 일부로서 강력한 역할을 한다.

금 투자를 잘하려면 좋은 금을 싸게 사서 높은 가격에 팔 수 있도록 하는 구조적 이해와 전략이 중요하다. 이를 위해 위탁 중매 시스템, 신뢰할 수 있는 브랜드 선택, 시세 흐름에 대한 꾸준한 관찰이 필요하다.

03
금은
어려운 투자가 아니다

금 투자를 현명하게 하는 방법

실물 금이나 은을 한 번도 사 본 적이 없는 사람들은 금 투자를 어렵게 느낄 수 있다. 그러나 실제로는 매우 간단하다. 매수 절차도 쉽고, 수수료도 매우 낮고, 세금도 없다. 배송 소요 기간은 빠르면 하루, 평균적으로는 2~3일 이내다. 예외적으로 실물 금 수요가 폭증할 때는 다시 생산해서 공급하느라 2~5주가 소요되기도 한다.

실물 금 매도 시 일반 시세 기준 판매는 1~2일 이내 현금화할 수 있다. 중매 매도 시 보다 높은 가격을 원할 경우에는 시간이 더 걸리지만 기대 수익률 상승을 기대할 수 있다. 이처럼 실물 금은 유동성도 높고, 거래도 간편하다.

실물 금을 매수할 때 가장 먼저 고려해야 할 점은 '어떤 금을 살 것인가?'이다. 비브랜드 골드바를 고르기보다 검증된 유통망을 통해 브랜드 골드바를 매수하는 것이 중요하다. 국내 시장에서 신뢰할 수 있는 골드바 브랜드로는 한국조폐공사 골드바, LS 골드바, 골드나라 아우라 골드바가 있다. 이 3가지 골드바는 유통 시 수요가 높고 환금성도 뛰어나다.

금 투자에 대한 잘못된 정보 중 하나는 금을 사고 나서 15~20% 올라야 수익이 난다는 것이다. 이는 과거의 고비용 구조에 기반을 둔 오해다. 실제로는 사고파는 데 2~3%의 수수료가 대부분이다. 이는 부동산이나 그림, 회원권, 코인, 주식 등 다른 투자 상품과 비교할 때 매우 저렴한 수준이다. 또한 현재 대한민국에서는 실물 금의 시세 차익에 대해 세금이 부과되지 않는다. 세금 부담 없이 보유할 수 있다는 점은 금 투자만의 확실한 경쟁력이다.

금 투자의 핵심은 '저렴하게 매수'하고, '적절한 시기에 높은 가격에 매도'하는 것이다. 이를 위해서는 시세보다 낮은 가격에 골드바를 구입할 수 있는 시스템을 활용해야 한다. 일반 금 판매처가 아닌 중매 거래 시스템을 이용하면 다음과 같은 장점이 있다.

첫째, 실시간으로 시세를 확인하고 보다 유리한 가격에 매수할 수 있다.

둘째, 중매 거래 등록을 통해 고가 매도 기회를 확보할 수 있다.

셋째, 매수자와 매도자 사이의 중개 역할을 통해 합리적인 거래가 성사된다.

이처럼 중매 플랫폼을 통해 실물 금을 싸게 사고, 높은 가격에 매도함으로써 투자에서 유리한 출발과 유익한 마무리 모두를 기대할 수 있다.

금 투자는 접근 장벽이 높다고 느껴질 수 있지만 실제로는 그렇지 않다. 유동성, 안정성, 비과세 구조, 저렴한 수수료 등 금은 가장 단순하면서도 강력한 실물자산 중 하나다. 가장 좋은 금을 가장 좋은 가격에 가장 유리한 방식으로 거래하려면 시세 이해와 구조 파악 그리고 실전 중개 경험이 있는 파트너의 도움이 필요하다.

금은 '지켜 주는 자산'이자 '증식 가능한 자산'이다. 제대로 알고 투자하면 남들보다 현명한 자산 전략을 세울 수 있다.

금 투자가 복잡하다는 것은 편견이다

금 투자에 앞서 누구나 한 번쯤 품는 의문이 있다.

"세금은 얼마나 내야 하지?"

"보관은 어떻게 하지?"

"어디서 사야 하지?"

이 3가지 질문은 초보 투자자들에게 실물 금에 대한 심리적 장벽이 된다. 하지만 나는 지난 수년간 이 벽이 결코 넘을 수 없는 장벽이 아니라는 사실을 수만 명의 고객 경험을 통해 확인해 왔다. 이 3가지 고민을 짚고, 어떻게 실제 해결해 나갈 수 있는지를 구체적으로 살펴보자.

첫째, 사고팔 때의 스프레드, 즉 매매 차익에서 발생하는 손해에 대한 두려움이다.

실물 금을 사면 부가가치세 10%에 제조사의 이윤, 도매상·소매상의 마진, 물류비용 등이 덧붙는다. 그래서 일부는 "금값이 15~20% 오르지 않으면 손해다."라고까지 말한다. 하지만 이는 절반의 사실이다. 내가 직접 운영하는 사이트나 중매 플랫폼을 활용하면 훨씬 더 합리적인 가격으로 금을 살 수 있다. 예를 들어, 같은 날 금 시장에서 645만 원에 판매되는 10돈짜리 골드바를 589만 원대에 구매할 수 있었다. 이렇게 하면 초기 매입 스프레드를 획기적으로 줄일 수 있다. 중요한 건 '어디서' 사느냐다.

둘째, 보관에 대한 걱정이다.

금을 사는 건 어렵지 않지만 그 금을 어디에 보관할지는 쉽게 떠오르지 않는다. 많은 사람이 "혹시 도둑이 들면 어쩌지?", "화재라도 나면…." 하고 걱정한다. 그래서 나는 항상 160~200kg 내외의 내화 금고를 사라고 추천한다. 50kg, 100kg의 실버바를 차곡차곡 채우고, 결혼 예물이나 집문서처럼 중요한 물건도 함께 넣어 두면 물리적·심리적으로 안정감을 얻게 된다. 금고와 실버바 포함해서 무게가 300kg 이상 되면 도둑이 들더라도 쉽게 들고 나가기 어렵다. 화재에도 버티는 내화 성능이 있으니 웬만한 상황에서도 자산을 보호할 수 있다.

셋째, 어디서, 어떻게 사야 할지 모른다는 것이다.

동네 금은방은 가격 비교가 어렵고, 브랜드도 생소하며, 거래 구조도 투명하지 않은 경우가 많다. 이럴 때는 중매 거래 플랫폼이 강력한 대안이 된다. 사이트에 접속해서 실시간 가격을 확인하고, 원하면 직접 중매 판매를 맡길 수도 있다. 이 플랫폼을 통해 '좋은 금을 싸게 사고, 비싸게 파는 시스템'이 가능해진다.

물론 이런 정보는 단지 검색해서 얻을 수 있는 것이 아니다. 그래서 나는 앞에서 말한 대로 오픈 채팅방도 운영하고 있다. 현재 4,000여 명의 회원이 실물 금 투자 정보를 공유하고, 중매 시세와 골드바·실버바 정보, 실시간 매물 소식까지 주고받는다. 입문자도 쉽게 참여할 수 있도록 방송 중에는 비밀번호도 공개하고, 평소에 실명 확인 절차를 거쳐 신뢰할 수 있는 커뮤니티를 유지하고 있다.

나는 늘 "실물 금은 단지 가격이 오르는 자산이 아니라 '위기 속에서 살아남는 자산'이다."라고 말한다. 금융위기, 경제위기, 전쟁 리스크 등 어떠한 불확실성이 닥쳐도 실물 금과 은은 여전히 그 무게만큼의 신뢰를 보장한다. 장기적으로 안전자산을 보유하고 싶다면 지금이라도 금을 준비하기 바란다. 생각보다 훨씬 쉽고, 안전해서 당신을 보호해 줄 수 있다.

지금이라도 시작하는 게 가장 빠른 출발이다

"1kg 골드바를 사야 할까요, 아니면 100g짜리를 여러 개로 나눠서 사는 게 좋을까요?"

금 투자에 입문하는 사람들이 가장 많이 던지는 질문이다. 얼핏 보면 금액 단위에 따라 전략이 달라져야 할 것처럼 보이지만, 사실 이 문제는 그리 복잡하지 않다. 정답은 다음과 같다.

"마음 가는 대로 사세요. 싸다 싶으면 바로 사세요."

1kg 골드바는 단위당 가격으로만 보면 가장 유리하다. 왜냐하면 프리미엄이 낮기 때문이다. 하지만 단점도 있다. 가격이 높다 보니 매수자가 제한적이고, 매도할 때도 상대적으로 더 어렵다. 반면, 100g 골드바는 단위당 가격이 조금 비싸지만 시장 유동성이 높아 되팔기가 쉽다. 1kg 골드바를 1~2개 사는 사람보다 100g 골드바를 10개, 20개씩 사는 사람이 훨씬 많다. 물론 자산 규모가 큰 고객은 골드바 1kg을 100~500개씩 준비한다.

재미있는 것은 소비자들이 선호하는 브랜드나 포장 방식, 디자인 등에서도 미묘한 차이가 있다는 점이다. 예를 들어, 한국조폐공사 골드바, LS 골드바, 골드나라 아우라 골드바처럼 브랜드 인지도가 있는 제품은 중고 시장에서 더 높은 프리미엄을 형성한다. 그러다 보니 같은 시세일 때 구매자들이 선호하는 브랜드 쪽으로 더 쉽게 움직인다.

다음과 같은 질문도 자주 받는다.

"100g 여러 개가 좋나요, 1kg 한 개가 좋나요?"

내 대답은 언제나 같다.

"지금 가격이 괜찮다고 느껴지면 마음 가는 대로 사면 됩니다."

만약 1kg짜리가 너무 부담스럽다면 100g으로 시작해도 아무 문제 없다. 100g짜리 10개, 20개씩 모으는 것도 훌륭한 방법이다. 중요한 건 내가 감당할 수 있는 단위로 나의 속도에 맞게 투자하는 것이다. 투자란 누구를 따라가는 게 아니라 '자신의 기준과 방식으로 꾸준히 이어 가는 과정'이기 때문이다.

요즘은 순금 주얼리 제품의 위탁 매매도 활발하다. 18K 제품들도 중매 거래를 통해 시세에 맞춰 사고팔 수 있다. 중매 플랫폼에서는 판매 희망가와 매수 희망가를 기준으로 적절한 중간 가격을 제시한다. 이 가격 역시 시중 금은방, 금 거래소보다 훨씬 유리한 조건인 경우가 많다.

결국 금 투자는 정답이 있는 게임이 아니다. 어떤 브랜드를 선택할지, 몇 g을 살지, 언제 사고팔지를 정하는 건 온전히 내 몫이다. 하지만 한 가지 분명한 건 있다. 지금이라도 시작하는 것이 가장 빠른 출발이라는 사실이다. 1kg이든 10돈이든 100g이든 마음 끌리는 만큼 차곡차곡 쌓아 가는 것, 그것이 바로 나의 금 투자 철학이다.

04
같은 무게인데 왜 가격이 다를까?

오래된 제품이라고 함량이 줄어들지 않는다

"정말 내가 받은 골드바나 실버바가 표기된 순도 그대로일까?"

"혹시라도 가짜는 아닐까?"

금이나 은을 실제로 투자하려는 사람이라면 한 번쯤은 이런 고민을 하게 된다. 나는 이런 고민을 토로하는 분들을 위해 직접 비파괴 방식으로 골드바, 실버바의 함량을 측정해 보는 실험을 하며, 그 과정을 유튜브에 공개한 적이 있다. 대부분 이런 장비가 없기도 하고, 있다고 해도 잘 보여 주지 않아서 많은 관심을 불러일으켰다.

● 비파괴 검사기 ●

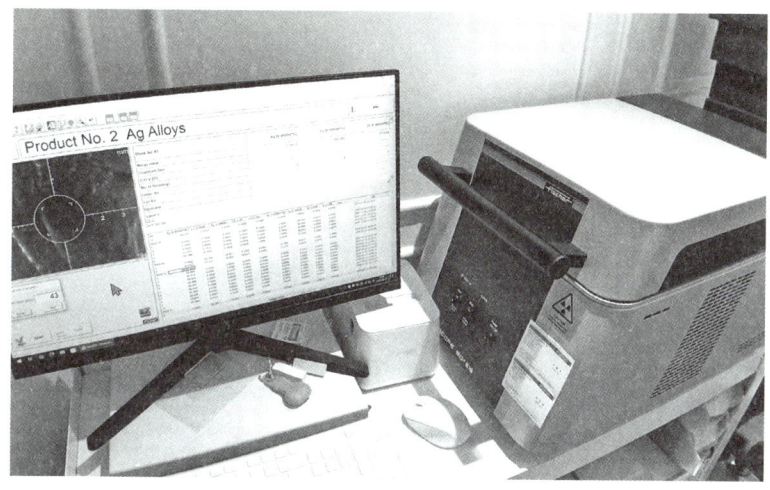

먼저 한국조폐공사에서 나온 실버바를 테스트했다. 하나는 플라스틱 케이스를 벗기지 않았고, 다른 하나는 케이스를 벗기고 했다. 비파괴 검사는 XRF 검사기를 이용했는데, 이 장비는 표면을 손상시키지 않으면서도 금속의 함량을 파악해 주는 도구다.

플라스틱 케이스를 벗기지 않은 채로 검사한 결과는 조금 의외였다. 은 99.063%가 나왔다. 흔히 말하는 99.99%보다 훨씬 낮은 수치였다. 왜 이런 결과가 나왔을까 생각해 보니 아마도 케이스가 너무 두껍고 강했기 때문일 것으로 여겨졌다. 실제 은 함량을 신뢰성 있게 검출할 수 있는 충분한 두께까지 X선이 관통하지 못한 것이다.

케이스를 벗겨서 얇은 비닐만 있는 상태의 실버바를 검사한 결과는 아주 만족스러웠다. 은 99.995%가 나왔다. 정확히 기대하던 수

치였다. 얇은 비닐 정도는 문제가 없고, 강한 플라스틱 케이스는 측정 정확도에 영향을 주었다.

전통적인 은수저도 테스트했다. 은수저는 독이 있으면 색이 변한다는 이야기가 있는데 금속 재질이 어떤지 늘 궁금했다. 검사해 보니 은 92.680%, 구리 7.320%가 나왔다. 흔히 말하는 '925 은수저'는 92.5% 순도의 실버 제품이라는 뜻인데 실제 표기와 거의 일치했다.

아주 오래된 유명 브랜드 실버바도 테스트했다. 눈으로 볼 때는 빛깔이 흑화되어 있었다. 산화된 표면이었지만 중요한 것은 안에 있는 순도였다. 검사 결과 역시나 문제없었다. 은 99.996%로 제대로 된 고순도 은이었다. 은은 외관이 변해도 속은 변하지 않는다는 것을 다시 한 번 증명한 셈이다.

물론 가장 정확한 측정 방법은 순수한 골드바, 실버바 상태로 검사하는 것이다. 하지만 다시 되팔아 현금화할 때는 깔끔하고 고급스러운 심미감도 가격에 영향을 미치기 때문에 완성된 제품 상태에서 포장이나 외관에 손실을 주지 않고 측정을 한 경우를 예로 들었다.

비브랜드 골드바는 매도 시 제값 받기 어렵다

금 투자에 관심이 있는 사람이라면 "종로 금값이 싸다."는 말을 한 번쯤 들어봤을 것이다. 실물 금을 거래해 본 사람들 사이에서는 특히 종로 일대 금은방, 금 거래소에서 유통되는 이른바 '종로바'가 상대적으로 저렴하게 거래된다는 인식이 있다. 하지만 '싸다'는 것이 '좋다'는 뜻일까? "종로 골드바 괜찮을까?"라는 질문에 대해 실제 거래 현장에서 수많은 고객과 실물 금을 다루는 전문가는 중요한 차이를 이야기한다.

우선 '종로바'는 특정 브랜드나 제조사가 있는 것이 아니다. 이름 그대로 종로 일대에서 일반적으로 유통되는 비브랜드형 골드바를 지칭하는 표현이다. 즉 종로 공장에서 자체적으로 제작했거나, 브랜드 인증 없이 거래되는 골드바를 통칭하는 말이다. 눈으로 봐서는 차이가 없고, 무게나 금 함량도 99.99%로 같다고 생각할 수 있다. 하지만 실질적인 거래 가격에서는 '차이가 있다.' 금 함량에 대한 지적과 우려도 종종 나온다.

골드바를 단순히 현금화할 때 한국조폐공사 골드바든 종로바든 '현금 받고 바로 판다.'는 전제에서는 비슷한 시세를 받을 수 있다. 하지만 문제는 '브랜드 가치'가 개입될 때 나온다.

예를 들어, 고객이 한국조폐공사 골드바 37.5g(10돈)을 보유하고 있다고 하자. 이걸 위탁 매매 방식으로 640만 원에 판매 의뢰를 한다면 약 2.15%의 수수료를 제외한 97.85%에 해당하는 금액을 실제 수령하게 된다. 즉 626만 2,400원을 받는 것이다.

그렇다면 똑같은 37.5g(10돈) 골드바인데 종로바를 같은 방식으로 위탁 판매한다면 어떻게 될까? 결론부터 말하면, 같은 무게와 같은 금 순도를 가지고 있다고 해도 비브랜드 골드바는 브랜드 골드바와 똑같은 가격에 거래되지 않는다. 브랜드의 신뢰도, 제품의 외형

완성도, 케이스 및 보증서의 유무가 '골드바의 재판매가'를 결정짓는 중요한 기준이기 때문이다.

특히 종로에서 거래된 골드바는 중매 거래 시장의 매도자-매수자 거래 사슬에 편입되지 못하는 경우가 많다. 브랜드바는 정확한 출처와 신뢰를 기반으로 도매 유통이 가능한데, 종로바는 그 자체로 유통 한계가 명확하다. 한국조폐공사 골드바와 같은 가격인 640만 원대에 중매 위탁 매도를 하더라도 그 가격에 종로바를 사 줄 사람은 거의 없다. 그래서 종로바를 보유한 사람 입장에서는 매도할 때 그 차이가 실질적인 손해로 나타난다.

이처럼 금이라는 물질 자체는 동일해도 브랜드와 유통망, 재판매 가능성에 따라 자산으로서의 가치가 달라진다. 결국 중요한 것은 단순히 '싸게 사는 것'이 아니라 '언제든 제값 받고 되팔 수 있는 구조를 갖춘 금을 선택하는 것'이다. 금을 자산으로서 보유하려는 사람이라면 이 부분을 반드시 고민해야 한다. 표면적인 가격에 속지 말고, 브랜드와 유통 가능성까지 포함한 종합적인 판단이 필요하다. 실물 금은 단순한 장신구가 아니라 언제든지 현금화가 가능한 자산이다. 그렇기에 금의 '재화로서의 신뢰'는 브랜드와 유통 시스템 위에 존재하는 셈이다.

외국 골드바와 국산 골드바의 차이가 생기는 이유

금값이 오를 때 누구나 한 번쯤 생각한다.

"지금이 팔 시기인가?"

"내가 갖고 있는 골드바나 실버바, 이 가격에 팔 수 있을까?"

"그냥 아무 데서나 팔면 손해 보는 건 아닐까?"

금은 오르고 있다. 인플레이션과 전쟁, 금리 변화, 달러 약세 등 글로벌 경제의 흐름은 점점 더 많은 사람에게 '안전자산'에 대한 열망을 갖게 한다. 실물 금과 은에 대한 관심도 덩달아 커진다. 이 시장에서는 보유자들에게 '팔기의 기술'도 필요하다. 단순히 가격이 올랐다고 해서 금이 무조건 좋은 가격에 팔리는 건 아니기 때문이다.

그렇다면 보유하고 있는 실물 금이나 은을 어떻게 하면 가장 유리하게 매각할 수 있을까? 특히 최근 많이 유통되는 해외 제품들, 예를 들어, 팜프PAMP, 발캄비Valcambi 같은 외국 브랜드의 골드바는 어떤 방식으로 매각해야 손해를 보지 않을까?

가장 흔하게 유통되는 1kg짜리 골드바를 예로 들어 보자. 국내에서 가장 선호도가 높은 제품 중 하나는 LS 골드바다. 국내 제조, 높은 브랜드 인지도, 유통의 용이성 등이 그 이유다. 반면, 스위스 브랜드인 팜프나 발캄비는 해외에서 제조되어 국내로 유입된 제품이다. 이 제품들도 순도 99.99%를 보장하는 정품이지만, 실제 국내 시장에서는 동일한 1kg 무게임에도 LS 골드바보다 낮은 가격에 거래되는 경우가 많다.

왜 그럴까? 정답은 '브랜드 인지도'와 '선호도' 때문이다. 금은 단순한 원재료이기도 하지만 소비재이기도 하다. 소비자는 익숙하고 신뢰할 수 있는 브랜드를 선호한다. LS 골드바는 국내 대부분의 금은방이나 금 거래소에서 취급이 용이하고, 중매 거래로 내놓을 때도 빠르게 거래된다. 반면, 팜프나 발캄비 제품은 "해외 제품이라 잘 모르겠다."는 이유로 거래를 꺼리는 경향이 있다.

게다가 '주물금'과 '프레스금'의 차이도 있다. 팜프 제품은 대부분 주물 형태로 제작되는데, 국내에서는 프레스 형태, 즉 표면이 매끄럽고 정교한 도안이 찍힌 제품을 더 선호한다. 발캄비에서는 초콜릿바처럼 잘게 나뉘어 있는 독특한 디자인의 프레스 골드바를 판매하기도 하는데, 이런 경우에는 오히려 프리미엄이 붙기도 한다. 제품의 형태, 브랜드, 심미성이 가격을 좌우하는 요소가 되는 것이다.

그럼 어떻게 파는 것이 유리할까? 결론은 단순하다. 소비자가 선호하는 브랜드, 포장 상태, 함량 인증서(보증서) 등 모든 요소가 갖춰져 있으면 비싸게 팔 수 있다. 국내에서는 한국조폐공사 골드바, LS 골드바, 골드나라 아우라 골드바 등이 가장 빠르게 거래되며 좋은 가격을 받는다.

해외 브랜드라고 반드시 손해 보는 것은 아니다. 단, 일반 시장보다 낮은 가격에 내놓거나, 발캄비의 초콜릿바 형태 프레스금 등 특이성을 인정받을 수 있는 상품을 활용해야 한다. 중매 거래 플랫폼을 통해 특정 브랜드를 선호하는 매수자를 만나는 것도 좋은 방법이다. 간혹 팜프나 발캄비 제품을 일부 소비자들이 '희소성'이나 '디자인' 때문에 더 높은 가격에 매입하려는 경우도 있기 때문이다.

금 투자는 단기보다 장기로 하는 것이 좋다. 하지만 타이밍도 중요하다. 실물 금 투자는 '10년을 보고 가는 것'이다. 연 5% 수준의 자산가치 상승만 실현되어도 은행 금리 이상의 수익률을 가져갈 수 있다. 게다가 금값이 급등하는 시기에는 '일시적 차익 실현'의 기회가 오기도 한다. 그럴 때 보유한 금이 '어떤 금'인지, '어떻게 유통할 수 있는지'를 명확히 아는 것은 매우 중요하다. 제품에 따라 수십만 원의 차이가 벌어지기도 한다. 오랫동안 가지고 있는 골드바가 있다면 브랜드와 형태를 점검하고, 중매 거래 플랫폼이나 골드나라 금 거래소의 위탁 서비스 등을 적극적으로 활용하자.

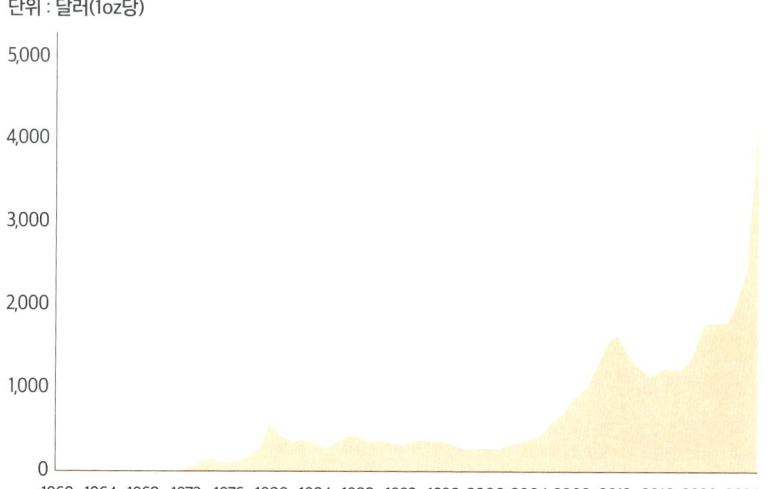

● 국제 금 시세 ●

금을 많이 가지고 싶다는 생각은 누구나 한다. 나도 실물 금을 자산의 70~80% 이상으로 늘리고 싶지만 하지 못하고 있다. 금을 거래하고 판매하는 사람인데도 실물 금을 많이 모으는 게 현실적으로 쉽지 않다. 그만큼 금은 희소하고, 가격이 높고, 쉽게 살 수 있는 자산이 아니다. 그래서 더욱 '가치 있는' 자산이다.

금값이 올랐다면 매도 기회를 현명하게 포착하자. 내가 가진 금을 어떤 방식으로, 어디에서, 누구에게 팔 것인지에 따라 결과는 달라진다. 현명한 매도는 단순한 매각이 아닌 또 다른 '투자 전략'이다. 금은 파는 순간까지도 배울 것이 많은 자산이다.

05
부자들의 금 거래는 다르다

부자들만 아는 금을 싸게 사는 방법

'좋은 금을 싸게 사고, 다시 비싸게 파는 것', 실물 금 투자자라면 누구나 꿈꾸는 이 단순한 명제를 현실로 만들기 위해서는 수많은 시행착오가 필요하다. 하지만 이 전략을 이미 실현하고 있는 사람들, 소위 '부자들'은 안다. 그들은 무턱대고 홈쇼핑이나 백화점 금은방에 가지 않는다. 그들은 '중매 거래'를 통해 브랜드 있는 정품 골드바를 더 싸게 살 수 있는 방법을 찾는다.

나는 플랫폼을 통해 매일 수많은 금 거래를 중개하고 있다. 이곳은 단순한 온라인 금 시세 확인용 사이트가 아니다. 국내에서 가장 많이 팔리는 한국조폐공사 오롯 골드바, LS 골드바, 한국금거래소 골드바, 골드나라 아우라 골드바 같은 브랜드 제품들이 매일 올라오고, 실시간으로 사고 팔리는 실물 거래 현장이다. 중매 거래라고 하면 낯설게 느껴질 수도 있겠지만 본질은 단순하다. 누군가 자신이 보유한 금을 판매하겠다고 내놓고, 다른 누군가가 그 가격이 마음에 들면 바로 매입하는 구조다. 가격은 오롯이 파는 사람이 정한다. 싸게 내놓으면 1분도 안 돼 거래가 체결되기도 한다.

중요한 것은 플랫폼에 나와 있는 물건들이 아무 금이 아니라는 점이다. 한국조폐공사 오롯 골드바처럼 국내에서 가장 인지도 높고 프리미엄이 형성된 금이 나온다. 2024년 기준, 한국조폐공사 오롯 골드바 판매 1위는 골드나라였다. 이런 브랜드 제품을 시중보다 수십만 원, 많게는 수백만 원 저렴하게 거래할 수 있다는 것은 매우 큰 장점이다. 수익의 본질은 싸게 사고 비싸게 파는 데서 나온다.

현재 내가 운영 중인 오픈 채팅방에는 단순히 투자금 몇백만 원 단위가 아니라 수십억 원, 많게는 수백억 원의 금을 소유한 사람들도 있다. 아마도 100억 원 이상의 실물자산을 금과 은 형태로 보유한 사람이 10명 이상은 있을 것이다. 만약 이 방에 들어온다면 그 사람들과 같은 정보를 실시간으로 공유하게 되는 셈이다.

나는 네이버 카페도 함께 운영하고 있다. 여기서는 투자 경험담, 금 자랑, 거래 후기, 에피소드 등을 공유할 수 있다. 예를 들어, 누군가는 "1999년 대학 졸업 당시 어머니께 받은 20돈 목걸이를 팔아 서울 정착 자금으로 썼다."는 얘기를 꺼낸다. 지금 그 20돈이 있다면 1,500만 원이 넘는 자산이 됐을 것이다. 이런 이야기를 통해 금의 실질적 가치가 몸에 새겨진다. 금은 단순히 차트로 보는 시세가 아니라 삶의 기억과 함께하는 실물자산이기 때문이다.

금을 꾸준히 사 모으고, 적절한 타이밍에 팔 수 있는 루틴을 갖고 있는 사람만이 '부자들만 아는 방법'을 실현할 수 있다. 그 출발선은 생각보다 가까이에 있다. 어디서부터 시작해야 할지 모르겠다면 먼저 그들이 모여 있는 곳에 발을 들여놓아야 한다.

신뢰할 수 있는 금 투자 파트너를 찾아라

요즘 들어 금 수요가 급증하고 있다. 그동안 내가 보유한 금만으로도 어느 정도 유통에 문제가 없었지만, 최근에는 그 물량만으로는 부족하다는 판단이 들었다. 시장에서 금을 찾는 사람이 많아지다 보니 물건을 안정적으로 공급하기 위한 대안이 필요했다.

그래서 한 가지 실험을 해 보기로 했다. 실물 금을 보유한 고객들에게 그 금을 맡기게 하고, 나는 그 금을 유통에 활용하는 것이다. 물론 아무 조건 없이 맡기는 것이 아니라 신뢰할 수 있는 보관증을 발급하고, 그에 따른 보증도 제공하며, 연 2% 수준의 수익을 배당 형식으로 지급하는 구조다. 단순한 보관이 아니라 일정한 이익이 함께 따라가는 방식이다. 이 아이디어를 실행에 옮기면 최소 100억 원에서 200억 원 정도의 금이 투자 유치 형태로 들어올 수 있을 것이라 생각한다.

실제로 금에 대해 인터뷰한 자료를 보면 부자들이 금 투자를 주저하는 2가지 이유가 있다. 첫째는 가격이 많이 올랐다는 점, 둘째는 실물 보관이 번거롭다는 점이다. 그렇기 때문에 실물 금을 보관해 주는 신뢰 가능한 플랫폼이 있다면 그 자체로 상당한 니즈를 충족시킬 수 있다.

금은 은행의 시작이기도 하다. 초기 은행의 기능은 금 세공업자가 고객의 금을 안전하게 보관해 주는 일이었다. 나도 이제는 유통을 넘어서 '보관과 운용'까지 가능한 구조를 만들어 보려 한다. 단순한 금 판매자가 아니라 고객 자산을 책임 있게 관리하는 '금 뱅크'가 되고자 한다.

예를 들어, 한국조폐공사 오롯 골드바나 한국금거래소의 브랜드 금을 보유하고 있는 고객들이 이를 맡기면, 신형으로 교체하거나 상태를 정비해 다시 유통할 수 있게끔 시스템을 설계하고 있다. 주물 금이나 무명 브랜드의 골드바를 보유한 경우에는 일정 비용을 지불하면 브랜드 골드바로 교환해 주는 프로그램도 준비돼 있다.

이러한 프로그램은 단순히 금을 파는 방식이 아니라 보관하고 운용하면서 안정적인 수익을 낼 수 있는 구조다. 실제로 실물 금 보유자 중에는 이런 형태의 제안을 흔쾌히 수락하는 경우가 적지 않다. 자신이 가진 금을 활용할 수 있고, 대신 안정적으로 보관되고 수익도 나오기 때문이다. 금을 맡기는 사람과 유통하는 사람 모두 이익을 볼 수 있는 구조가 가능하다면 그보다 더 좋은 방식이 어디 있겠는가?

　수요가 너무 많아서 유통할 금이 부족한 상황일수록 이 구조는 더욱 필요하다. 단기적인 이벤트가 아니라 장기적으로 작동 가능한 유통 시스템으로 만들어 갈 생각이다.

　신뢰할 수 있는 금 보관 파트너가 필요하다면, 그리고 금을 일하게 만들고 싶다면 이 구조를 한 번 고민해 볼 만하다. 자산은 그냥 들고만 있다고 가치를 만드는 것이 아니다. 활용 가능한 구조를 만들었을 때 비로소 힘을 발휘한다.

4장

절대 실패하지 않는 실전 금 투자 전략

01
금 투자는
타이밍과 심리의 게임이다

금 투자는 생각보다 쉽다

많은 사람이 금 투자는 어렵고 진입장벽이 높다고 생각한다. 하지만 실제로 금을 한 번 사 보면 공통적으로 "생각보다 별거 아니네요."라고 말한다. 처음에는 복잡하고 번거로울 줄 알았지만, 막상 해 보면 절차도 간단하고 비용도 많이 들지 않는다.

사람들이 금 투자에 선뜻 나서지 못하는 이유는 복잡한 금융 지식 때문이 아니다. 대부분은 더 빠르고 극적인 수익을 기대하기 때문이다. 현실에서는 적은 돈으로 단기간에 큰돈을 벌 수 있는 일이 거의 없다. 금은 단타로 일확천금을 노리기보다는 '시간과 함께' 자산을 불려 주는 수단이다. 그래서 나는 항상 돈을 벌기 위해서는 "적은 돈과 많은 시간이 필요하다."고 말한다.

최근에는 0.5g 단위의 미니 골드바도 나왔다. 크기는 작지만 g당 단가는 꽤 비싸다. 선물용으로 인기가 많지만, 꼭 지금 당장 비싼 가격에 살 필요는 없다. 나중에 중매 매물로 들어오면 훨씬 저렴하게 구할 수 있다. 기다렸다가 기회가 왔을 때 사면 된다. 괜히 서두르지 않아도 된다.

금만 있는 것도 아니다. 내가 운영하는 사이트에는 24K 주얼리, 18K 주얼리도 있다. 이중 위탁으로 올라온 제품들은 수공비가 없고 금 시세도 저렴해서 의외로 빨리 팔린다. 예를 들어, 어떤 고객이 1oz짜리 호주 캥거루 금화에 루비와 다이아몬드를 세팅해 주얼리를 만들었다. 제작비만 해도 원가가 879만 원 정도다. 그런데 이걸 위탁가로 621만 9,000원에 내놓았다. 비싸게 느껴질 수도 있지만, 원재료와 세공을 고려하면 매우 합리적인 가격이다.

이런 실물 금 제품은 그 자체로 의미가 있다. 팔찌 하나에도 사연이 담겨 있다. 말레이시아에서 사업을 하는 지인이 순금 염주 팔찌를 108돈으로 맞췄다. 이유를 물었더니 그걸 찬 이후로 일이 술술 풀리기 시작했다는 것이다. 이처럼 금은 누군가에게는 단순한 자산을 넘어서 운과 기운의 상징이기도 하다.

가끔 명품 반지도 올라온다. 예를 들어, 쇼파드의 해피 무빙 다이아몬드 반지 같은 제품은 백화점에서 560만 원이 넘는 가격에 팔린다. 그런데 중매 거래 가격은 299만 원이다. 만약 이걸 순금으로 녹여 판다면 100만 원이 나올까 말까다. 그 차이를 보며 어떤 사람은 "명품은 사는 게 아니다."라고 말하겠지만, 나는 그렇게 생각하지 않는다. 골드바는 자산 증식에 가치를 두지만, 명품 주얼리를 착용하며 느끼는 만족감은 또 다른 즐거움이다. 지금 각자의 상황에 맞는 선택을 할 뿐이다.

투자는 '얼마나 기다릴 수 있느냐?'가 관건이다

나는 투자를 할 때 월봉 차트를 보며 "그래, 세력들이야 뭐 자기들 마음대로 움직이겠지. 나는 내 길을 간다."고 생각한다. 그리고 시간이 걸리더라도 이 가격은 반드시 다시 온다고 믿는다. 그게 1년이 걸리든, 2년이 걸리든, 10년이 걸리든 상관없다. 언젠가는 반드시 제값을 찾아간다. 나는 그때까지 묵묵히 기다릴 생각으로 투자한다.

투자의 귀재라 불리는 짐 로저스는 안전자산으로 금과 은에 투자하라고 했다. 그래서 나는 금 투자를 하면서도 항상 일정 부분은 은을 병행해서 가져간다. 은이야말로 한 번 오르기 시작하면 그 속도가 무서울 정도로 빠르기 때문이다.

2024년 1월에 2011년 데이터를 본 적이 있다. 당시 은은 1oz당 49.82달러였다. 2025년 4월의 은 가격과 비교하면 거의 60% 정도 저렴한 수준이다. 은은 한 번 상승이 시작되면 큰 폭으로 오를 가능성이 있다. 그래서 장기적으로 보면 2024년 1월의 은 가격은 '매우 쌌고 그때가 매수 시기였다.'고 볼 수 있다.

주봉 차트로 보면 그 흐름이 더 명확하다. 당시 은 가격은 2021년에 게임스탑 사태가 터졌을 때 레딧 커뮤니티 이용자들이 실물 은을 대거 매수하자 30달러를 돌파했던 고점 이후 조정을 받은 상태였다. 그 고점 대비 지금은 한참 아래에 와 있다. 그때야말로 단기간의 소폭 조정이 있더라도 중장기적으로 보면 매수하기 좋은 구간이었다.

일봉 차트에서는 단기적인 등락이 보인다. 하루이틀 조정을 받을 수도 있고, 다시 급등할 수도 있다. 하지만 이런 등락에 일일이 신경 쓰는 건 실물 은을 보유하고 있는 사람에게는 별 의미가 없다. 실물

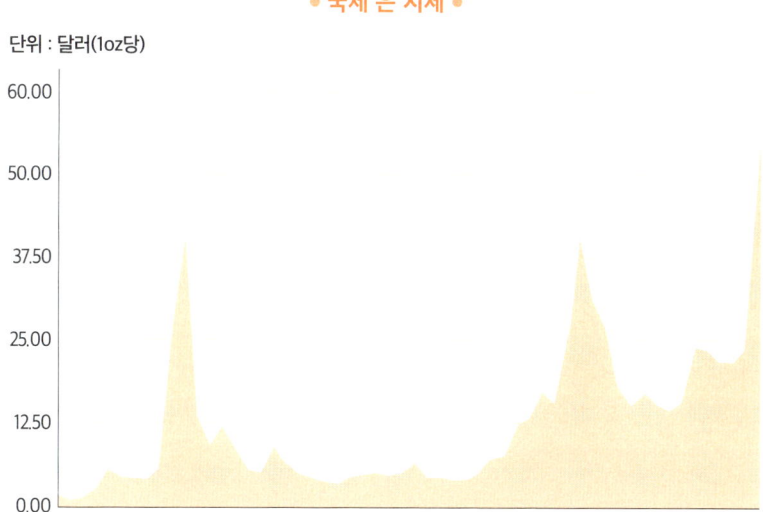

• 국제 은 시세 •

은 투자자는 그저 느긋하게 기다리면 된다. 앞서 말했듯 세력이든 시장이든 그들의 움직임에 휘둘릴 필요 없다. 언젠가는 목표 가격을 향해 갈 테니 그때까지 묵묵히 기다릴 뿐이다. 2024년 3월부터 은값이 상승하고 있다.

  물론 단기 수익을 노리고 들어온 사람들은 다르다. 그런 사람들은 실물 금이나 은이 아니라 해외 선물 투자를 선택하는 게 맞다. 선물은 최소 7배에서 20배까지 레버리지를 활용할 수 있기 때문이다. 1,000만 원으로 2억 원까지 투자할 수 있으니 수익도 크고 리스크도 크다. 단, 그런 투자는 반드시 검증된 증권사, 예를 들어, 삼성선물 같은 곳을 통해야 한다. 수수료가 조금 더 싸다고 이상한 플랫폼에서 투자를 하다가 사고가 나는 건 한순간이다. 절대로 그런 곳에 속아 넘어가서는 안 된다.

  2024년 1월에 은 가격은 분명히 저평가된 상태였다. 은은 금의 흐름을 보며 따라가는 경향이 있기 때문에 금이 본격적인 상승세를 타기 시작하면 훨씬 더 가파르게 따라붙을 가능성이 크다. 나는 그런 흐름을 예상하며 조정이 오더라도 감내하고 장기적인 안목으로 바라보며 실물 은을 꾸준히 모았다. 2025년 10월 현재 은 가격은 1oz당 50달러를 넘어 100달러를 향해 가고 있다. 결국은 본연의 가치를 향해 상승하는 것이 금과 은이다.

  결국 투자란 '언제 오를까?'를 맞히는 게임이 아니라 '내가 얼마나 기다릴 수 있는가?'의 게임이다. 나는 차트를 보며 "그래, 언젠가는 반드시 이 가격이 온다. 그때까지 기다릴 뿐이다."라고 되뇐다. 그게 투자의 정도이기 때문이다.

금은 오르기 전 조용할 때 준비하는 자산이다

평소와 다른 흐름으로 금값이 꿈틀댈 때가 있다. 많은 사람이 뒤늦게 관심을 갖는다. 오르기 시작했을 때야 비로소 '살까? 말까?'를 고민한다. 그러나 그때는 이미 늦은 경우가 많다. 그래서 나는 매번 말한다.

"금은 오를 때 사는 것이 아니라 오르기 전 조용할 때 준비하는 자산이다."

이런 시기에는 특히 실물 금에 대한 관심이 늘어난다. 하지만 동시에 질문도 많다. 대표적인 질문 중 하나가 이런 것이다.

"같은 브랜드, 같은 중량의 골드바인데 왜 가격이 다르죠?"

이유는 간단하다. 파는 사람마다 원하는 가격이 다르기 때문이다. 자금이 급한 사람은 조금 싸게 내놓고, 여유가 있는 사람은 조금 더 받으려 한다. 시장은 그렇게 움직인다. 중고차 시장처럼 금도 유동적인 실물 시장이기 때문이다.

금은 진짜 돈이다. 종이돈, 즉 커런시는 단지 거래의 매개체일 뿐이다. 사람들의 신뢰가 빠지면 커런시는 종잇조각에 불과하다. 하지만 금은 그렇지 않다. 5,000년 동안 인류가 통화로 사용해 온 실물자산이고, 실물 금이 가진 무게감과 희소성에 녹아 있는 역사적 가치는 여전히 유효하다.

보관 문제로 고민하는 사람들도 있다. 그중 일부는 나에게 맡긴다. 은행에 맡기면 자기 것을 찾는데도 용도를 설명해야 해서 불편하기 때문이다.

전산으로만 존재하는 돈은 불안하다. 예전에 어떤 고객은 저축은행에서 전산 사고가 나면서 7개월간 돈을 찾지 못했다고 했다. 그 경험 하나만으로도 실물 금을 선택할 이유는 충분하다. 실물은 눈에 보이고, 손에 잡히며, 언제든 내가 통제할 수 있다.

요즘 골드나라 같은 플랫폼에서는 중개 위탁 매매도 가능하고, 중고 물량도 나와 있다. 수수료나 부가가치세를 피하면서도 안전하게 실물을 주고받을 수 있는 구조다. 가장 중요한 것은 물량이 있는지 확인하는 것이다. 관심이 많아지고 수요가 폭증하면 매물이 동나고, 아무리 돈이 있어도 구할 수 없을 때가 있기 때문이다.

02
지금 금값에 속지 말고 흐름을 읽어라

조금 더 싸게 사려는 생각은 버려라

"금을 구매할 때 가격 변동을 신경 써야 할까?"

금값은 하루에도 몇 퍼센트씩 변동할 수 있다. 1kg의 골드바 가격이 1억 6,000만 원에서 1억 7,000만 원으로 상승하는 경우 2~3%의 변동만으로도 320~510만 원 차이가 나게 된다. 그런데 이러한 가격 변동을 신경 쓰며 '조금이라도 더 싸게 사고 싶다.'는 생각을 하는 것은 바람직하지 않다.

금은 단기적인 가격 변동보다는 장기적인 자산가치 보존을 목적으로 투자해야 한다. 즉 "어제보다 50만 원 올랐다."라거나 "일주일 전에 100만 원이 더 쌌다."라는 생각으로 구매를 망설이다 보면 결국 후회하게 된다.

이러한 문제를 해결하는 방법 중 하나가 '분할 매수 전략'이다. 예를 들어, 한 번에 대량으로 구매하는 대신 오늘 1개, 내일 1개, 혹은 일주일 간격으로 1개씩 사면 가격 변동에 대한 부담을 줄일 수 있다.

사실 금 투자는 실천이 어렵다. 많은 투자자가 금을 사려고 마음먹고도 실천하지 못한다. 과거에도 "500만 원대에 살 기회를 놓쳤다."며 후회하는 사람들이 있었고, 지금도 마찬가지다. 지금 가격이 비싸다고 생각해서 망설이다 보면 몇 년 뒤 더 높은 가격에서 같은 후회를 반복할 가능성이 크다.

금은 종이돈과 달리 본질적인 가치를 가진 자산이다. 경제위기나 금융 불안이 닥쳐도 금은 나를 배신하지 않는다. 따라서 금 투자는 감정적인 요동에 휘둘리기보다 냉정한 시각에서 접근해야 한다.

결국 금 투자는 단순한 가격 예측이 아니라 '자산을 보호하고 미래를 대비하는 선택'이다. 가격 변동에 지나치게 신경 쓰기보다는 자신의 자산 포트폴리오에서 금이 차지하는 비중을 조정하며 꾸준히 매수하는 것이 장기적으로 현명한 전략이 된다.

국제 금값이 급등해도
국내 금값에는 바로 반영되지 않는다

국제 금값이 역사적 고점을 찍었을 때 한국 실물 금 시장은 오히려 놀라울 정도로 저평가된 적이 있었다. 나는 이 현상을 단순한 가격 차라고 보지 않는다. 구조적 왜곡이다.

예를 들어, 1kg 골드바 기준으로 9,942만 원이라는 가격이 형성되었다. 그런데 같은 1kg 제품이고 브랜드 인지도가 높은 LS 골드바를 8,969만 원에 살 수 있었다. 무려 900만 원 가까운 차이다. 이를 단순하게 부가가치세를 뺀 차이라고 표현할 수도 있겠지만, 이 정도로 단순화하면 중요한 본질을 놓친다. 한국 금값은 단순히 부가가치세 10%만 빠진 수준이 아니라 시세 자체가 비정상적으로 낮게 형성되어 있었던 것이다.

왜 이런 일이 생겼을까? 원인을 파악해 보니 국내 수요와 공급 간에 불균형이 일어날 때 대중의 관심이 적고 현금화하고자 하는 심리로 인해 시장에 매도 물량이 쏟아지면서 나타난 현상이었다.

나는 은값에서도 비슷한 왜곡을 발견한 적이 있다. 그래서 200kg 가량의 저가 물량을 매수하면서 시장 흐름을 맞춰 간다. 스스로 판단하여 가격이 저평가되어 있으면 적극적으로 매수 전략을 취하고, 반대의 경우는 매도 물량을 조절하기도 한다. 시장 흐름과 국제 금 시세, 환율 등을 지켜보면서 움직여야 한다.

국제 금값이 2,152달러까지 올랐다가 장이 열리면서 2,080달러대로 급락한 일도 있었다. 고점 대비 70달러 이상 떨어졌는데, 이는 약 3.5%에 해당하는 낙폭이다. 이처럼 급등 후 급락이 반복되는 상황에서는 시장을 조심스럽게 바라볼 수밖에 없다. 하지만 중요한 것은 한국 시장의 가격 반영 속도가 지나치게 느리다는 점이다. 국제 금값이 급등해도 국내 실물 금 가격은 바로 반영되지 않는다. 이는 장기적으로 금을 모으는 사람들에게는 매우 유리한 환경이다.

구체적인 수치로 보면, 부가가치세 포함 골드바가 1kg 기준 1억 6,789만 3,000원에 형성되어 있었지만, 중매 거래에서는 1억 5,452만 4,000원까지 내려갔다. 이는 전통적인 현금 시장의 거래 관행을 고려해도 너무 낮은 가격이다. 현금 실물 시장에서는 통상 94~96% 수준의 거래가 이루어졌기 때문이다. 다시 말해 1억 5,949만 5,000원 수준은 돼야 정상이다.

중고 골드바도 마찬가지다. 예를 들어, 10돈짜리 골드바를 651만 원에 샀는데, 팔 때는 600만 원으로 갭이 50만 원 이상 벌어진다. 이 정도면 시세 차익이 10% 이상 발생해야 겨우 본전을 맞출 수 있다는 뜻이다. 실물 금 시장의 구조적 불균형이 이렇게까지 심해져 있다는 것은 모르는 사람들 입장에서는 진입장벽이 될 수 있다. 하지만 이 구조를 이해하고 있는 사람들에게는 오히려 기회의 구간이다.

나는 언제나 말한다.

"국제 금값이 오르는 와중에 국내 실물 금 가격이 뒤처져 있다면 그때가 매수 타이밍이다."

시장의 구조를 이해하고 흐름을 읽는다면 지금이 오히려 골드바를 분할 매수하기에 최적의 시점일 수 있다. 실물 금은 시세에 일희일비할 필요가 없다. 긴 호흡으로 보는 자산이다. 지금처럼 금값이 오르고 있는데도 시장이 조용한 이 시기야말로 가장 조용한 기회가 숨어 있는 순간이다.

03
환율을 모르면 금 투자를 할 수 없다

환율 변동에 따른 금 투자 전략

환율은 금값에 직접적인 영향을 미친다. 달러 가치가 상승하면 금값은 하락하는 경향이 있으며, 반대로 원화 가치가 하락하면 국내 금값은 상승할 수 있다. 그렇다면 환율 변동에 따른 금 투자 전략을 어떻게 세워야 할까?

국제 금 시세가 하락하고 있는데, 국내 금값은 그대로이거나 오히려 더 비싸지는 이상한 현상이 발생한 적이 있다. 이 '가격 역설'은 단순한 오차가 아니다. 이는 금 시세와 환율의 두 축이 얽히면서 발생하는 복합적인 시장 구조 때문이다.

금값이 내리는데 국내 가격은 왜 안 내려갈까? 예를 들어, 국제 금 시세가 1oz당 1,975달러에서 1,896달러까지 떨어진 적이 있다. 차트 상으로는 4%가량 조정이 가능해 보이는 상황이었다. 하지만 정작 한국 국내 금값은 눈에 띄게 떨어지지 않았다. 이유는 명확하다. 환율이 급등하고 있었기 때문이다. 국제 금값이 하락해도 원-달러 환율이 함께 오르면 원화 기준으로 금값은 유지되거나 상승할 수밖에 없다. 이중 변수인 환율이 국내 금 시세를 '받쳐 주고 있는' 셈이다.

한국에서 금값을 예측하는 공식은 다음과 같다.

국내 금값(g당) = 국제 금 시세(USD) ÷ 31.1g × 달러/원 환율

여기에 부가가치세와 제조, 판매, 유통 마진 수수료가 책정되어 금값이 형성된다. 즉 한국의 금 투자는 단순히 금 시세 하나만 분석해서는 안 되고, 환율 흐름까지 함께 예측해야 한다는 복잡한 숙제를 안고 있다. 미국 투자자라면 금값만 보면 되지만, 한국 투자자는 금값과 환율이라는 2개의 움직임을 동시에 바라봐야 한다.

하락장에도 수익을 보는 방법은 있다. 즉 분할 매수 전략의 힘이다. 금 시장은 예측보다 대응이 중요하다. 특히 평균 단가 전략(분할 매수 전략)을 활용하면 단기 하락장 속에서도 수익 실현 가능성이 높아진다. 예를 들어, 첫 번째 매수 때 62만 원, 두 번째 매수 때 61만 원, 세 번째 매수 때 59만 원 등으로 매입 단가를 나눠 분산하면 평균

단가가 낮아지고 소폭 반등만 해도 수익 전환이 쉬워진다.

이는 금 선물 거래자뿐 아니라 실물 투자자에게도 유효한 전략이다. 단, 시세보다 지나치게 낮은 '고집스러운 매수 희망가'를 기다리다 보면 오히려 기회를 놓칠 수 있다. 실제로 중매 거래 시장에서 10돈짜리 골드바가 589만 원에 팔렸는데, 매도자가 실수령한 금액은 576만 3,000원이었다. 하지만 일부 매수자는 여전히 560만 원에만 사겠다는 입장을 고수하며 거래 타이밍을 놓쳤다.

환율의 움직임은 금값의 그림자다. 예전에 원-달러 환율이 1,300원을 넘기며 상승세를 보이자 국내 금값은 국제 시세 하락에도 불구하고 '버티는 장세'를 연출했다. 이는 단순히 숫자 계산의 문제가 아니다. 환율은 글로벌 리스크, 미국 금리정책, 지정학적 이슈 등에 따라 민감하게 반응한다. 따라서 금 투자자는 금 차트뿐 아니라 환율 흐름, 미국 연준 발언, 달러 인덱스 동향까지 종합적으로 관찰할 필요가 있다.

미국에서 금값을 예측한다는 건 '금값을 맞히는 일'이다. 하지만 한국에서 금값을 맞히려면 '금값과 환율 2개를 동시에 맞혀야 한다.'는 의미가 된다. 이는 예측이 아니라 실전 대응의 영역에 가깝다. 그래서 필요한 건 '판단'이 아니라 '전략'이다.

'금값이 떨어질 수 있다면 환율은 어떤가?', '차트상 하락이 예상된다면 분할 매수 포지션은 준비되어 있는가?', '매수 시점에 고집이 아닌 유연성이 있는가?' 이 복잡한 퍼즐을 맞추는 것이 한국 금 투자자의 숙명이자 능력이다.

환율이 오르면 금값도 오른다

환율 시장이 급등락할 때마다 많은 투자자의 관심이 집중된다. 특히 금에 투자했을 때는 환율 시장의 추이를 면밀하게 살펴야 한다. 환율이 급변하면 국내 금값도 함께 움직이는 현상이 나타나기 때문이다. 실제로 환율과 금값의 관계는 매우 밀접하다. 투자자들이 금 투자를 할 때 반드시 고려해야 하는 중요한 요소다.

금값은 국제 금 시세와 환율의 영향을 받아 결정된다. 국제 금 시세는 oz 단위로 표시되는데, 이를 g 단위로 환산하고, 여기에 현재의 원-달러 환율을 곱하면 국내 금값이 산출된다. 따라서 환율이 오르면 같은 국제 금 시세라도 국내 금값은 자동으로 올라간다.

예를 들어, 국제 금 시세가 일정하다고 하더라도 환율이 1,200원에서 1,400원으로 상승하면 국내에서의 금 가격은 큰 폭으로 상승하게 된다. 반대로 환율이 떨어지면 국내 금 가격도 하락하는 결과가 나타난다.

그렇다면 경제위기 상황에서 금 투자는 어떻게 해야 할까? 최근 러시아의 사례를 보면, 러시아가 우크라이나를 침공한 이후 서방 국가들의 경제 제재로 러시아 루블화 가치가 급격히 폭락했다. 이에 따라 러시아 내 금 가격은 루블화 기준으로 단기간에 2~3배 가까이 급등했다. 이와 같은 상황에서는 자국 화폐 가치가 떨어지면서 금값이 상대적으로 급등하는 현상이 발생한다.

이런 상황은 국내도 마찬가지다. 만약 국내 경제 상황이 악화되거나, 외교나 안보 문제가 발생해 원화 가치가 급락한다면 달러 대비 원화 환율은 급등하고, 이에 따라 국내 금값도 큰 폭으로 상승할 가능성이 있다.

이러한 상황을 대비하기 위해 평소에 달러를 일정 부분 보유하는 것이 현명한 전략이다. 달러는 국제적으로 안정성이 높은 통화다. 원화 가치가 급락할 경우 달러 보유를 통해 자산 손실을 최소화할 수 있다. 급변하는 화폐 통화 시스템의 변화로 인해 스테이블 코인도 편입해야 한다. 또한 금과 같은 실물자산을 함께 보유하는 포트폴리오 전략을 세우는 것이 효과적인 대비책이 될 수 있다.

금은 역사적으로 경제 불안이나 금융위기 상황 시 가치 보존 면에서 가장 신뢰받는 자산 중 하나였다. 특히 환율 상승으로 인한 국내 금값 상승 효과를 고려한다면 금을 보유하는 것이 안정적인 자산 관리에 큰 도움이 된다.

환율 변동에 현명하게 대응하려면 무엇보다 환율이 오를 때 국내 금값도 동반 상승한다는 사실을 이해해야 한다. 환율 변동을 늘 주의 깊게 관찰하는 것도 중요하다. 특히 경제적 불확실성이 커지는 요즘 시기에는 앞서 말한 것처럼 달러와 금과 같은 안전자산을 균형 있게 확보하여 갑작스러운 환율 변동과 금값 상승에 대비할 필요가 있다.

장기적이고 안정적인 자산 보호를 위해 환율과 금값의 관계를 명확히 이해하고 전략적인 투자를 실천해야 한다.

환율과 금값이 급등할 때 골드바 싸게 사는 방법

환율과 금값이 급등할 때 어떻게 하면 골드바를 싸게 살 수 있을까? 몇 년 전에 환율 시장과 금 시장의 움직임이 심상치 않은 적이 있었다. 당시 투자자들이 주목해야 할 중요한 변곡점에 도달하고 있었다. 금요일에 마감된 한국의 환율 시장은 1,320원 수준이었다. 이후 글로벌 환율 시장에서 급등 현상이 나타났다. 미국 주식 시장은 급락했고, 달러 인덱스는 강세를 보이며 상승했다.

이러한 흐름은 국내 금값에도 직접적인 영향을 미치게 된다. 환율이 상승하면 국내 금값도 올라간다. 그런데 어떤 시점에서 투자해야 할까? 금값이 사상 최고치에 접근하여 새로운 고점을 형성하려다가 조정을 받는 모습을 보일 때가 있다. 이때가 투자자들에게 중요한 시기다. 단기적인 조정이 오더라도 적극적인 매수 전략이 필요한 구간이기 때문이다.

금값은 기본적으로 달러 기준 국제 금 시세와 원-달러 환율에 의해 결정된다. 즉 국제 금값이 상승하면 국내 금값도 상승하는데 환율이 함께 오르면 금값은 더욱 빠르게 상승하게 된다. 환율 급등 상황에서는 국내 금값이 곧 반영되므로 투자자들은 이를 활용한 전략적 매매가 필요하다.

정리하자면, 환율이 오를 때 원화 가치가 하락하면서 국내 금값이 동반 상승한다. 고환율 상황에서는 국내 금값이 계속 오를 가능성이 크다는 뜻이다. 국제 금값이 조정을 받을 때가 매수 기회다. 조정 구간에서 매수한다면 향후 상승 시기에 더욱 높은 수익을 기대할 수 있다. 따라서 이러한 시기에는 적극적인 매수가 필요하다.

국내 금 시장은 그리 크지 않다. 만약 전 국민이 1인당 100만 원 어치의 금을 구매한다고 가정하면 국내 금 시장이 완전히 매물 부족 상태가 될 정도로 시장 규모는 크지 않다. 이런 상황에서는 금을 얼마나 저렴하게 사느냐가 중요한 요소가 된다. 중매 거래는 기존 보유자가 내놓은 금을 시세보다 저렴하게 구매할 수 있는 방법이다. 중매 거래를 할 때 발생하는 수수료 등을 감안하더라도 투자자들의 실질적인 이익은 증가한다.

금 투자를 할 때 유의할 점과 장기 전략에 대해 알고 있어야 한다. 무엇보다도 단기적인 가격 변동에 연연하지 말아야 한다. 금값은 하루에도 1~2%씩 변동할 수 있다. 하지만 장기적인 상승세는 꾸준히 유지되고 있다. 금은 인플레이션과 금융위기 속에서도 자산가치를 보호하는 역할을 한다. 그래서 가격 조정이 오더라도 일정한 주기로 매수하는 것이 좋다.

환율과 금값의 흐름을 함께 분석하는 것도 중요하다. 환율이 급등하면 금값이 상승할 가능성이 크다. 환율이 안정될 경우 단기 조정이 있을 수 있다. 하지만 전반적인 경제 불확실성을 고려할 때 금의 장기적 상승 가능성은 여전히 유효하다.

현재 글로벌 금융 시장은 급변하고 있다. 달러 강세와 환율 상승이 지속되면서 국내 금값도 계속해서 상승할 가능성이 크다. 따라서 지금 금을 구매하는 것은 현명한 선택이 될 수 있다.

04
국내에서도
달러로 금을 살 수 있다

금과 달러의 관계를 파악하라

1971년 닉슨 대통령이 금본위제를 폐기한 이후, 미국은 사우디아라비아와 협력하여 페트로 달러 체제를 구축했다. 전 세계 석유 거래를 달러로 결제하도록 하는 시스템이었다. 이러한 전략은 달러의 가치를 유지하는 데 결정적인 역할을 했다. 석유 거래가 달러를 기반으로 이루어지니 세계 각국은 달러를 보유할 수밖에 없었다. 미국이 막대한 통화량을 공급해도 달러 가치가 급격히 하락하지 않도록 하는 핵심 메커니즘이었다.

이 과정에서 사람들은 자연스럽게 종이돈이 진짜 돈이라고 인식하게 되었다. 오늘날까지 경제 활동을 하는 대부분의 사람은 페트로달러 시스템에 완전히 익숙해져 있다. 달러가 경제의 중심이라는 사실을 자연스럽게 받아들이고 있다.

금과 달러의 관계를 올바르게 이해하려면 장기적인 시각에서 달러의 구매력이 얼마나 하락했는지 살펴봐야 한다. 예를 들어, 1913년 기준 달러 발행량 대비 은의 가치는 2.66달러였다. 당시 금 1oz 가격은 28.47달러였다. 이후로 달러는 엄청나게 발행되었다. 그만큼 금값도 올라야 하는데, 실제로는 그렇지 않다. 앞서 말한 대로 달러 패권을 유지하기 위해 금값을 인위적으로 누르고 있기 때문이다.

하지만 아무리 억제하더라도 금은 결국 상승할 수밖에 없다. 금과 은은 어떤 개인이나 특정 세력이 마음대로 통제할 수 있는 자산이 아니기 때문이다. 어느 한 국가나 금융기관이 금값을 장기적으로 통제하려고 해도 글로벌 경제 시스템이 복잡하게 얽혀 있는 이상 금과 은의 가치는 결국 시장의 수요와 공급에 따라 결정될 수밖에 없다.

이 과정에서 금은 점점 더 많은 사람에게 '진짜 돈'으로 인식될 것이다. 현재는 종이돈과 달러에 익숙해져 있지만, 역사적으로 보았을 때 금과 은이 오랜 시간 동안 '돈'의 역할을 해 왔다는 점을 다시금 상기해야 한다.

금값이 훨씬 더 상승해야 하는 이유는 명확하다. 달러의 가치가 지속적으로 하락하고 있기 때문이다.

금 투자는 단순히 가격의 상승과 하락을 예측하는 것이 아니다.

자산을 보호하고 장기적인 안목에서 경제적 가치를 유지하는 전략적인 선택이다. 그렇다면 금을 언제, 어떤 방식으로 구매해야 할까? 그리고 금을 살 때 달러를 활용하는 방법은 무엇일까?

역사적으로 금과 달러는 밀접한 관계를 맺어 왔다. 미국이 달러 패권을 유지하고 있는 지금도 달러의 가치가 하락할 때 금값이 상승하는 경향이 있다. 반대로, 달러가 강세를 보이면 금값은 상대적으로 약세를 나타낸다. 한국에서도 850원에서 2,000원 사이에서 원-달러 환율이 움직여 왔으며, 이 같은 변동성 속에서 금을 보유하는 것은 자산의 가치를 지키는 수단이 된다.

특히 미국이 달러 가치를 절하하는 상황에서는 투자자들이 금으로 몰리는 경향이 강해진다. 만약 달러 가치가 장기적으로 더 하락할 가능성이 크다면 금의 가격은 더 오를 수밖에 없다. 따라서 일정 부분을 달러로 보유하는 것도 중요하지만, 상당 부분은 금으로 전환해 두는 것이 바람직한 전략일 수 있다.

달러를 이용해 금을 구매하는 방법도 있다. 법적으로 개인 간의 달러 거래는 5,000달러까지, 은행을 통하면 1회 1만 달러까지 가능하다. 금 거래소에 환전업이 등록되어 있으면 1회당 4,000달러까지 가능하며 환전한 원화로 골드바와 실버바를 구매할 수 있다. 다만, 이를 실행할 때 기준 환율을 적용하여 거래하는 것이 일반적이다. 거래 과정에서 완전한 최저가를 고집하기보다는 약간의 여유를 두는 것이 중요하다.

달러로 골드바를 구매하는 방법

최근 원화 가치 하락을 우려한 투자자들 사이에서 달러로 금을 직접 구매하는 방법에 대한 관심이 높아지고 있다. 많은 사람이 복잡한 환전 절차나 세무 문제 등을 걱정하지만 실상은 의외로 간단하다. 달러를 직접 들고 가서 골드바를 구매하는 실질적 방법과 팁을 살펴보자.

달러를 보유하고 있지만 이를 원화로 바꾸어서 금을 살 때 수수료나 환율 손해가 걱정된다면 달러를 직접 들고 금 판매처로 가는 방식이 하나의 대안이 된다. 이 경우 별도의 금융기관 환전 과정을 거치지 않아도 되고, 판매자가 환율 계산 후 그에 맞는 금액의 골드바를 실제 거래 현장에서 바로 매도해 준다.

실제로 호텔 사업을 운영하는 한 고객이 달러를 현금으로 들고 직접 방문하여 원하는 중량과 브랜드의 골드바를 구입한 사례가 있다. 이처럼 복잡한 절차 없이 개인 간 신뢰를 기반으로 한 실물 거래가 가능하다.

금은 중량에 따라 선호도가 다르다. 이른바 실용성과 상징성의 균형 때문이다. 예를 들어, 10돈, 100g 단위는 실용성과 유통성 면에서 가장 많이 거래되는 중량이다. 1kg 골드바는 보관과 이동이 번거롭지만, 보유의 상징성과 단가 면에서 장점이 있어 일부 수요층에서 선호된다.

판매자 입장에서는 100돈 등 덩치 큰 제품이 매도에 어려움이 있을 경우 임가공을 통해 10돈 단위로 나눠서 다시 유통할 수도 있다. 이러한 구조는 중매 위탁 매매 시스템에서 자주 활용되는 방식이다. 같은 중량의 골드바라도 브랜드, 포장 상태, 보증서 유무에 따라 시세에 차이가 발생한다. 금 시세는 하루에도 1% 내외로 오르내리기 때문에 소비자 입장에서는 단순한 가격보다는 브랜드 신뢰도나 선호도, 포장 상태 등을 고려해 선택하는 것이 일반적이다.

일부 제조사는 자사 골드바가 중고 시장에 올라가는 것을 꺼리는 경향이 있어 유통 제약이 생기기도 한다. 하지만 판매가 이루어진 이후부터는 소비자의 자산이므로 이를 통제하는 것은 논란의 소지가 있다. 이처럼 제조사와 중개 플랫폼 간의 이해관계가 충돌할 수 있다는 점도 유의해야 한다.

정리하자면, 골드바 구매는 유연하고 전략적으로 접근해야 한다. 달러를 보유하고 있다면 별도의 환전 없이 판매자와 직접 거래로 금을 구매할 수 있다. 중량별 특성과 유통성, 브랜드별 차이를 고려해 실용성과 가치 보존을 함께 추구해야 한다. 그리고 중매 위탁 매매를 통한 매수·매도 전략을 활용하면 비싼 금을 싸게 사고, 다시 비싸게 팔 수 있는 기회를 만들 수 있다.

실물 금 거래는 결코 어렵지 않다. 신뢰할 수 있는 중개자와 함께 자신이 가진 자산을 효과적으로 이동시키는 구조만 알면 된다. 무엇보다도 중요한 것은 단기 가격보다 어떤 제품을 어떤 조건에서 어떻게 거래하느냐에 대한 구조적 이해이다.

달러로 환전 수수료 없이 금을 사다

요즘 실물 금을 구입하려는 고객들 중에 달러로 결제할 수 있는지 묻는 경우가 부쩍 늘었다. 결론부터 말하자면 가능하다. 내가 운영하는 골드나라는 단순한 금 매장이 아니다. 환전 영업자 등록증을 보유하고 있으며, 세관을 통해 정식으로 허가된 환전 사업자다. 이 말은 골드나라에서는 달러로도 금 거래를 할 수 있다는 뜻이다. 환전도 가능하고, 바로 환전한 달러로 금을 사는 것도 가능하다. 일반적인 금 매장에서 환전을 꺼리는 이유는 세무나 규제 때문인데 골드나라에서는 그걸 투명하게 갖춰 놓은 셈이다.

환율은 기본적으로 기준 환율에 맞춘다. 단, 100달러 이하의 소액 환전은 약간 보정해서 적용하기도 한다. 이 구조가 왜 좋은가 하면, 일반적으로 금을 사기 위해 은행에서 달러를 원화로 환전하면 수수료가 붙고, 다시 금을 사게 되면 또 다른 거래 비용이 발생한다. 그런데 골드나라에서는 그런 번거로움 없이 바로 금을 살 수 있는 것이다. 고객들이 골드나라를 이용하는 이유는 바로 이런 효율성과 실질적인 절약 때문이다.

하지만 특가 금은 달러로 사기 어렵다. 특가는 일반적으로 누군가 급하게 실물을 내놓으면서 현금화를 원할 때 나오는 조건이기 때문이다. 그래서 대부분 계좌 이체를 요구한다. 왜냐하면 이 금이 팔리면 매도자에게 바로 대금을 송금해야 해서 "며칠 뒤에 달러로 갖고 오겠다."고 하면 안 된다. 매수자가 나오면 그 물건을 고객에게 '솔드

아웃'으로 표시해야 하는데, 결제가 지연되면 매도자 입장에서는 "왜 아직 돈을 안 주느냐?"고 불만을 가질 수밖에 없다. 이건 중개 시스템의 신뢰 문제로 번진다.

그래서 특가 상품의 경우에는 원칙적으로 '베이스 프라이스(기준가)'까지만 달러 결제가 가능하다. 하지만 베이스 프라이스 자체가 시세보다 훨씬 저렴하다. 예를 들어, 1kg 골드바 시세가 1억 6,500만 원인데 베이스 프라이스로 1억 5,700만 원에 살 수 있다면 800만 원 싸게 사는 셈이다. 이 정도면 충분히 매력적인 조건 아닌가?

간혹 여기가 비싸니, 저기가 싸니 하면서 가격 비교에 집착하는 사람도 있다. 그건 이 시스템의 본질을 모르는 사람이 하는 소리다. 골드나라 시스템은 단순한 도매나 소매가 아니다. 중개자가 있고, 매도자가 가격을 설정하고, 매수자가 조건을 확인하고 거래를 체결하는 구조다. 팔고 싶은 사람이 가격을 낮추면 바로 매칭이 이루어지고, 비싸다고 느끼면 안 사면 그만이다. 이게 바로 합리적인 실물 거래 시장이다.

한 고객이 은행에 1kg짜리 골드바를 맡겼는데 보증서를 보니 2021년 것이었다. 2021년은 한국금거래소에서 민티드 골드바 형태만 주로 생산한 시기인데 주물 타입이었다. 그래서 테스트를 했는데 품질에는 문제가 없었다. 이렇게 골드나라에서는 골드바든 실버바든 누군가 상품을 맡기면 기본적인 테스트와 확인을 거친다. 그러고 나서 가격을 매긴다.

어떤 사람은 특가 상품을 더 싸게 해 달라고 하는데 솔직히 말해서 그런 사람들과는 거래를 하고 싶지 않다. 좋은 가격이면 그 자리에서 바로 결정해서 사면 되고, 비싸다고 생각되면 안 사면 되는 일이다.

시장은 유연해야 한다. 물건을 급히 내놓는 사람도 있고, 좋은 조건을 기다리는 사람도 있다. 그 두 사람이 잘 맞아야 거래가 이루어진다. 여기에 달러든 원화든 결제 방식의 융통성도 중요한데, 골드나라는 그런 점에서 가장 효율적인 시스템을 갖추고 있다고 자부한다. 환전 가능, 베이스 프라이스 적용, 합리적 중개 구조가 골드나라 시스템이다.

내가 이 일을 하면서 느끼는 건 단 하나다.

"믿고 맡길 수 있는 구조가 있다면 실물자산은 항상 매력적이다."

05
금융 시스템의 구조가 바뀌고 있다

금은 금리 인하가 시작되면 가장 기대되는 자산이다

2024년 초에 미국 연준의 파월 의장이 "금리는 이제 고점에 도달했다."며 금리 인하 가능성을 언급하자 곧바로 시장은 환호했다. 나스닥, 다우, S&P500 등 미국 3대 주가지수는 일제히 사상 최고가를 경신했고, 금과 은 가격도 크게 반등했다.

하지만 연준은 쉽게 물러서지 않았다. 파월의 발언 직후 뉴욕 연은 총재 등 다른 연준 위원들이 나서서 "아직 시기상조다. 본격적인 금리 인하 논의는 이르다."라고 경고의 메시지를 던졌다. 시장 과열을 진정시키기 위한 '매파적 브리핑'이 이어졌지만 이미 시장은 되돌릴 수 없을 만큼 달아올라 있었다. 금리 인하 기대는 여전히 꺾이지 않았고, 그 중심에는 금이 있다.

이런 상황을 예측하지 못했던 것은 아니다. 사실 금은 이자도 없고 배당도 없는 '무이자 자산'이지만, 금리 인하 사이클이 시작될 때마다 가장 강하게 반응해 왔다. 금리는 화폐의 시간 가치를 의미하며 '화폐에 대한 보상'이다. 그런데 그 금리가 떨어진다는 것은 무슨 말일까? 사람들이 더는 돈을 맡기고 기다릴 이유가 없다는 뜻이다. 그 자금이 실물자산, 즉 금과 같은 안전한 자산으로 몰려든다는 것이다.

실제로 그 당시 미국에서 발표된 PCE(개인소비지출) 지표가 예상보다 둔화되면서 미국 달러는 약세를 보였고 금값은 즉시 반응했다. 시장은 "금리 인하는 시간문제이고, 그 시기가 도래했을 때 가장 먼저 빛을 발할 자산은 금이다."라는 것을 분명히 말하고 있었다.

당시 기준으로 금 선물 시세는 1oz당 2,083달러에서 2,145달러까지 치솟았다가 약간의 조정을 거치며 2,064.5달러에 마감했다. 은도 강세 흐름을 탔다. 은 선물은 23.95달러에서 24.89달러까지 오르며 24.47달러에 한 주를 마감했다. 주봉 차트를 보면 상승의 기울기가 가파르다. 멈춘 게 아니다. 준비 중이다. 다시 치고 올라갈 타이밍을 기다리고 있을 뿐이다.

실물 금을 다루는 입장에서 시장 분위기가 민감할 때는 더더욱 많은 신호를 보게 된다. 고객들의 구매 성향, 해외 차트의 움직임, 연준

위원들의 미묘한 발언 변화 등 모두가 하나로 이어진다. 시장은 '말보다 돈'이 먼저 움직인다. 사람들은 이미 금을 매수하고 있다. 금리를 내리기 전에, 금이 오르기 전에 기회를 선점하려는 것이다.

그런데 흥미로운 게 또 있다. 이 와중에 '은'도 조용히 힘을 키우고 있다는 것이다. 나는 은을 볼 때마다 약간 안쓰럽다. 무거운 몸집으로 더디게 움직이지만, 일단 치고 나가면 금보다 훨씬 더 날카롭게 뻗는 자산이기 때문이다. 은의 상승은 금보다 한 템포 느리지만, 그 탄력은 절대 뒤처지지 않는다. 그래서 나는 금이 먼저 뛰고, 은이 뒤따라가는 이 순서를 좋아한다. 어느 하나에 몰두하기보다는 이 둘이 번갈아 가며 시장의 주도권을 나눠 갖는 흐름이 더 자연스럽다.

금리는 이제 전환점에 있다. 그 흐름은 금과 은을 먼저 들어 올릴 것이다. 갈수록 다시 실물자산의 시대가 될 것이다. 주식도 좋고, 부동산도 중요하지만, 리스크 관리와 자산의 균형을 생각한다면 반드시 금을 포트폴리오에 포함해야 한다.

이제부터가 시작이다. 금리 인하가 실제로 시작되는 순간, 금은 더 이상 조용하지 않을 것이다. 지금은 미리 사 두고, 묵묵히 보관하며 웃고 있을 시간이다.

현금 기반의 금 거래 구조가 붕괴되고 있다

2023년 은행 창구를 통해 일반 입출금 통장에서 1,000만 원을 인출하려는데 직원이 물었다.

"무슨 용도이신가요?"

이게 현실인가 싶었다. 평범한 개인이 자신의 예금에서 현금을 꺼내는데 '문진표'를 써야 하고, 국세청이나 금융정보분석원FIU 보고 대상이 될 수 있다는 사실이 충격이었다. 그래서 바로 금 통장을 해지했다. 문제는 해지하니 세금이 무려 50% 가까이 부과되었다. 이건 아무리 봐도 미친 구조였다. 도저히 납득이 가지 않았다. 고객에게 팔아서는 안 되는 상품이 시장에 팔렸고, 나는 그 피해자 중 하나가 된 셈이었다. 그래서 단언한다. 골드뱅킹은 절대 하지 말아야 한다. 그건 투자도, 보유도, 유동성도 모두 막힌 미로다.

그렇다면 실물 금은 어떤가? 한때 금 시장이 정말 이상하게 돌아간 적이 있다. 눈에 보이는 시세와 실제 거래의 온도 차가 극심했다. 하루 전에 금값이 급등했고, 국내에서는 매수·매도 시세의 차이가 심각하게 벌어졌다. 내가 매수할 때는 36만 4,000원이었다. 2% 가까이 오른 셈인데, 정작 내가 팔려고 하니 2,000원, 즉 0.6%밖에 오르지 않았다. 이건 비정상적인 시장이다. 이유는 명확하다. 현금 거래가 없기 때문이다.

지금 종로 금 시장을 비롯해 현금 기반의 금 거래 구조가 붕괴되고 있다. 수요가 없는 게 아니라 '현금 거래' 자체가 구조적으로 제약을 받고 있기 때문이다. 당시 '현금을 뽑으러 은행에 갔다가 직원을 만나 상담을 받고 문진표까지 작성했다.'는 이들이 부지기수다. 500만 원 이상 인출하려면 직원의 면담과 확인 절차를 거쳐야 하고,

1,000만 원 이상이 되면 FIU에 자동 보고된다. 국세청, 경찰 수사 의뢰 가능성까지 거론된다.

현금을 뽑는 일이 점점 범죄 혐의자처럼 느껴지는 행위가 되어 버렸다. 은행 창구에서 당당했던 시대는 지나가고, 현금은 이제 '감시의 대상'이 됐다. 나는 이것을 '현금 유동성의 위축'이라고 부른다. 그리고 이것이 금값의 비정상적 왜곡으로 이어진다.

과거에 종로 금 시장은 현금을 들고 가서 금을 싸게 사는, 일종의 '현금 투자자들의 천국'이었다. 하지만 그 유동성이 증발했다. 시장에서 현금으로 금을 사려는 이들이 사라지면서 실제 매입 수요는 급감했고, 그 여파로 금의 매도 시세가 왜곡되고 있다. 금을 팔려고 해도 사 줄 사람이 없는 상황이 됐다. 살 때는 비싸고, 팔 때는 싼 기형적 구조가 시장에서 일어나고 있다.

결국 이는 단순한 금 시세의 문제가 아니다. 금융 통제 사회가 실물자산 시장까지 번지고 있다는 명확한 신호다. 중앙은행 디지털 화폐CBDC가 시행되기도 전에 이미 우리는 강력한 통제 안에 들어와 있다. 법정화폐가 디지털화되고, 중앙정부가 모든 흐름을 추적하는 사회에서 '익명성'이 있는 현금과 실물 금은 자연스레 감시의 대상이 될 수밖에 없다.

종로 금 시장은 점차 몰락할 가능성이 크다. 현금으로만 거래하던 시장이 통제의 틀 안에서 설 자리를 잃고 있다. 그동안 누군가는 여전히 "현금을 들고 종로로 가라."고 말하지만 과거의 유산일 뿐이다. 이제는 그렇게 말하는 사람들조차 현금을 뽑지 못하는 현실에 부딪치고 있다.

단지 금값의 오름과 내림이 아닌 금융 시스템의 구조적 전환이 시작되었고, 그 변화를 실물 금 시장이 가장 먼저 흡수하고 있다는 점을 경고하고 싶다. 지금은 단지 금을 살 시점이 아니라 그 금이 '어떤 자산이 되어 가고 있는가?'를 고민해야 할 때다. 그 금은 이제 단지 가격의 문제가 아니라 자유와 통제의 경계를 가르는 상징이 되어 가고 있다.

복잡한 경제 상황을 돌파하는 금 투자 전략

주식시장과 암호화폐 시장이 어려운 상황에 부딪치면서 안전자산인 금으로 자금이 몰리고, 국내 경제가 어려워지면서 금을 현금화하려는 수요가 증가하고 있다. 이렇게 복잡한 상황에서 투자자들은 다음과 같은 전략을 고려할 필요가 있다.

첫째, 분할 매수 전략이다. 금값이 사상 최고 수준에 근접했을 때 한 번에 대량으로 매입하기보다는 일정 기간에 걸쳐 분할 매수하는 것이 바람직하다. 금값은 하루이틀 사이에도 1~2%씩 변동할 수 있으며, 분할 매수를 하면 가격 변동에 따른 리스크를 줄일 수 있다.

둘째, 중매 거래를 활용한 매입이다. 중매 거래 시장에서 거래되는 금 시세는 일반적인 매매보다 저렴하게 형성되는 경우가 많다. 중매 거래는 기존 보유자가 직접 판매하는 방식이다. 구매자는 보다 낮은 가격으로 금을 확보할 수 있는 기회를 가질 수 있다.

셋째, 금과 환율의 관계를 고려한 투자다. 금값은 일반적으로 달러와 반비례로 움직일 때가 많다. 즉 달러 강세 시 금값이 하락하고, 달러 약세 시 금값이 상승하는 경향이 있다. 따라서 환율 변동성을 고려해 금을 매입하는 시점을 조정하면 보다 유리한 투자 결과를 얻을 수 있다.

금 시장은 중매 거래를 통한 거래가 점점 활성화되면서 실물 금 시세가 일반적인 매매가보다 낮게 형성되는 경향이 있다. 이를 적극적으로 활용하면 보다 합리적인 가격으로 금을 사고팔 수 있다. 특히 부가가치세가 포함된 일반적인 금 매입과 중매 거래를 통한 거래 사이의 가격 차이를 고려하여 전략적으로 접근하는 것이 중요하다. 단기적인 차익을 노리기보다는 장기적으로 볼 때 안전자산으로서 금의 가치를 이해하고 투자하는 것이 바람직하다.

가격 변동을 지나치게 신경 쓰기보다는 지속적으로 일정한 양을 매입하면서 자산 포트폴리오를 관리하는 것이 현명한 전략이다. 금은 단순한 투자 상품이 아니다. 경제위기와 인플레이션 속에서 자산 가치를 지키는 중요한 수단이라는 점을 기억해야 한다.

5장

절대
실패하지 않는
금 가격 읽기

01
금값은
유통 구조로 결정된다

**금 투자의 본질은
시세 흐름과 유통 구조에 대한 이해다**

금값은 글로벌 경제 상황과 달러 가치에 따라 변동성이 크다. 금을 사고팔 때는 매도와 매수 차이인 스프레드를 고려해야 하며, 시장 조정기에 매수와 매도 전략을 잘 세워야 한다.

금 투자자라면 누구나 한 번쯤은 이렇게 묻는다.

"지금 금을 사도 될까? 지금이 고점일까? 조정이 올까?"

이 질문에 대한 명쾌한 답은 사실 없다. 하지만 흐름을 읽고 구조를 이해하면 보다 현명한 선택을 할 수 있다. 예를 들어, 금 선물 일봉 차트에서 조정 구간에 진입한 것으로 보일 때가 있다. 만약 금요일에 고가 대비 2.55% 하락, 종가 기준으로 -1.81%로 마감되었다면 단기적으로 '장대음봉'이 출현한 조정 국면이라는 해석이 가능하다. 하지만 이런 움직임이 실물 금 가격에 곧장 반영되지는 않는다.

실물 금, 즉 골드바의 가격은 중매 거래를 통해 매매되는 경우 시세 변동이 크지 않다. 1~2% 정도 조정이 왔다고 해도 실제 시장에서는 체감할 정도로 가격이 내려가지 않는다. 이 점이 바로 금 ETF나 선물 시장과 금 투자의 가장 큰 차이다.

실물 금을 사고팔 때 왜 가격 차이가 많이 나는 걸까? 실물 금의 사고팔기에서는 '차익 실현'만큼 중요한 것이 매수와 매도의 기준 가격 차이다. 예를 들어, 한 고객이 위탁 매매를 통해 1kg 골드바를 1억 6,300만 원에 구입한 적이 있다. 이 가격은 1돈당 약 61만 1,251원이다. 그런데 이 고객이 다시 골드바를 판매할 경우 위탁 매매 시장에서 받을 수 있는 가격은 1억 5,949만 6,000원이다. 즉 1돈당 59만 8,111원이다. 1돈당 1만 3,140원가량 차이가 있다. 1kg이라면 약 350만 원의 차이가 발생한다.

같은 골드바라도 어디서 어떻게 사느냐에 따라 가격이 달라진다. 예를 들어, 위에 실제 거래가 이루어진 날 유명 브랜드 홈페이지에 고시된 골드바 1kg의 현금 구매가가 약 1억 8,200만 원이었다. 이 가격은 부가가치세 10%를 포함한 현금영수증 발행 가격이다. 반면, 중매 거래 방식으로 같은 1kg 골드바를 구매하면 앞서 본 것처럼 1

억 6,300만 원 수준으로 구매할 수 있다. 개인 간 중개 거래로 인해 부가가치세가 면제되고 유통 마진이 줄어들기 때문이다.

　이처럼 중매 거래는 실물 금 거래의 가격경쟁력을 높여 준다. 단순히 싼 가격에 사는 것을 넘어 다시 팔 때도 동일 시스템을 통해 거래하므로 매도와 매수 차이가 비교적 적고 투명하게 반영된다.

　금 투자는 시세만 보지 말고 구조를 이해해야 한다. 많은 사람이 단순히 "오늘 금값이 내렸네.", "뉴스 보니까 금이 올랐대."라는 정보에만 의존해 매매를 판단한다. 하지만 실물 금 투자의 본질은 '시세 흐름 + 유통 구조'에 대한 이해다. 같은 골드바도 '현금 구매가'와 '위탁 매매가'는 kg당 2,000만 원 가까이 차이가 날 수 있다. 또 실물 매도 시에도 판매처와 거래 방식에 따라 1돈당 수천 원의 차이가 발생한다. 그리고 시세는 단기 조정을 받을 수 있으나, 실물 가격은 안정적으로 유지되거나 더딘 속도로 반응한다. 즉 가격 차이는 단순히 '금값' 때문이 아니라 '매입 구조, 세금, 수수료, 유통망'에 의해 결정된다. 이것이 실물 금 투자에서 반드시 알아야 할 핵심이다.

　만약 금을 1kg 샀다면 그 자체로 자산 투자의 시작이다. 하지만 어디서 어떤 방식으로 샀는지, 팔 때 어느 경로를 이용했는지 등의 요소가 수익률의 차이를 만든다. 예를 들어, 금값이 단기 조정 구간이라면, 지금은 오히려 실물 금을 분할 매입할 기회일 수 있다. 그리고 중매 거래를 활용하면 불필요한 세금과 마진을 줄이며 실물 금의 순수한 가치에 접근할 수 있다. 마지막으로 중요한 것은 '금값이 오르냐, 내리냐?'라는 것보다 '내가 금을 어떻게 사고, 어디에 보관하고,

어떻게 팔 것인가?'를 아는 것이다.

실물 금 투자는 정보 싸움이 아니다. 그보다 구조를 아는 사람과 모르는 사람의 차이가 자산 투자의 가치를 달리 만들 수 있다는 것을 알아야 한다.

구조를 이해하고 거래 시스템에 들어가라

부동산·주식·달러 투자 등 사람마다 자산을 굴리는 방식은 제각각이지만, 나는 실물 금과 은이야말로 '진짜 돈'이라고 믿는다. 그리고 그 진짜 돈을 어떻게 하면 가장 싸게 사고, 가장 비싸게 팔 수 있는지를 수년 동안 실전으로 보여 주었다. 이 말이 허무맹랑하게 들릴 수도 있다. "싸게 사서 비싸게 판다니, 누구나 하는 말 아니냐?"고 말이다. 하지만 조금만 구조를 이해하고 실전 매매 방식에 귀 기울이면 이것이 허황된 이야기가 아니라 명확한 전략임을 알게 된다.

정가보다 싸게 사서 정가보다 비싸게 팔 수 있는 방법이 있다. 내가 운영하는 중매 거래 시스템이 바로 그것이다. 기준 시세보다 싸게 매입이 가능하고, 반대로 기준 시세보다 조금 더 비싸게 매각할 수 있도록 구조화된 이 거래 방식은 단순하지만 강력하다. 바로 골드나라가 존재하는 이유다.

요즘은 많은 사람이 금과 은을 진짜 돈처럼 생각하며 꾸준히 사 모으고 있다. 한 달에 1돈씩, 혹은 10돈씩 자신이 감당할 수 있는 수준에서 계획적으로 접근한다. 누군가 "지금 금을 사도 될까요?"라고 물으면 나는 "지금 적금 들면 괜찮을까요?"라고 되묻는다. 금은 적금과 같다. 꾸준히 실천하는 것 자체가 중요하다.

단, 한 달에 1돈씩 사는 것도 좋지만 여유가 된다면 5돈씩 혹은 10돈씩 묶어서 사는 편이 수수료 면에서 유리하다. 공임이 상대적으로 저렴하기 때문이다. 아니면 오픈 채팅방에 들어와 있다가 '1돈 특가' 같은 좋은 매물이 올라올 때 타이밍 좋게 구입하는 것도 하나의 방법이다. 내가 운영하는 오픈 채팅방에는 실제로 실물 금과 은을 투자하는 사람이 많이 모여 있다.

이 채팅방은 단순한 자랑하는 공간이 아니다. "나는 100돈 있다.", "10돈 샀다.", "어디에서 싸게 샀다."는 식의 자랑이나 무분별한 정보 교류는 지양한다. 대신 경제 흐름을 함께 공부하고, 특가 제품이나 매각 타이밍 같은 실제적인 정보를 공유한다. 특히 내가 가끔 내놓는 '특가 금'은 정말 빠르게 거래된다. 좋은 가격에 좋은 금을 손에 넣고 싶은 사람이라면 이 방에서 얻는 정보만으로도 충분히 유용한 기회를 잡을 수 있다.

핵심은 간단하다. 실물 금을 싸게 사고 비싸게 팔고 싶다면 구조를 이해하고 시스템에 들어오는 것이다. 단지 싸고 비싸고의 문제가 아니다. 투명한 구조 속에서 실전 매매 경험을 쌓고, 흐름을 익히는 것이 중요하다. 그렇게 나와 함께, 혹은 이 시스템 안에서 진짜 돈이 무엇인지를 체감하게 될 것이다. 금은 단순한 사치품이 아니다. 위기에도, 평상시에도 든든한 자산이 되어 주는 오래도록 지켜볼 수 있는 가치를 품고 있다. 그리고 그 가치를 지키는 가장 현명한 길은 지금 실천하는 것에서부터 시작한다.

시장 유통가 기준은 공급 중심으로 움직인다

금값은 오르는데 왜 싸게 살 수 있을까? 이상한 금값의 비밀이 있다. 최근 금값이 오르고 있다는 뉴스가 쏟아졌다. 국제 금 시세는 하루에도 수십 달러씩 움직이며 고점을 연일 찍고 있다. 달러 강세와 인플레이션 우려 속에서 안전자산으로서의 금에 다시 주목하는 분위기다.

그런데 정작 국내에서 금을 사려는 사람들의 입장에서는 이상한 현상이 벌어지고 있다. 뉴스에서는 금값이 올랐다는데, 막상 내가 사려는 실물 골드바의 가격은 그대로거나 오히려 싸게 느껴지는 상황이 벌어진다. 어떻게 이런 일이 가능할까?

예전에 한 투자자가 5돈짜리 골드바를 구매하려고 홈페이지를 확인해 보니 기준가가 331만 4,000원이었다. 이는 공식 판매가로 부가가치세와 기본 수수료가 포함된 일반 소비자 대상 가격이다. 하지만 같은 시점에 골드나라 같은 위탁 플랫폼이나 직거래 시스템을 이용하면 301만 8,000원 선에서 동일한 골드바를 구매할 수 있었다. 무려 30만 원가량 차이가 났다. 이처럼 국제 금값은 분명 올랐는데, 실물 금의 구매가는 오히려 예전보다 저렴한 기현상이 나타난 것이다.

이런 가격 괴리는 왜 발생할까? 이 현상은 시장의 '수요·공급'과 '판매 구조'의 복합적인 결과다.

첫째, 국제 시세와 현물시장 간의 시차 때문이다. 국제 금값은 선물 시장을 중심으로 실시간 반영된다. 하지만 국내 실물 금 시장은 여전히 '재고 기반 판매'가 중심이다. 즉 해외에서 금값이 오르더라도 국내에서 유통되는 재고 물량이 소진되지 않으면 가격 반영이 더디게 나타난다.

둘째, 공급 과잉과 낮은 수요 때문이다. 최근 들어 경기가 어려워지면서 금값이 조금만 오르면 보유자들이 대거 매도에 나선다. 금값이 올랐다는 뉴스가 나오면 금을 사려는 사람보다 금값이 내리기 전에 팔아야겠다는 사람이 더 많아지는 구조가 되는 것이다. 공급이 많아졌지만 수요는 따라오지 못하면서 시장 내 물량이 넘치고, 실물 가격은 오히려 눌리는 결과가 나온다.

셋째, 비정상적인 가격 차이의 확산 때문이다. 예전에는 홈페이지 가격 대비 1~2% 정도 저렴한 수준으로 위탁 가격이 형성됐다. 그러나 최근에는 8~13%까지 괴리가 커졌다. 단순한 할인 수준이 아니라 시장 구조상 가격 왜곡 현상이 드러난 것이다.

이런 시기를 잘 이해하면 오히려 좋은 매수 기회로 활용할 수 있다. 국제 금값은 상승 흐름에 있고, 환율도 오르고 있으며, 중장기적으로 인플레이션 우려가 지속되는 상황이다. 그럼에도 실물 금의 판매가가 낮게 형성되어 있다면 이 괴리를 활용해 저가 매입을 노리는 전략도 가능하다.

반대로, 금을 팔려는 입장에서는 뉴스에서 떠드는 금값 상승과 달리 '생각보다 많이 안 오른 것 같다.'는 인상을 받을 수 있다. 이 역시 같은 구조 때문이다. 매수는 둔한데 매도는 급증한 상황이기 때문이다. 시장 내 유통가 기준은 '공급 중심'으로 움직일 수밖에 없다. 즉 시장이 오르기 시작하면 팔려는 사람이 많아지고, 사려는 수요는 뒤늦게 붙기 때문에 가격 상승이 더디게 반영되는 것이다.

실물 금은 하루이틀 보고 접근하는 자산이 아니다. 이런 현상을 보고 초조해할 필요는 없다. 비트코인이나 주식, 선물처럼 '오르면 팔고, 떨어지면 사고' 식의 민첩한 대응보다는 자산을 지키고 분산하고 축적하는 장기 전략의 일환으로 접근해야 한다. 실물 금은 언제든 현금화할 수 있고, 오랜 시간이 지날수록 가치를 상실하지 않는 물리적 자산이다. 다만, 단기적으로는 이런 수급 괴리와 유통 흐름의 영향을 받을 수 있다.

02
금값은
실제 거래 현장에서 결정된다

뉴스 속 금 가격이 아니라 실제 거래가가 중요하다

금과 관련한 뉴스를 보다 보면 금 가격이 급락했다는 내용이 나올 때가 있다. 예를 들어, 2022년 국제 금값이 1,836달러까지 내려간 적이 있다. 그보다 좀 앞선 시기에만 해도 1,950달러 근방까지 올랐던 것을 감안하면 상당한 하락 폭이다. 그런데 이상한 점이 있다. 국제 금 가격은 내려갔지만, 정작 개인 투자자들이 사는 '실물 금 가격'은 크게 내려가지 않았다. 왜 이런 차이가 발생하는 걸까?

우선 알아야 할 것은 언론에서 흔히 보는 '금값'은 대부분 국제 금 선물 가격이라는 점이다. 예를 들어, 미국 금 선물 시장에서 거래되는 가격이 1,836달러에서 1,862.8달러로 오르거나 내리는 식이다. 이는 시장에서의 '계약 가격'이고, 실제로 실물 금을 들고 매매하는 가격은 아니다.

실물 금 가격은 이 선물 가격을 바탕으로 움직인다. 하지만 반드시 같은 방향과 비율로 움직이지는 않는다. 세금, 수수료, 유통 마진, 현물 수급 상황 등 다양한 요소가 실물 금 가격에 영향을 주기 때문이다.

국제 금 가격이 하락세를 보였지만 국내에서 실물 금을 매수하려는 개인 투자자 입장에서 가격 변화가 거의 없는 이유는 여러 가지 구조적 요인 때문이다.

첫째, 금 거래소의 현물 공급가 조정이 느리다. 실물 금은 재고를 보유하고 판매하는 구조이기 때문에 국제 시세가 단기 급락하더라도 즉시 반영되지 않는다.

둘째, 소매 단위 가격은 중량에 따라 프리미엄이 붙는다. 예를 들어, 1돈짜리 골드바는 가공비, 포장비, 유통비가 포함되어 단가가 높다. 그리고 이런 요소들은 국제 금 가격이 소폭 하락했다고 해서 당장 줄어들지 않는다.

셋째, 부가가치세와 수수료가 포함된 소비자 판매가 기준이다. 금을 살 때 10% 부가가치세라는 소정의 유통 수수료가 붙기 때문에 국제 시세 하락 폭이 그만큼 차지하지 못하면 실질 매입가는 거의 유지된다.

이러한 요인들로 국제 금 가격은 내려갔는데 소비자가 금을 사는 가격은 거의 그대로인 현상이 발생하는 것이다.

 이런 시기는 오히려 실물 금에 접근하고자 하는 투자자에게는 기회일 수 있다. 국제 금 가격이 떨어졌지만, 매입가는 안정적인 상태를 유지하고 있기 때문에 가격 급등기보다 심리적 부담이 덜하다. 게다가 향후 다시 반등할 여지를 고려할 때 '오르기 전의 적절한 시점'으로 볼 수 있다.

 특히 골드바 등 실물 금을 중매 거래를 통해 거래할 경우 더 유리한 가격으로 거래할 수 있다. 중매 거래는 매도 고객의 금, 은 제품을 매수 고객에게 연결해 주는 방식이다. 일반적인 매장가보다 더 저렴한 가격에 금을 살 수 있는 장점이 있다.

 중매 매매를 이용하는 방법을 알아보자. 먼저 매매 사이트에 접속하면 현재 거래할 수 있는 금 제품들이 실시간으로 업데이트되는 것을 확인할 수 있다. 수량과 가격이 공개되어 있고, 클릭하면 단가와 총액을 확인할 수 있다. 상품 개수가 한정되어 있기 때문에 관심 있는 제품이 있다면 곧바로 전화로 문의하면 된다. 대량 거래 또는 맞춤 상담은 전화로 요청하는 게 좋다. 사이트에 등록된 수량 이상으로 구매를 원하거나, 직접 상담을 원하면 주저하지 말고 전화로 안내받는 게 낫다. 실제로 최근에는 사이트 하루 방문자 수가 1만 명에 육박할 정도로 이용자 수가 늘어나고 있다. 그만큼 개인 투자자들이 실물 금에 대한 접근성을 높이고 있다는 신호다.

 금값 관련 뉴스는 매일 쏟아진다. 달러가 강세를 보이면 금값이 떨어지고, 인플레이션이 심해지면 다시 오른다. 하지만 정작 중요한 것은 '뉴스 속 금 가격'이 아니라 '내가 실제로 살 때의 가격'이다.

실물 금은 국제 시세에 연동되기도 하지만, 그 움직임이 즉각적이지 않다. 그리고 구매 방식에 따라 실제 가격은 천차만별이다. 현금 구매가, 매장 방문가, 위탁 매매가 등이 모두 다르다. 이런 다양한 루트를 통해 거래되는 실물 금은 결국 투자자가 얼마나 정보에 민감하고, 잘 활용하느냐에 따라 수익 구조가 달라진다.

금 선물 가격이 요동치지만 실물 금 가격은 상대적으로 안정적인 시기야말로 금 투자의 '연습'과 '입문'에 가장 좋은 타이밍이다.

한국의 금값은 어떻게 결정될까?

누군가가 이런 질문을 했다.

"도대체 금값은 어디서 정하나요?"

오전 10시에 나오는 금값이 어떻게 결정되는지 궁금하다는 것이다. 금에 관심 있는 사람이라면 한 번쯤 가져 봤을 궁금증일 테다. 금은 주식처럼 거래소가 실시간으로 공시하는 자산이 아니기 때문에 시세가 어떻게, 누구에 의해 결정되는지 모호하게 느껴질 수 있다. 하지만 실제로 한국에서 실물 금의 가격이 결정되는 구조는 '국제 금 시세 + 환율 + 실물 유동 수급'이라는 명확한 수식 위에 작동한다. 다만, 그 과정을 이루는 도매업자들의 실질적인 거래와 수요 공급의 즉각적 반응이 금값에 영향을 미치는 방식은 꽤 역동적이고 인간미가 느껴진다.

한국의 금 시세는 매일 아침 국제 금 선물 가격, 보통 미국 COMAX 기준과 원-달러 환율을 기반으로 '자료 금 시세'가 정해진다. 여기에 부가가치세 10%가 더해져 실제 소비자가 지불하는 최종 금액이 계산된다. 예를 들어, 국제 시세가 1oz당 3,500달러이고 환율이 1,390원이라면, 이를 g당 단가로 환산한 뒤 부가가치세를 포함해 기본적인 유통 시세의 기준점이 형성된다. 하지만 이는 어디까지나 '이론적 기준'일 뿐이다. 실제 시장에서는 이 가격과 거래되는 현실적 가격 사이에 차이가 발생한다. 바로 여기에 도매상의 역할과 실수요의 즉각적인 반응이 개입된다.

국내 금값은 일부 거대 유통업체, 도매상 그리고 대량 매입과 매도를 하는 '큰손'들의 활동에 따라 실시간으로 움직인다. 이들은 수십~수백kg 단위로 실물을 거래하는 유통 주체들로서 하루에도 여러 차례 시세를 변동시키는 실질적인 시장 플레이어다. 예를 들어, A 유통업체가 당일 100kg 규모의 매수를 요청하면 보유 물량이 빠르게 줄어들며 시세가 올라간다. 반대로 누군가 대량으로 매도 주문을 넣으면 시세는 조정된다. 이러한 수급 상황이 도매 단가의 실질 변동을 만들고, 이 단가가 소비자 금액에 영향을 미친다.

오전 10시 무렵에 매일 금값이 정해지는 이유도 여기에 있다. 도매상 간 실물 수요와 공급 거래가 아침에 마무리되며, 각 지점이나 금 거래소 등 플랫폼에서 일괄적으로 업데이트가 되기 때문이다.

금 시장은 각 업체들이 자사 재고와 공급 수요에 따라 자동으로 반응하는 '체결 주도 시장'에 가깝다. 예를 들어, 특정 시점에 실버바에 대한 수요가 폭발하면 다음 날 아침 중매 거래 가격이 자동으로 올라간다. 실제로 전날 실버 시세가 6.5% 올랐지만 중매자가 단가를 고작 1.5%만 인상하자 1시간 만에 모든 물량이 다 팔린 적도 있었다. 시장은 바로 반응하고, 그 반응이 곧 시세로 환산되는 것이다.

중매 거래는 말 그대로 파는 사람과 사는 사람 사이를 중개하여 가격을 정하는 거래 방식이다. 이 방식에서는 단가 흥정이 어렵다. 구매자가 "좀 깎아 주세요." 하면 판매자에게 따로 연락해 조율해야 한다. 이는 거래 속도를 느리게 만든다. 그래서 중매자는 일반적으로 정해진 단가로 투명하게 거래하려고 한다.

실물 거래에는 운송과 보관 문제도 함께 따른다. 보관 수수료가 발생하는 경우가 많기 때문에 장기 보유를 원한다면 보관 서비스 또는 실물 인출을 병행하는 전략이 요구된다. 특히 발렉스 택배처럼 고가 금속 운송에 특화된 방식을 사용하면 안전하지만 비용이 추가된다.

사실상 금의 절대 가치는 오랜 기간 큰 변동이 없다. 금값은 '그 자리'에 있고, 화폐가 움직이는 것이다. 즉 금값이 움직이는 게 아니라 화폐 가치가 떨어지는 것이다. 금은 산화되지 않고, 소멸되지 않으며, 물리적으로 동일한 속성을 유지한다. 반면, 화폐는 인플레이션과 통화량 증가로 인해 지속적으로 구매력이 하락한다. 금값이 오르는 게 아니라 화폐로 살 수 있는 금의 양이 줄어드는 것이 현실이다.

금값이 올랐다는데 팔 때 반영되지 않는 이유

2023년 3월 국내 금 시장에 특이한 장면이 펼쳐졌다. 골드나라 홈페이지 기준 1kg 골드바의 가격이 드디어 9,000만 원을 돌파했는데 실제 시장 반응은 놀랍도록 조용했기 때문이다. 매수세와 매도세, 국제 금 시세와 국내 시세, 소비자 매입가와 위탁 매도 호가 사이에서 복잡하게 얽힌 '금값의 역설'이 현실에서 일어난 것이다.

1kg 골드바가 9,000만 원을 넘긴 것은 단순히 시세가 올랐다는 의미를 넘어선다. 이 가격은 2022년 겨울 환율 급등기 당시 최고점(9,100만 원대)과 거의 비슷한 수준이다. 하지만 이번 상승은 국제 금 시세 자체의 급등보다는 환율(1,300원 이상) 효과를 포함한 원화 환산 금값 상승에 기인한다. 예를 들어, 국제 시세가 1oz당 1,950달러 전후에서 움직이는데, 원-달러 환율이 1,300원을 상회하면서 원화 기준 금값이 급격히 상승한 것이다. 이처럼 시세는 뛰는데 실제 시장에서는 이를 충분히 체감하지 못하는 '비대칭 상승'이 벌어졌다.

당시 금값이 오르자 내가 운영하는 매장으로 매도 요청이 급증했다. 하루에만 100g, 1kg 골드바 포함 총 5kg 이상이 판매 의뢰로 들어왔다. 이는 '지금이 고점일 수 있으니 현금화하자.'는 생각과 자금 필요에 따라 가격보다 유동성을 우선시하는 매도자의 복합적인 심리를 보여 준다. 그런데 실제 거래 단가는 여전히 시세보다 낮게 형성되었다. 즉 팔고는 싶은데 비싸게 팔기 어려운 상황이었다. 역설적이지만 한때 한국 금 시장의 단면이다.

이상 현상의 핵심은 한국 국내 실물 금 유통 가격이 국제 시세를 따라가지 못하는 상황이라는 것이다. 예를 들어, 국제 시세와 환율을 감안하면 1kg 골드바의 적정가는 약 9,056만 원 선이지만, 실제 판매 중인 시세는 8,299만~8,569만 원 수준에서 형성된다. 무려 800만 원 가까이 저렴하게 살 수 있는 구조가 만들어진 것이다.

이로 인해 골드나라 등 중매 거래 플랫폼을 통해 비교적 저렴하게 매입하는 기회가 오히려 열려 있는 상황이 됐다. 금값이 오르는데도 체감 가격은 뒤처진 '기묘한 저가 매수의 타이밍'인 셈이다.

왜 이런 괴리가 생기는 걸까? 이는 실물 금 유통 시세의 특수한 구조 때문이다. 주로 현금 실물 거래에 기반하고 있으며, 골드나라 등의 중매 거래보다 느리게 반영되고, 수요 위축 시 더욱 낮게 형성되는 경향으로 이런 현상이 발생한다.

국제 시세가 상승하고 환율이 상승하면 이론적으로는 시세가 올라야 하지만 현금 기반 시장이 위축된 탓에 실거래가 상승 제한으로 이어져 결과적으로 '사이 가격'이 벌어지고 시장 유동성도 경직된 구조가 된다. 이런 구조에서 일반 매매자는 '금값이 올랐다는데 왜 팔 때는 이 가격밖에 안 돼?'라는 의문을 가질 수밖에 없다. 실제로는 국제 시세와 현금 거래 시장 간의 속도 차이와 심리적인 문제가 복합적으로 작용하는 것이다.

이 상황에서 중매 거래를 통한 매수가 '매우 저렴하게 느껴지는' 구조가 만들어진다. 하지만 주의할 점이 있다. 바로 이 가격은 공식 '정찰가'가 아닌 시장 유동성에 따라 개별적으로 형성된 실시간 가격이기 때문에 항상 거래가 가능한 것은 아니다. 수요가 몰리거나 재고가 소진되면 빠르게 가격이 올라가기도 한다. 그러나 분명한 것은 이러한 시세 구조에서는 고점에서조차 상대적으로 저렴한 매수가 가능한 희귀한 구간이라는 점이다. 다만, 이를 활용하기 위해서는 시장 흐름에 대한 빠른 이해와 지점별 실거래 정보를 정밀하게 파악하는 전략이 필요하다.

다시 되짚어 보면, 9,000만 원을 돌파한 골드바 시세는 분명 역사적 고점 근처다. 하지만 국내 시장에서는 여전히 이 가격을 충분히 반영하지 못했고, 수요와 매도 심리가 충돌하면서 매입자에게는 의외의 기회가 열려 있다. 이런 상황은 정점을 찍기 전의 마지막 분할 매수 타이밍이거나, 거래가 멈추기 전의 착시 구간일 수 있다. 어느 쪽이든 중요한 것은 가격보다 구조를 이해하고 전략적으로 움직이는 것이다.

03
제대로 알고 팔아야 손해 보지 않는다

금을 판매할 때 동네 금은방을 피해야 하는 이유

금 거래를 할 때 가장 흔한 실수 중 하나는 금을 금은방에 바로 파는 것이다. 금을 팔려고 하는 사람들은 즉시 현금을 원하기 때문에 서둘러 거래를 진행한다. 하지만 결과적으로 손해를 보는 경우가 많다. 단 몇 시간, 혹은 하루이틀만 여유를 두고 판매 전략을 세운다면 더욱 높은 가격에 금을 판매할 수 있는 기회가 생긴다. 그러나 대부분의 사람은 이러한 사실을 알아도 활용하지 않는다. 시장이 완벽하게 합리적인 시스템으로 작동하는 것이 아닌 데다 불필요한 조급함 때문에 더 낮은 가격에 금을 처분하는 실수를 범한다.

예를 들어, 100g의 골드바를 판매하려고 할 때 시장 가격으로 보면 2,300만 원대 후반에 거래할 수 있다. 이러한 상황에서는 적절한 가격을 기다리며 중매 매도를 할 경우 3~6% 이상의 추가 이익을 얻을 수 있지만, 대부분은 바로 처분하는 길을 택한다. 심지어 1억 원어치의 금을 판매하는 경우에도 동일하게 발생한다. 그러다가 몇백만 원 이상의 차익을 놓치는 결과를 초래한다. 이와 같은 실수를 방지하기 위해서는 금을 판매할 때 즉시 현금화하려는 조급함을 버려야 한다. 시장 흐름을 분석하며 최적의 가격을 기다리는 전략이 필요하다.

금을 판매할 때는 적절한 거래 방법을 활용해야 한다. 단순히 금은방에서 현장 거래를 진행하기보다는 중매 위탁 매매 시스템을 활용하면 보다 나은 가격을 받을 수 있다. 예를 들어, 10돈 단위로 거래하는 것이 유리할 수도 있으며, 시장의 가격 변동을 고려해 호가를 조금만 조정하면 더 높은 금액을 받을 수도 있다. 같은 금을 판매하더라도 시장 가격보다 1% 높은 가격에 팔게 되면, 10돈을 팔았을 때는 8~9만 원, 1억 원어치 금을 팔았을 때는 100만 원 이상의 차익을 얻을 수 있다.

금을 판매할 때는 금은방에 바로 가져가서 파는 것이 아니라 시간을 충분히 가지고 가격을 조정하며 최적의 판매 시점을 찾아야 한다. 정보를 활용하고 판매 전략을 영리하게 세운다면 같은 금을 보다 높은 가격에 판매할 수 있는 기회를 잡을 수 있다.

검증된 정보와 구조를 통해 계획적으로 준비하라

금 거래는 단순히 가격만 보고 결정할 일이 아니다. 실물 금을 싸게 사고, 좋은 제품을 골라서 현명하게 매매하려면 꼭 짚고 넘어가야 할 몇 가지 기본 원칙이 있다. 괜히 인터넷으로 어디서 들은 사이트를 따라가다가 터무니없는 가격에 물려 고생하지 말고, 의심이 가는 조건이라면 신중하게 검토해 볼 필요가 있다.

처음 금에 접근하는 사람이라면 매장 방문을 권한다. 몇백만 원, 몇천만 원, 많게는 몇억 원대 자산을 실물로 전환하려는 거라면 얼굴을 맞대고 확인하는 게 당연하지 않은가? 확인은 돈을 지키는 기본이다.

골드나라 홈페이지에 들어오면 매일 오전 10시 기준으로 베이스 프라이스가 업데이트된다. 그날의 시세에 맞춘 표준 가격이다. 구매자는 이 가격을 기준으로 제품을 보고, 판매자는 그보다 약간 낮은 가격으로 올리면 보다 빠르게 거래가 성사된다.

물론 분위기도 중요하다. 금값이 상승 흐름을 탈 때는 베이스 프라이스에 올려도 매매가 금방 이루어진다. 반면, 정체기라면 가격을 10만 원, 15만 원 정도 낮춰야 빨리 팔 수 있다. 하지만 설령 가격을 낮추더라도 일반적인 매장에 단순 매도로 내놓는 것보다 6~7% 이상 더 수익을 낼 수 있는 구조가 바로 중매 거래 시스템이다.

골드나라와 같은 플랫폼에는 다양한 제품이 실시간으로 올라온다. 예를 들어, 한국조폐공사 실버바가 285만 원에 나와 있는가 하면, 호주산 양 실버코인 10oz짜리, 쿠카부라, 필하모닉 은화 등 특색 있는 제품들도 가격대별로 다양하게 나와 있다. 어떤 것은 굉장히 저렴하게 나온 경우도 있고, 판매자가 약간 높은 가격으로 내놓은 경우도 있다. 그럴 때는 어떻게 해야 할까? 간단하다. 너무 비싸다고 생각되면 안 사면 된다. 실제로 처음에 내놓은 가격이 비싼 것으로 판단되면 판매자가 가격을 다시 낮춰 재등록하는 경우도 자주 있다.

반대로 묻지도 따지지도 않고 금세 사 가는 고객도 있다. 내가 제공하는 정보와 시세 감각을 익히 알고 있기 때문이다. 이분들은 가격이 합리적이라고 판단되면 고민하지 않는다. 오히려 빠르게 거래를 마치고 다음 기회를 기다린다.

중요한 건 골드나라에는 이 모든 정보를 실시간으로 접하고 판단할 수 있는 구조가 열려 있다는 점이다. 홈페이지에 들어오면 추천 상품, 특가 제품 등 여러 코너가 있다. 가격 비교는 물론이고, 제품 종류별 특성과 출처, 상태까지 꼼꼼히 확인할 수 있다. 상담이 필요하면 언제든 직원들과 통화로 확인할 수도 있다. 굳이 모험을 할 필요가 없다.

내 유튜브 영상을 몇 편 보고 골드바나 실버바를 준비해 실질적인 도움을 받았다는 분이 많다. 나는 이게 똑똑한 금 거래라고 생각한다. 단순히 가격만 쫓는 게 아니라 시스템을 이해하고, 합리적인 판단을 내리며, 실제로 더 좋은 조건을 잡아내는 투자 방식이다. 싸게 사고 비싸게 팔 수 있는 구조를 제대로 이해하고 있는 사람만이 가능한 일이다.

검증된 정보와 구조를 통해 계획적으로 준비할 것인가, 아니면 불분명한 경로로 불확실한 거래를 반복할 것인가? 금을 잘 사고 잘 팔고 싶다면 공부하고 접근해야 한다.

실물 기반 거래 생태계를 적극 활용하라

금 시세는 매일 변동하지만 그 흐름을 잘 읽고 구조를 이해하면 누구보다 싸게 사고 비싸게 팔 수 있다. 내가 운영하는 시스템이 바로 그런 구조다. 국제 금 시세를 바탕으로 실시간으로 업데이트되는 거래 플랫폼이다. 여기서 핵심은 '중매 거래'다. 고객이 보유한 금이나 은을 골드나라에 맡기면, 검수를 거쳐 사이트에 등록하고, 전국의 수많은 구매 희망자가 이를 실시간으로 확인하고 직접 거래에 나서는 구조다.

홈페이지에 들어오면 맨 처음 보게 되는 것이 베이스 프라이스다. 이건 매일 아침 기준 시세를 기반으로 설정한 참고 가격이다. 이를 중심으로 실제 거래 가격이 오르내린다. 뉴 어라이벌New Arrival 섹션에는 막 등록된 따끈한 실물 금·은 제품들이 올라온다. 고객이 이 가격을 보고 마음에 들면 골드나라 법인 계좌로 입금하고, 이후에 발렉스를 통한 배송 또는 매장 직접 방문을 통해 안전하게 실물을 수령하게 된다.

중요한 건 가격 결정 권한이 고객에게 있다는 점이다. 예를 들어,

100g짜리 골드바를 매도하고 싶다고 하자. 골드나라에서 제시한 기준 시세를 참고해 '나는 더 받고 싶다.'고 판단하면 그에 맞게 가격을 설정하면 된다. 만약 베이스 프라이스가 1,610만 원 정도라면, 누군가는 1,599만 원으로 낮춰 빨리 거래를 성사시키기도 하고, 누군가는 1,620만 원으로 높여 매물로 올린다. 이때 거래가 되면 2.15%의 수수료를 제외한 금액이 판매자에게 지급된다.

이 방식은 단순한 매도보다 더 합리적인 수익을 가져다줄 수 있다. 예를 들어, 일반 금은방에 팔았을 때 1,000만 원을 받는 제품이 이 중매 거래 시스템을 통해 1,040만 원, 심지어 1,050만 원 이상으로 팔릴 수 있다. 수수료를 빼더라도 4~5% 이상 이득을 챙길 수 있는 셈이다. 그래서 많은 사람이 중매 거래를 통해 자산을 현금화하고, 다시 금을 싸게 재구매하며 자산 운용의 선순환을 이어 가고 있다.

고객들은 스스로 가격을 정하고, 스스로 판단해 거래를 결정한다. 나는 그 중간에서 시스템을 안전하고 투명하게 유지하며, 수요자와 공급자를 연결하는 역할을 한다. 골드나라는 단순한 금 거래 사이트가 아니다. 똑똑한 투자자들이 가장 효율적으로 금을 사고팔 수 있는 실물 기반의 거래 생태계다.

이제 금은 단순히 저장 가치가 있는 자산을 넘어 잘 다루면 주식 못지않은 수익을 내는 수단이 되고 있다. 제대로 알면 싸게 사고, 잘만 활용하면 누구보다 비싸게 팔 수 있다. 그 중심에 골드나라가 있다. 조금만 공부하고 접근한다면 금 거래는 그 어떤 투자보다 안전하면서도 수익성 있는 선택이 될 수 있다.

04
순금 팔찌도 가치 투자다

순금 팔찌는 언제든지 유동화할 수 있는 실물자산이다

팔찌 하나 찼을 뿐인데 자산이 된다. 시간이 지나면 그 팔찌의 '멋'도 '가치'도 함께 오른다. 순금 팔찌는 그저 액세서리가 아니라 눈에 보이고 손목에 느껴지는 실물자산이다.

금은 '가장 오래된 미래의 자산'으로 불린다. 전쟁과 경제위기, 금융 불안정 속에서도 가치를 잃지 않는다. 시대를 넘어 살아남는 몇 안 되는 실물자산이다. 그중에서도 순금 팔찌는 금이 가진 본질적인 가치와 더불어 실용성과 심미성을 겸비한 독특한 것이다.

최근 글로벌 경제가 요동치고 있다. 미국 연준의 금리 인상 여부, 유럽 주요 나라의 경기침체 우려, 고조되는 지정학적 리스크와 함께 원-달러 환율이 급등하고 있다. '킹달러'가 모든 통화를 억누르는 가운데 실물자산에 대한 관심 역시 커지는 중이다. 특히 금은 인플레이션 헤지 수단으로, 또는 환율 급변기 속에서 상대적 가치를 보존할 수 있는 자산으로 다시 주목받고 있다.

이런 흐름에서 순금 팔찌는 흥미로운 투자와 소비 접점을 형성한다. 실물 금의 핵심 기능인 '보관 가치'에다 일상에서 직접 착용하고 누릴 수 있는 '체감 자산'의 성격까지 갖고 있기 때문이다. 순금 팔찌는 단지 금고에 넣어 두는 자산이 아니라 몸에 지니고 다니며 스스로를 드러내는 동시에 언제든지 유동화할 수 있는 실물자산이다.

순금 팔찌는 크기와 중량에 따라 존재감이 확연히 달라진다. 예를 들어, 10돈, 20돈, 30돈, 50돈, 100돈까지 단계적으로 착용해 보면, 체감 무게뿐만 아니라 시각적 인상도 극적으로 변화한다. 무게가 곧 가치인 실물 금의 특성상 착용만으로도 일정한 '보유감'을 느낄 수 있다. 특히 50돈, 100돈 단위로 넘어가면 팔목이 무거워질 정도의 물성이 발생한다. 그것은 금의 심리적 신뢰를 현실로 끌어내는 힘이 된다.

팔찌에는 보통 18K 잠금 장식이 별도로 포함된다. 이 장식의 무게는 평균 0.6돈에서 3.8돈까지 다양하며, 제품에 따라 총중량과 가격이 달라진다. 소비자는 순금 자체뿐 아니라 세공 방식과 장식의 정교함까지 함께 고려해야 한다. 최근에는 기계 커팅 방식으로 제작된 미라클 체인 스타일이 정교하고 고급스러운 느낌을 준다. 수공비는 제품의 가치와 직결된다.

금값이 오르면 순금 팔찌의 가격도 오른다. 그러나 그것은 단순한 시세 상승과는 성격이 다르다. 순금 팔찌는 착용하면서 가격이 오르는 자산이라는 점에서 특이하다. 팔찌를 차고 일상생활을 하다가 몇 년 뒤 금값이 상승하면, 그 팔찌는 착용한 그대로 '상승한 가치'를 갖게 된다.

이러한 '체화된 수익'은 은행 예금처럼 숫자로 찍히지 않지만 위기 상황에서 진가를 드러낸다. 실제로 순금 팔찌는 언제든지 매입가 기준으로 현금화가 가능하다. 특히 함량이 높고 디자인이 예쁜 제품일수록 감가상각 없이 유통이 유지된다. 순금 팔찌는 착용 가능성과 환금 가능성을 동시에 가진 자산이다.

순금 팔찌는 하나의 소비 행위인 동시에 전략적 자산 배분 행위이기도 하다. 순금 팔찌 구매는 단순히 외형을 위해 돈을 쓰는 것이 아니라 가치 있는 실물을 눈에 보이는 방식으로 보관하는 일이다. 경제적으로 여유가 있을 때 순금 제품을 하나씩 갖춰 가는 일은 금융자산과 실물자산을 연결하는 생활 전략이 된다.

특히 수공비를 아끼지 않고 세련되게 제작한 팔찌는 일상에서 자산의 존재감을 유지하는 도구가 된다. 그것은 사치의 표식이 아니라 불확실한 시대를 살아가는 사람의 실용적 자산 관리 철학일 수 있다. 실제로 은퇴자나 고령층, 자영업자 중에는 순금 팔찌나 목걸이

● 100돈 순금 팔찌 ●

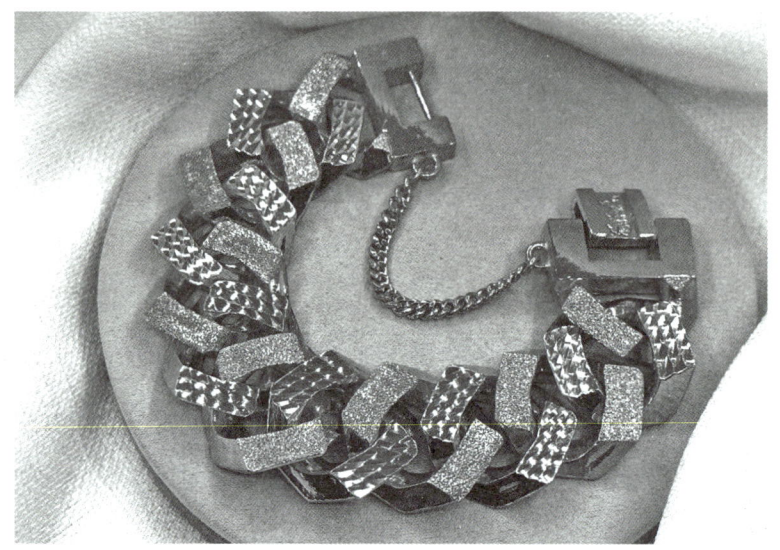

를 휴대할 수 있는 재산으로 소장하는 사람이 많다.

순금 팔찌는 눈에 보이는 자산이며, 손목에 체감되는 가치다. 순금 팔찌 구매는 착용감, 실용성, 자산성이라는 3가지 요소가 결합된 독특한 금 투자 방식이다. 단지 멋의 표현이 아니라 위기 시대에 자산을 보존하고 이동하며 누릴 수 있는 생활 속의 안전자산이다.

경제가 불안한 지금, 순금 팔찌는 단순한 소비를 넘어 금의 시대적 가치와 개인의 자산 감각이 만나는 접점이 된다. 팔찌를 차는 손목 위에는 금값만큼이나 무거운 '신뢰'가 함께 얹혀 있다.

순금 주얼리의 금값은
선택이지만 수공비는 전략이다

요즘처럼 금값이 고공행진을 이어 가는 시기에는 주얼리를 새로 맞추려는 사람들에게 예산이라는 현실적인 고민이 깊어진다. 특히 24K 순금으로 팔찌나 목걸이를 맞추려는 경우라면 금 자체의 무게도 중요하지만, 수공비와 디자인에 따라 가격 차이가 상당하기 때문에 어떤 방식으로 접근하느냐에 따라 최종 금액이 많이 달라진다.

한 고객이 35돈짜리 순금 팔찌를 맞추고 싶다며 문의를 했다. 이 고객은 단순히 시세에 맞춰 일반적인 경로로 구입하려는 것이 아니라 어떻게 하면 금값과 수공비를 아껴서 합리적인 조건으로 좋은 제품을 구할 수 있을지를 물었다. 이런 질문은 실물 금 시장을 제대로 이해한 소비자들이 점점 늘어나고 있음을 보여 준다.

먼저 추천할 수 있는 방법은 중매 거래를 통해 제품을 구입하는 것이다. 중매 거래란 개인이나 업체가 보유하고 있는 제품을 위탁 방식으로 판매하는 구조로 신제품에 비해 가격이 저렴할 뿐 아니라 상태가 좋은 제품도 많다. 당시 마침 한 지점에 35돈짜리 통금 체인 팔찌가 중매 거래 상품으로 등록돼 있었다. 99.9%의 제품으로 광택과 중량 모두 뛰어났고, 일반 소비자가격에 비해 훨씬 저렴하게 구입할 수 있는 기회였다.

이런 제품들은 한 번 착용했다가 다시 중고로 판매되는 경우가 많지만, 볼 체인기에 한 번 돌리는 것만으로도 새것처럼 반짝이는 상태가 된다. 순금은 스크래치나 광택 손실에 대한 내구성이 높고, 18K 제품처럼 표면을 깎아 내야 하는 번거로움이 없다. 따라서 실사용에 문제가 없는 한 중매 거래 제품도 훌륭한 선택이 될 수 있다.

수공비를 줄이는 방법도 중요하다. 골드바를 중매 거래로 미리 확보한 후 공임비만 따로 계좌 이체로 지불하는 방식이 가장 저렴하다. 주얼리 공임은 디자인에 따라 달라지는데, 일반적인 체인류, 예를 들어, 로콤 체인이나 팔각 체인은 비교적 낮은 편이다. 반면, 미라클 체인처럼 금속을 정교하게 가공해야 하는 디자인은 공임도 비싸고, '해리'라고 불리는 중량 오차에 따른 금 추가 비용이 붙는다.

예를 들어, 30돈을 맞춘다면 미라클 체인의 경우 금 중량은 30.3돈 정도가 필요하고, 수공비까지 더하면 최종 가격이 꽤 올라간다. 반면, 로콤 체인은 상대적으로 가공비가 낮고, 해리 비용을 받지 않기 때문에 금 중량만으로 가격을 맞출 수 있다. 또한 종로 금 유통의 90% 이상을 차지하는 대형 주얼리 제작 공장에서 만든 제품이라면 품질 면에서도 충분히 만족할 수 있다.

맞춤 제작 시 기간도 고려해야 한다. 주로 2~3주 정도 소요되는데, 주 5일 혹은 주 4일 근무 체제로 운영하는 공장이 많기 때문에 제작 일정은 상황에 따라 다소 늘어날 수 있다. 특히 주문이 몰리는 시즌이라면 추가 시간이 필요할 수 있다. 이 때문에 주문할 때 제품 검수와 착용 테스트 시간까지 포함해 조금 여유 있게 계획하는 것이 좋다.

종합하자면, 순금 주얼리를 저렴하게 맞추고 싶다면 중매 거래를 활용하여 금값을 아끼고, 공임은 직접 이체하는 방식으로 따로 처리하며, 실용적인 디자인을 선택해 해리 비용을 줄이는 것이 핵심이다. 여기에 제작 기간과 착용 감각까지 고려한다면 고가의 주얼리를 보다 합리적으로 준비할 수 있다. 요즘 같은 고금리·고금값 시대에야말로 소비자는 더욱 똑똑해질 필요가 있다. 금값은 선택이지만 수공비는 전략이다. 내가 운영하는 골드나라에서도 순금 목걸이, 순금 반지, 순금 펜던트 등 다양한 주얼리를 만든다. 철저한 함량 검사를 통해 99.9%의 제품을 유통하고 있다.

6장

절대 실패하지 않는 실물 금·은 보관법

01
자산의 가치는
보관에서 결정된다

골드바와 실버바를 보관하는 방법

실물 금과 은은 부식이나 변색을 방지하기 위해 적절한 환경에서 보관해야 한다. 금과 은에 투자하면서 실물 보관에 어려움을 느끼는 경우가 많다. 특히 처음 금을 구매하는 사람은 '집에서 어떻게 보관해야 할까?'라는 현실적인 고민에 직면하게 된다. 게다가 실버바는 무게가 많이 나가서 운반할 때도 많은 주의가 필요하다.

한 고객은 실버바 36개를 김치통에 넣어 밀봉한 상태로 보관해 왔다. 실버바를 꺼내 보니 보관 상태가 매우 양호했다. 3~4년 보관했는데도 변색 없이 좋은 상태를 유지했다. 이처럼 김치통을 활용해 보관하는 경우가 많은데, 보관 효율이 뛰어난 편이라 할 수 있다.

만약 집에서 안전하게 보관하고 싶다면 금고를 사용하는 게 좋다. 예를 들어, 180kg 이상의 대형 금고를 사용하는 것이다. 너무 무겁지 않은가 생각할 수 있지만 아파트의 경우 이 정도의 하중은 감당할 수 있다. 금고에 안전하게 골드바나 실버바를 채워 두는 방식이 가장 좋다. 화재나 도난으로부터도 안전하게 보호할 수 있다.

간혹 땅에 묻는 방식으로 보관하는 사람도 있다. 비닐팩 같은 것에 골드바나 실버바를 넣어서 땅에 묻는데, 그리 좋은 방법은 아니다. 실제로 1kg 골드바를 땅에 묻었다가 꺼내 보니 습기와 외부 오염 등으로 인해 보관 상태가 그리 좋지 않았다.

금값이 안정적인 시기에는 아무래도 보관 상태가 좋지 않으면 흠이 될 수 있다. 금과 은의 거래가 활발하지 않은 시기에는 브랜드와 외형 상태가 중요한 요소로 작용한다. 이런 때에는 한국조폐공사 오롯 골드바, LS 골드바, 골드나라 아우라 골드바와 같은 신뢰받는 브랜드 제품은 높은 가격을 받을 수 있다. 특히 깔끔하고 변색이 없는 제품이 선호된다.

하지만 금값이 폭등할 때는 보관 상태를 트집 잡는 경우가 거의 없다. 브랜드보다 순도, 예를 들어, 포 나인(4N, 99.99%)과 실물 유무가 더 중요한 요소가 된다. 이럴 때는 변색이 있더라도 거래가 빠르게 이루어지고, 브랜드 인지도가 낮은 제품도 활발히 유통된다.

자신의 집에서 보관이 어려운 상황이라면 전문 보관 서비스를 이

● **시중 유통 실버바** ●

● **변색된 실버바** ●

용할 수도 있다. 일부 금 거래 업체에서는 저렴한 수수료로 실물 금과 은을 안전하게 보관해 주기도 한다. 보관증도 함께 제공하여 고객의 자산을 보호할 수 있는 신뢰 기반의 시스템이 구축되어 있다.

금과 은은 단순한 투자 수단이 아니라 장기적인 자산 보호 수단이다. 따라서 구매 이후의 보관 전략도 매우 중요하다. 어렵게 구입한 금과 은을 잘못 보관해서 가치를 떨어뜨려서는 안 되지 않겠는가. 자신의 상황에 맞춰 밀봉이 잘되는 김치통에 넣든, 대형 금고에 넣든, 전문 보관 서비스를 이용하든 실물자산을 안전하고 효율적으로 관리해야 한다.

실버바는 전문 보관 서비스를 이용하라

당연한 말이겠지만, 귀중한 자산을 잘 보관하는 것도 재테크이다. 만약 자산 상태가 변질되어 보관된다면 가치가 떨어질 수 있기 때문이다. 실버바도 마찬가지다. 포장을 어떻게 하느냐에 따라 보관 상태가 달라질 수 있고, 거래할 때 가치가 떨어지기도 한다. 이렇게 되면 거래 신뢰성에도 좋지 않은 영향을 줄 수 있다.

　실버바를 보관하는 데 어려움을 겪는다면 전문 서비스를 받는 게 좋다. 철저한 관리와 보관을 통해 제품의 가치가 유지되도록 한다. 예를 들어, '007가방'이라 불리는 튼튼한 박스에 정밀하게 포장하는 서비스가 있는데, 비닐로 개별 포장하고 방습제인 실리카겔 또는 산소흡수제를 함께 동봉하여 황화를 방지한다. 또 내부 공기를 차단하는 방식으로 포장하여 장기 보관에도 변색을 최소화한다. 이런 포장 방식은 새 제품뿐만 아니라 고객이 위탁 매매를 통해 판매하는 중고 실버바에도 동일하게 적용된다.

　최근 캐나다 메이플, 미국 이글 등 다양한 국가의 은화에 대한 수요가 급증하고 있다. 이들 제품은 프리미엄이 높게 형성되어 있으며, 실물자산으로의 가치가 크기 때문에 보관할 때도 신중한 관리가 필요하다. 이런 은화들도 새 제품은 밀봉 상태로 제공되는데, 보관 시 변색이나 훼손을 막기 위한 방안을 마련해야 한다.

　한 고객이 실버바 60개를 직접 들고 매장을 방문한 적이 있다. 몇 년 전에 실버바를 구입해 집에 보관하고 있다가 아파트 분양 잔금을 치르기 위해 처분하려고 한 것이다. 60kg 정도 되는 실버바는 개인이 혼자서 운반하기가 쉽지 않다. 그 고객은 실버바를 운반하는 동안 힘들어서 몸살이 다 났다면서 "차라리 맡겨 놓을 걸 그랬다."고 후회했다.

　이런 일을 겪지 않으려면 구매한 귀금속을 처음부터 안전한 장소에 보관하는 게 현명하다. 집에 두면 도난이나 화재 등 여러 위험이 따르고, 직접 가지고 옮기다가 분실할 수도 있다. 전문 업체들은 금고 시설이 구비된 매장이나 별도의 전용 금고에 귀금속을 안전하게 보관해 준다. 보관 서비스는 당연히 금과 은 모두 이용할 수 있다. 특히 부피가 커서 보관이 까다로운 실버바를 맡기는 고객이 많다.

　이러한 전문 보관 서비스는 무료로 제공되는 경우도 많으므로 안전하고 비용이 들지 않는 보관 서비스를 적극적으로 이용하는 걸 권장한다. 구매한 귀금속을 맡겨 두었다가 필요한 시점에 편리하게 찾을 수도 있고, 귀중한 자산을 안전하게 보호할 수 있다.

02
저평가된 은 투자에 숨은 기회가 있다

숨은 자산가치인 실버바에 주목하라

대체로 금값이 상승한 후에는 은값이 뒤따라 오르는 경향이 있다. 금과 은은 상관관계를 가지고 있으며, 은의 산업적 수요가 증가하면서 투자 가치도 주목받고 있다. 그래서 금값이 고점을 형성하고 있을 때 상대적으로 저평가된 은에 주목할 필요가 있다. 금값이 치솟은 것에 비해 은값은 아직 상대적으로 낮을 때가 매수 타이밍이다. 실물 은은 시간이 지나며 공급 부족 현상이 나타날 가능성이 커서 매수 타이밍 포착이 중요하다.

중매 위탁 매매 은을 구매할 때는 제품 유형에 따라 고려할 것이 있다. 먼저 소량 매수 가능량이다. 예를 들어, 5~10kg 정도의 물량은 수수료를 포함해도 가격 경쟁력이 뛰어나다. 그다음은 대량 매수 제한이다. 100kg 이상, 200~300kg 수준의 물량을 매수하려고 할 때는 대규모 매도 물량이 있어야 하므로 매도 물량이 나올 때까지 시간이 다소 소요된다.

중고가 아닌 새 제품 기준으로 구매할 때도 잘 살펴봐야 한다. 중매 위탁 매물이라도 일부는 새 제품일 수 있다. 정식 매입가보다 저렴하게 거래되는 경우가 많아 새 제품 수준의 품질을 합리적인 가격에 확보할 수 있다.

실버바 외에도 캐나다 메이플이나 미국 이글 등 은화류에 대한 수요도 꾸준히 증가하고 있다. 이때 가격을 면밀하게 비교해 보고 매수에 나서야 한다. 예를 들어, 미개봉 상태의 25oz 메이플 튜브가 거래될 경우 타사 대비 경쟁력 있는 수준의 가격인지 반드시 확인해야 한다. 실물 은화는 수집성과 희소성을 겸비해 장기 투자 대상으로도 주목받기 때문에 자산 포트폴리오로 관리할 필요가 있다.

한국에서 가장 인기 있는 은화는 미국 조폐국에서 발행한 이글 은화, 캐나다 조폐국에서 발행한 메이플 은화 등이 있다. 실버바나 그래뉼보다는 프리미엄이 붙어서 거래되지만 되팔 때도 더 높은 금액을 받을 수 있다. 이글 은화는 은 함량이 999, 즉 99.9% 이상이고, 메이플 은화는 은 함량이 9999, 즉 99.99% 이상의 고순도이지만 패권국인 미국 이글 은화가 프리미엄이 더 높게 거래된다.

실물 은은 금보다 저렴한 가격에 실물자산을 확보할 수 있는 현실적인 대안이다. 시세가 저평가된 시점에는 분할 매수 전략으로 접근하고, 중매 거래 플랫폼을 활용해 효율적인 거래를 한다면 미래 자산 방어에 효과적인 실물 포트폴리오를 구성할 수 있다. 정보가 분산된 시장에서 실물 은의 가격과 공급 현황을 지속적으로 주시하고, 매입 타이밍을 선점해야 장기적인 수익을 높일 수 있다.

은화는 관리가 필요한 자산이다

은화는 오랜 시간 보관하거나 공기와 접촉하면서 쉽게 변색될 수 있다. 특히 1oz 메이플 은화 같은 고순도 실버 코인은 황화 현상에 매우 민감하다. 은은 물리적 특성상 공기 중에 있는 황과 반응하면 색이 변하는 특징이 있다. 몇 년만 지나도 은색 광택 대신 갈색 혹은 검푸른 빛이 돌기 시작한다. 은화가 변색되면 '아, 이건 이제 가치가 떨어졌겠구나.'라고 생각할 수 있지만 사실 은화의 가치는 금속 함량과 무게에 달려 있어서 외형과 무관하게 본질적 가치는 변하지 않는다.

그럼에도 많은 투자자와 수집가들은 원래의 은색 광택을 되살리려는 시도를 멈추지 않는다. 은화가 변색되면 내가 투자한 자산이 훼손되는 듯해서 영 찝찝하고, 보기 좋은 떡이 먹기 좋다는 말처럼 은화의 가치를 더욱 돋보이게 하기 위해서이다. 변색된 은화를 원래 상태로 복구하는 방법은 없을까?

몇 년 전에 구매한 뒤 한꺼번에 보관해 둔 2019년산 메이플 은화를 꺼내 보았다. 몇 개는 황화가 심각하게 진행되어 색이 완전히 변했고, 일부는 가장자리만 색이 바랬다. 광택이 남아 있는 은화도 몇 개 있었다. 그것들을 최대한 복원하고자 세척 실험을 했다.

먼저 실버 클리너로 알려진 전문적인 은 세척제를 사용했다. 실버 전용 클리너로 테스트했는데, 심하게 변색된 은화를 먼저 클리너에 담근 후 변화를 관찰했다. 세척 용액에 은화를 담그고 약 5분이 지나자 일부 은화는 원래의 색으로 돌아오는 듯했다. 심하게 변색되었던 은화 중 일부는 여전히 변색이 남아 있었지만, 덜 심한 경우에는 눈에 띌 정도로 좋아졌다. 단, 변색이 심한 경우에는 아무리 세척해도 본래의 색을 찾기 어려웠다.

세척 과정에서 흰색 부유물이 용액 위로 떠오르기도 했다. 이는 은화 표면에서 떨어져 나온 산화물일 가능성이 높았다. 세척이 어느 정도 완료된 은화들은 다시 맑은 물에 담가서 잔여 화학물질을 씻어 내는 작업을 했다.

예전에도 비슷한 사례로 은 공예품을 만드는 공장에 연락해 심하게 변색된 은 제품을 전문적으로 세척하려 한 적이 있었다. 그런데 당시 세척 과정에서 발생하는 스크래치와 비용이 만만치 않았다. 그래서 개인이 할 수 있는 방법을 찾아 화학 용액을 이용해 주의를 기울여 변색된 은화를 복구해 본 것이다.

변색된 은화는 일정 부분 원래의 색을 되찾을 수 있다. 그러나 완전한 복원을 기대하긴 어렵고, 화학 세척이나 기계적 세척은 오히려 흠집을 유발하거나 장기적으로 은화의 외형에 손상을 줄 수 있다. 따라서 은화 보관 시에는 처음부터 산화 방지 포장을 하고, 습기와 공기 접촉을 최소화하는 것이 가장 좋다.

광택을 잃은 은화도 본질적 가치는 여전하다. 하지만 수집가나 투자자 입장에서 '외형이 깔끔한 은화'가 더 높은 거래가를 형성한다는 점은 분명히 기억해야 할 사실이다. 은화는 단순한 금속이 아니라 시간과 함께 관리가 필요한 자산이다.

프리미엄 금화와 은화에 투자하라

미국 조폐국이 발행하는 이글 시리즈는 세계에서 가장 인기 있는 금화이자 은화로 꼽힌다. 수집가와 투자자 모두에게 매력적인 이 제품이 주목받는 이유는 단순히 금 함량이나 디자인 때문만은 아니다. '프리미엄'이라는 독특한 가격 구조와 밀접한 관련이 있다.

프리미엄이란 쉽게 말해 금이나 은의 현물 가격에 추가로 붙는 비용을 말한다. 이 비용은 제조 원가, 유통 마진, 수요와 공급, 해당 제품의 희소성 등에 따라 달라진다. 예를 들어, 골드바를 살 경우 100만 원이라면 금화를 살 경우 105만 원 이상을 내야 한다. 여기서 그 차액이 바로 프리미엄이다. 그런데 이 프리미엄이 제품별로 천차만별이다. 특히 미국 이글 시리즈는 프리미엄이 높은 대표적 사례다.

미국 이글 금화는 현물가에 약 4%의 프리미엄이 붙는다. 반면, 같은 무게의 1kg 골드바는 1돈당 단가가 훨씬 저렴하며, 대량 거래가 가능한 구조여서 프리미엄이 극히 낮다. 미국 이글 은화는 그보다 더하다. 프리미엄은 시장 상황에 따라 다르게 형성되지만 은화의 프리미엄은 무려 20%에 달하기도 한다. 캐나다 메이플 은화는 약 16%이고, 일반 라운드 형태의 은화는 이보다 더 낮은 수준이다. 결국 같은 무게의 금화나 은화라도 브랜드, 디자인, 희소성, 발행 주체에 따라 프리미엄이 차등적으로 책정되는 것이다.

그렇다면 이러한 프리미엄은 어떻게 결정되는가?

첫째, 수요와 공급의 원칙이다. 인기 있는 코인일수록 시장 수요가 많고 공급이 제한되어 있다면 프리미엄이 자연스럽게 높아진다. 예를 들어, 미국 이글 은화는 매년 발행량이 정해져 있고, 미국 조폐국이라는 안정성과 상징성을 갖고 있기 때문에 높은 프리미엄을 형성하는 것이다. 반면, 동일한 은 함량이라도 비주류 발행국에서 찍어 낸 은화는 프리미엄이 낮고, 심지어 현물가보다 낮은 경우도 있을 수 있다.

둘째, 구매 단위의 차이다. 1oz 금화 하나와 0.1oz짜리 금화 10개는 금 함량과 중량이 같더라도 제작 단가가 전혀 다르다. 작은 단위의 금화를 많이 만드는 것은 더 많은 제조비와 포장비, 운송비를 수반하게 된다. 이는 곧 프리미엄 상승으로 이어진다. 이 때문에 대형 딜러일수록 큰 단위의 금속을 선호하고, 프리미엄이 낮은 제품을 중심으로 거래를 확대한다.

셋째, 국가나 경제 상황에 따라 달라지는 환율, 물류 상황, 세금 정책 등 외부 요인이다. 최근과 같이 세계적으로 물류 대란이나 환율 변동이 심한 시기에는 운송 지연, 보험료 증가 등의 이유로 금화와 은화의 공급이 막히거나 가격이 급변하는 일이 비일비재하다. 특히 국제 정세가 불안하거나, 특정 국가의 경제가 침체되면 해당 국가에서 발행한 금화나 은화의 거래도 위축되어 프리미엄이 요동치게 된다.

이러한 프리미엄 구조를 이해하면 단순히 '금값이 올랐느냐, 떨어졌느냐?'가 중요한 게 아니라 '어떤 방식으로 어떤 제품을 사야 하느냐?'가 진짜 핵심이라는 걸 알 수 있다. 예를 들어, 미국 이글 은화를 사는 경우에는 단순 현물 은값에 20%를 더 주어야 하며, 향후 매도 시에도 프리미엄이 유지되어야 수익을 기대할 수 있다. 반면, 1kg 실버바를 현물가에 가깝게 사는 경우에는 매도 시 차익이 더 쉽게 실현될 수 있다.

이런 관점에서 보면 금화나 은화는 단순한 원자재가 아니라 '브랜드 소비재'의 성격도 갖는다. 미국 이글은 단연 그 정점에 서 있다. 전 세계 어디서나 통용되고, 인지도가 높으며, 국가 보증을 받는다는 점에서 투자용이자 보관용, 심지어 수집용으로도 가치가 높다.

결론적으로 말하자면 금화와 은화의 프리미엄 구조는 단순한 금속 가격을 넘어선 복합적인 가치 판단을 요구한다. 무작정 저렴한 것만 찾기보다 시장의 수요 흐름, 판매와 재매입의 용이성, 장기적 가치 보존력 등을 종합적으로 고려해 자신에게 맞는 투자 전략을 세우는 게 필요하다. 특히 이글 금화나 은화처럼 높은 프리미엄을 가진 상품은 '단기 수익'보다는 '장기 보유'를 전제로 한 선택이 되어야 진가를 발휘한다.

이 순간에도 귀금속 시장은 움직이고 있다. 정보와 전략을 갖춘 투자자라면 언제나 가장 유리한 지점에서 거래를 시작할 수 있다. 프리미엄은 가격이 아니라 이해의 문제다. 이를 아는 사람만이 귀금속 투자에서 진짜 수익을 만들 수 있다.

03
실물자산의 족보를 확인하라

99.9와 999.9는 미세한 차이가 아니다

"어차피 둘 다 순은인데, 쓰리 나인(99.9)이나 포 나인(999.9)이나 무슨 차이가 있나요?"

실버바 투자에 입문한 사람들이 자주 던지는 질문이다. 숫자만 보면 그 차이는 0.09%에 불과하다. 실제로 1kg당 200만 원짜리 실버바를 기준으로 계산하면, 두 함량 차이로 인해 생기는 절대 금액 차이는 불과 1,800원 수준이다.

그렇다면 왜 시장에서는 99.9% 실버바가 99.99% 실버바보다 7%

까지 낮은 가격에 매입되는 걸까? 단순히 '순도 차이'가 아니라 실물 유통의 정제 구조, 제조 공정 손실, 도매 마진 구조가 결합된 결과라는 점에서 이 질문은 단순하지 않다.

실제로 금 거래소에서 99.9% 실버바를 매입할 경우 매입 가격의 약 93% 수준에서 가격이 책정된다. 반면, 99.99% 실버바는 약 105% 수준까지도 가격을 인정받는다. 이 차이는 퍼센트로는 12%, 200만 원 기준으로 24만 원 차이다. 즉 순도 차이는 미미하지만, 거래 손익 기준에서는 유의미한 금액 손실이 발생할 수 있다.

왜 이렇게 차이가 날까? 이유는 간단하면서도 복잡하다. 다시 정제하는 데 들어가는 실질 손실(해리) 때문이다. 99.99% 실버바는 정제 공정 없이 그대로 새롭게 찍어 내거나 재유통을 할 수 있다. 하지만 99.9% 실버바는 다시 녹여서 골드나라 아우라 실버바와 같은 자사 브랜드로 생산하려면 추가 정제가 필요하다. 문제는 이 과정에서 순도 상승을 위해 손실이 발생한다는 것이다. 예를 들어, 1kg짜리 99.9% 실버바를 녹이면 최종적으로 950~970g만 회수된다. 3~5%의 손실은 물리적 현실이다. 아무리 좋은 설비 기술로 정제해도 소실되는 은이 있다. 게다가 인건비, 설비 유지비, 운송비 등 공장 가동에 따른 간접비용도 포함된다. 이러한 현실적인 비용 구조를 반영해 도매상들은 99.9% 실버바를 99.99% 실버바 매입 시장 가격 대비 93% 수준으로만 평가하게 된다.

이 구조를 더욱 강화시키는 요소는 제조 인프라의 희소성이다. 국내에서 실버바 정제 공장을 자체적으로 보유하고 직접 제조할 수 있는 업체는 사실상 손가락으로 꼽을 만큼 드물다. 그 외의 중소 유통 업체나 브랜드들은 대부분 OEM(주문자 상표 생산) 방식으로 실버바를 외주 제작한다. 즉 실제로 정제 설비를 돌릴 수 있는 업체가 한정되어 있기 때문에 해당 업체들은 정제 대상인 99.9% 실버바를 받아들이는 데 보수적일 수밖에 없다.

투자 목적이든 보관 목적이든 실버바를 구입할 때는 '싸게 사는 것'보다 '어떻게 파는가?'까지 고려해야 한다. 99.9% 실버바는 싸게 살 수 있지만 나중에 팔 때 '할인된 매입가'를 감수해야 한다. 브랜드 인지도가 있는 999.9 실버바는 구매 시 더 비싸지만 되팔 때 가격이 훨씬 안정적이고 시장 신뢰도도 높다. 실버바는 금보다 정제 손실률이 크고, 수요층도 한정적인 만큼 장기 보유나 되팔기 전략이 명확하다면 999.9 실버바를 선택하는 것이 손실을 줄이는 길이다.

중고 실버바를 사고팔 때도 이 기준은 동일하게 적용된다. 특히 다수의 금 거래소나 여러 중개 플랫폼에서 거래할 경우 999.9 실버바는 97~105%까지 매입을 인정하지만, 99.9% 실버바는 93%로 제한되며, 일부는 거래 자체가 어려운 경우도 있다. 또한 대량 거래 시에는 위탁 판매자에게 재정제 비용과 매입가 하락을 설명해야 하므로 처분 시 협상력도 떨어질 수 있다.

한국산업표준 KSD9537(귀금속 및 그 가공제품)에 따르면 골드바, 실버바의 함량이 99.99% 이상이 안 되면 골드바 실버바라고 부를 수 없고 합금 제품이라고 봐야 한다.

실버 투자도 결국 전략이다. 단순 가격이 아닌 되팔 수 있는 구조,

한국산업표준 KSD 9537 귀금속 및 그 가공제품 (표 2) 순도

단위 : ‰

종류	표시 문자	순도	비고
금괴(순금 재료)	24K 또는 999.9	999.9	Gold bar
순금 제품	24K 또는 999	999 이상	24K 제품
	995	995 이상	땜 가공 제품
금 합금	22K 또는 916 18K 또는 750 14K 또는 585 10K 또는 416 9K 또는 375	916 이상 750 이상 585 이상 416 이상 375 이상	합금 제품
백색금 합금	WG 18K 또는 WG 750 WG 14K 또는 WG 585 WG 10K 또는 WG 416 WG 9K 또는 WG 375	750 이상 585 이상 416 이상 333 이상	합금 제품
순백금 제품	Pt 999	999 이상	순백금 제품
백금 합금	Pt 950 Pt 900 Pt 800 Pt 500	950 이상 900 이상 800 이상 500 이상	합금 제품
은괴(순은 재료)	Ag 999.9	999.9	Silver bar
순은 제품	Ag 999	999 이상	순은 제품
은 합금	Ag 925 Ag 900 Ag 800 Ag 700	925 이상 900 이상 800 이상 700 이상	합금 제품

비고
1. 귀금속 합금의 순도 표시는 1g 미만의 귀금속 가공품은 제외할 수 있다.
2. 순금 제품에서 땜 가공 제품이란 제품의 완성을 위해서 반드시 땜 가공에 의해서 완성되어지는 제품을 말하며, 단순히 고리 모양의 장식 등을 붙인 경우는 원칙적으로 해당되지 않는다. 동물 모양, 행운의 열쇠, 골프공, 야구공, 노리개, 팔찌, 장식, 목걸이, 면체인 종류 75g 이상, 공예품(전시품), 비녀, 도장 등
3. 2012년 1월 7일 이전에 생산된 순금 제품, 금 합금, 백색금 합금, 백금 합금, 순은 제품, 은 합금에 대한 표 2의 순도 규정은 2013년 7월 7일부터 적용한다.

● **불량금, 함량 미달금에 대한 공고문** ●

공고문

불량금(타 금속이 포함된 순금덩어리 등) 수사 의뢰

2025년 하계휴가 전후로 주얼리 제조 공장(순금, 합금)에서 결제금으로 받은 금에서 출처가 불분명한 사기금이 유통되어 많은 업계분들이 금전적인 손해는 물론 정상적인 제품이 출고가 되지 않아 추가로 금을 매입하여 다시 제조해야 하는 이중 삼중의 피해를 보고 있습니다.

이는 결제금이 유통되는 업계의 관행을 잘아는 사람(조직)의 소행으로 업계 관행을 악용하여 부당한 이득을 보려는 사기 범법행위라고 판단됩니다.

(사)한국주얼리산업단체총연합회(전, 한국귀금속보석단체장협의회)는 소속 20개 단체와 협력하여 불량금 피해 사실과 증거품(타 금속이 포함된 덩어리금이나 작업 중 발생한 금, 분석 의뢰한 금 또는 남은 금 등)을 제보를 받아 수사를 의뢰하고자 합니다

제보는 업계 분들의 피해 사실을 자세히 작성한 '사실확인서'와 '증거품'을 함께 알려 주시고 이후 접수된 사실확인서와 증거품을 취합하여 경찰서에 수사를 의뢰합니다

이번 사건은 결제금에 대한 관행적인 유통의 헛점을 이용하여 금 중량을 빼먹는 악의적인 사기 사건이므로 본의 아니게 이번 결제금 유통에 관여된 업계 분들은 업계 전체의 공익을 위한 공익 제보자의 입장에서 사건 조사에 적극 협조하여 주시길 부탁드리며 다음의 내용을 참고하시길 바랍니다

---- 다 음 ----

(1) 제보기간 : 2025년 9월 20일까지
(2) 제보방법 : 사실확인서(양식제공), 증거품, 기타 내용을 아래 단체에 제보
(3) 제보단체
**(사)한국주얼리산업연합회 : 02-745-1222   서울귀금속체협동조합 : 02-742-5788
서울주얼리산업협동조합 : 02-766-1599   (사)한국귀금속판매업중앙회 : 02-776-9989**

(사)한국주얼리산업단체총연합회

소속단체
(사)한국귀금속판매업중앙회 (사)한국주얼리산업연합회 (사)한국귀금속보석디자인협회 (사)한국보석협회 (사)한국보석감정사협회 (사)한국다이아몬드협회 (사)한국귀금속보석감정원 (사)한국금협회 서울주얼리산업협동조합 서울귀금속제조협동조합 서울경인귀금속중개업협동조합 한국주얼리평가협회 한국귀금속장맥회 종로귀금속생활안전협의회 한국시계협회 서울중부보석연마기술사업협동조합 한국체인제조총판협의회 코리아다이아몬드연마기술협회 한국보석마케팅최고매니저협회 (재)월곡주얼리산업진흥재단

정제 비용까지 포함된 실질 가치, 시장에서 받아들여지는 신뢰도까지 고려해야 실물자산으로서 은의 가치를 온전히 누릴 수 있다. 최근에도 종로를 중심으로 불량금 등이 유통되어 생산자와 소비자 모두에게 피해를 주고 있다. 귀금속 단체들이 연합하여 함량 미달금 유통에 대해 경고를 하는 등 심각한 상황이다.

일련번호는 단순한 각인이 아니다

금 시장에서는 단순히 금의 함량만으로 그 가치를 판단하지 않는다. 금은 무게와 순도라는 물리적 기준 외에도 출처와 유통 이력이라는 보이지 않는 정보가 가격 형성에 결정적인 영향을 끼친다. 특히 일련번호(시리얼 넘버)가 지워진 골드바의 경우 이력이 불명확하다는 이유로 시장에서 의심받기 쉽고, 이는 실제 거래에서 가격의 디스카운트로 이어진다.

일련번호는 단순한 각인이 아니다. 이는 해당 금이 정제소에서 출고되어 유통된 흐름의 시작점이자 추적 가능한 신뢰의 상징이다. 골드바 1kg의 경우 LS MnM이나 한국조폐공사와 같이 공신력을 가진 제조사에서 나온 골드바는 출고 시 고유 일련번호가 부여된다. 이 번호는 제품의 위·변조 방지와 공식 거래를 위한 필수 정보로 기능하며, 정상적인 유통망을 통해 거래된 금이라는 증표가 된다. 따라서 일련번호가 지워졌다는 것은 해당 금의 유통 경로가 확인되지 않는다는 뜻이고, 뒷금 거래나 비공식 매입의 가능성을 내포한다. 고객이 민감하게 여기는 대목이 바로 여기다. 아무리 순도가 동일하다고 해도 '어디서 왔는지 모르는 금'은 가격에서 감가될 수밖에 없다.

실제로 매도 의뢰를 받은 중개 플랫폼에서는 이러한 골드바를 취급할 수는 있지만, 여러 제한이 따를 수밖에 없다. 첫째, 일련번호가 없다는 사실을 공개적으로 표기해야 한다. 구매자 입장에서는 그 점에서 신뢰도가 떨어지고 심리적인 거부감을 갖게 된다. 둘째, 중매 위탁 매도에는 신분 정보 등록이 필수다. 판매자는 실명, 연락처, 계좌번호, 주민등록번호 일부, 주소 등을 제출해야 하며, 대금은 계좌이체로만 받을 수 있다. 그런데 현실적으로 일련번호가 없는 금을 가진 사람은 대부분 과거 현금 거래를 통해 금을 구입한 경우가 많다. 다시 말해 이력 노출을 꺼리는 사람들이고, 따라서 실명 등록 자체를 주저하게 된다. 이는 중매 위탁 판매 자체가 불가능한 결정적 요인이 된다.

'시리얼이 없는 금이 더 귀한 것 아니냐?'는 오해도 있다. 민트바 Mint Bar(국영 조폐국에서 만든 금괴)처럼 조폐기관에서 발행한 금은 일련번호가 없어도 가치가 보장된다. 하지만 LS 골드바는 민트바가 아니며, 단순히 시리얼이 사라진 LS 골드바는 공신력 있는 보증을 받지도 못한다. 시장에서 프리미엄이 형성되는 일은 없다. 중매 거래로 높은 가격을 받기는 어렵고, 단순히 시장 매도 가격으로 책정된다. 오히려 완제품 상태의 골드바, 즉 시리얼이 살아 있고 공장 출하 그대로 보관된 금일수록 선호도가 높고 가격도 높다.

결론적으로 일련번호 없는 1kg 골드바는 판매가 가능하나, 정식 위탁 경로로 매도하려면 판매자의 신분이 드러나야 하며, 구매자에게 '찝찝한' 제품으로 인식될 수밖에 없다. 이로 인해 일반적인 거래 가격으로만 팔릴 수 있고, 현금 거래를 고수할 경우 정식 중매 거래 시스템에서는 거래가 불가능하다.

금의 가치는 단순히 함량만으로 정해지지 않는다. 그것이 어디에서 왔고, 어떻게 유통되었는지를 증명할 수 있을 때 비로소 시장에서 온전한 가치를 인정받는다. 일련번호 하나가 그 신뢰를 상징한다. 금이 순도가 아니라 이력으로 가격이 갈리는 셈이다.

보증된 제품에 투자하는 게 현명하다

금 자체는 금속으로 국적도, 신원도, 이력도 없다. 하지만 골드바는 다르다. 제조사 마크와 일련번호, 정확한 중량과 순도를 증명하는 각인이 찍혀 있다. 이 작은 금속 덩어리는 단순한 귀금속을 넘어선 금융자산이다. 그래서 일련번호가 붙느냐, 아니냐는 단순한 외관의 문제가 아니다. 합법과 비합법, 신뢰와 의심, 시장 가격과 디스카운트를 가르는 핵심 요소가 된다.

일련번호가 없는 1kg 골드바를 팔 수 있는지, 혹은 팔 때 가격 차이는 얼마나 되는지를 묻는 고객이 간혹 있다. 결론부터 말하자면 팔 수는 있다. 그러나 제대로 팔기는 어렵고 가격도 훨씬 불리하다. 일련번호가 지워졌다는 건 곧 '이력이 지워졌다.'는 뜻이다. 어디서 왔고, 누구에게 팔렸고, 다시 어디로 흘러 들어갔는지 공식적인 유통 경로를 파악할 수 없다는 의미다.

그럼 왜 이런 골드바가 생겨나는가? 정식 유통망을 거친 골드바는 제조사, 중개사, 판매점 등을 통해 기록이 남는다. LS MnM 같은 대형 제조사에서 출고되면 그 정보가 남고, 그것을 매입한 업체 그리고 최종 구매자까지 흐름이 명확하다. 하지만 일부는 중간 유통 과정에서 비공식적으로 거래되거나, 실물 금을 불법적 용도로 사용하려는 목적 아래 거래된다. 특히 현금 흐름을 숨기거나, 자산을 은닉하거나, 일종의 도피성 자산으로 쓰이기도 한다.

그래서 어떤 사람들은 골드바의 일련번호를 아예 지워 버린다. 1kg 골드바를 녹여 다시 다른 형태의 금 제품으로 만드는 일은 기술적으로 어렵지 않다. 반대로, 녹이지 않고도 원형 그대로 일련번호만 찍어서 흔적을 지우는 경우도 있다. 이건 의심의 여지가 많아지는 상황이다. 같은 금이지만 시장의 신뢰는 달라진다.

이런 제품은 대부분 부가가치세도 없는 현금 거래 시장을 떠돈다. 종로의 이면 시장, 비공식적 매입처, 혹은 개별 간 거래에 종종 등장한다. 이들은 탈세와 자금 추적 회피 목적과 맞물려 있기 때문에 공식 플랫폼에서는 취급하지 않는다.

나에게도 이런 문의가 온다.

"일련번호 없는 골드바인데 중매 위탁 매도가 가능한가요?"

나는 가능하지 않다고 답한다. 그런 제품을 중매 위탁하지 않는 이유는 내가 운영하는 플랫폼이 시장의 신뢰를 전제로 하는 것이기 때문이다. 합법적인 자금으로 금을 구입한 것이라면 예외적으로 검토는 할 수 있다. 다만, 가격은 정상 제품보다 분명히 떨어진다. 신뢰에 프리미엄이 붙는 것처럼 불신에는 디스카운트가 따른다.

해외로 반출할 생각으로 문의하는 경우도 있다.

"LS 골드바를 들고 나가면 유통되기 쉽겠죠?"

일견 맞는 말이지만 현실은 녹록지 않다. 외국에서도 큰 귀금속 매매상이나 코인숍은 비파괴 성분 분석기 XRF를 통해 제품을 검수한다. LS 골드바는 런던금시장협회 LBMA에 골드바를 납품할 수 있는 자격이 있는, 국제적으로 검증된 골드바다. 하지만 자국에서 거래되는 골드바가 아닌 출처가 낯선 금이라면 그만큼 수수료를 떼거나 거래를 거절하기도 한다. 그나마 골드코인(주화형 금)은 환금성과 인지도 측면에서 유리하다.

나는 일련번호 없는 1kg 골드바를 손에 들고 고민하는 사람들에게 이렇게 말해 주고 싶다.

"금은 금이지만, 시장은 금 그 이상을 본다."

자신의 자산이 남에게 드러나는 것이 싫다면 1kg 골드바보다는 100g 단위의 골드바를 구매하면 된다. 보통의 경우 100g 골드바에는 일련번호를 부여하지 않는 것이 한국 금 시장의 관행이다.

04
브랜드가
실물자산의 격을 만든다

LS 골드바는
단순한 금이 아니라 브랜드화된 자산이다

시중에 유통되는 골드바는 브랜드에 따라 가격과 선호도가 다르다. 같은 1kg짜리 순금이라도 어떤 사람은 LS 골드바를 일부러 찾아서 사고, 어떤 사람은 조금 더 저렴한 골드바를 선호한다. 그렇다면 같은 순도 99.99%의 금인데, 왜 LS 골드바는 더 비싸고, 더 귀하게 여겨지는 걸까?

우선 LS 골드바는 일반 소비자 대상 소매 상품이 아니다. LS MnM

이라는 글로벌 금속 소재 대기업에서 주로 B2B 대량 입찰 방식으로 공급한다. 즉 수량 단위가 몇 개, 몇 kg 수준이 아니라 연 단위 수십~수백kg 단위로 계약이 진행된다. 대형 유통업체나 금융기관, 귀금속 기업 등이 주된 구매자다. 이런 유통 방식으로 인해 일반 시장에서 유통되는 LS 골드바는 물량 자체가 매우 한정적이다. 특히 1kg 골드바의 실물 수량은 상대적으로 적고, 일반 소비자가 저렴하게 접근할 수 있는 기회는 거의 없다. 이 희소성이 바로 프리미엄의 첫 번째 요인이다.

LS 골드바는 국내에서 유일하게 런던금시장협회LBMA로부터 우수 금·은 공급업체Good Delivery 인증을 받은 제품이다. 이는 국제적으로 인정된 품질의 정제 능력을 갖춘 정련소에서 생산되었음을 의미한다. LBMA 인증은 단순히 마크 하나가 붙는 게 아니다. 이는 해당 골드바가 국제 원자재 시장에서 즉시 거래 가능한 표준 제품이라는 뜻이다. 글로벌 금 보관소나 금융기관, 심지어 외국 정부 간의 금 거래에서도 직접 유통 가능한 공신력을 갖춘 자산이라는 의미다.

한국 내 골드바 브랜드 중 LBMA 인증을 보유한 곳은 LS MnM이 유일하다. 이 때문에 기관 투자자나 고액 자산가들 사이에서 LS 골드바는 보관, 상속, 해외 거래까지 고려한 프리미엄 골드바로 인식된다.

또 하나의 차이는 제조 방식이다. 일반적으로 골드바는 주물(캐스팅)과 프레스(프레스드) 방식으로 나뉜다. 주물 골드바는 고온에서 녹인 금을 틀에 부어 식히는 방식이다. 표면이 거칠고 자연스러운 날

것과 같은 느낌을 주며, 비교적 저렴하게 생산된다. 프레스 골드바는 정제된 금을 가공해 금속판처럼 일정한 형태로 압착한 후 세공 처리까지 거친다. 그래서 마감이 매끄럽고 시각적으로도 고급스럽다. LS 골드바 100g, 10g의 경우는 프레스 방식으로 제작된 고급형 골드바로 미세한 커팅이나 평면 정밀도, 표면 광택 등에서 보관용이나 선물용으로 선호도가 더 높다.

 LS 골드바는 원칙적으로 모든 제품에 고유한 일련번호가 부여된다. 그러나 대량 매입한 일부 기업이나 거래처에서는 해당 금을 녹여 재가공하거나 자사 브랜드로 재생산하기도 한다. 이 과정에서 일련번호가 지워진다. 따라서 시중에서 정식 일련번호가 유지된 원형 LS 골드바는 점점 희소해지고, 그로 인해 정품 LS 골드바에 대한 프리미엄 수요가 생겨난다. 특히 금융권 담보, 고가 거래, 개인 간 직거래 등에서 일련번호가 보존된 LS 골드바는 신뢰성 있는 자산으로 높은 평가를 받는다.

 브랜드 선호는 결국 신뢰에서 출발한다. 한국조폐공사, LS MnM 등에서는 모두 뛰어난 품질의 골드바를 생산한다. 하지만 실물 금은 단순한 금속 이상의 의미를 지닌다. 자산의 저장 수단이며 보관성, 환금성, 상속성 그리고 브랜드 신뢰도까지 모두 포함한 복합 가치물이다. 이런 점에서 국제 기준 인증, 희소한 유통량, 뛰어난 마감 품질, 유통 이력 보증(일련번호)까지 갖춘 LS 골드바는 자연스럽게 더 높은 프리미엄을 형성하는 것이다. 실제 현금으로 구매하더라도 부가가치세 포함 정가를 전부 지불해야만 LS 골드바를 구할 수 있는

• LS 골드바 •

경우가 많다. 중매 거래에서도 귀한 상품으로 여겨지며 높은 가격으로 거래되는 등 할인 방식으로는 거의 접근이 불가능하다. 그만큼 시장에서는 '살 수 있으면 사 두는 금'으로 여겨지기도 한다.

LS 골드바는 단지 금이 아니라 브랜드화된 자산이다. 그 브랜드는 단지 각인된 이름이 아니라 축적된 신뢰가 만든 이름이다. 지금도 금을 단순히 '싼값에 사는 것'만이 목표라면 다양한 대안이 있을 수 있다. 하지만 '금의 정석'을 찾는 사람들에게는 LS 골드바가 명확한 선택지다.

골드바는 브랜드와 외형에 따라 가치가 달라진다

금은 본질적으로는 화학적인 면에서 동일하지만, 시장에서는 그 '같음'이 그대로 적용되지 않는다. 실물 금 투자를 하는 사람들 사이에서는 흔히 "금은 금이다."라는 말이 오가지만, 실제 거래 현장에서는 그 말이 전혀 맞지 않는다. 금의 순도와 중량이 동일하더라도 어디에서 생산되었는지, 어떤 브랜드인지, 포장이 어떻게 되어 있는지에 따라 거래가격은 분명한 차이를 드러낸다. 이 차이는 단순한 감정이나 편견이 아니라 실질적인 시장 반응과 소비자 선호에서 비롯한다.

먼저 눈에 들어오는 차이는 '포장'이다. 특히 카드형 케이스에 담긴 골드바는 케이스를 개봉했는지 여부에 따라 상품 가치에 영향을 받는다. 물론 케이스가 벗겨졌다고 해서 금 자체의 순도나 중량이 달라지는 것은 아니다. 그러나 시장에서는 '상품성'이라는 개념이 존재한다. 케이스가 훼손되었거나 없는 골드바는 신품으로 인식되지 않으며, 재판매 시 일정 부분 감가를 감수해야 한다. 케이스는 단지 보호용 플라스틱이 아니라 그 제품이 정상적인 경로로 유통되었고, 보관이 잘 되었으며, 신뢰할 수 있는 상태라는 증거이기도 하다.

이와 비슷한 맥락에서 브랜드 역시 중요한 평가 기준이 된다. 한국조폐공사 골드바와 같은 공신력 있는 기관에서 생산한 금은 일반 제조업체나 무명 업체에서 만든 골드바보다 선호도가 높다. 다양한 민간 브랜드도 존재하지만, 시장에서 프리미엄이 가장 높게 붙는 건 여전히 한국조폐공사나 캐나다 메이플, 미국 이글 코인 등 외국의 국영 민트(국가에서 운영하는 조폐국) 같은 브랜드다. 소비자 입장에서는 동일한 999.9 순도 금이라도 브랜드가 주는 신뢰감과 외형적인 완성도를 무시할 수 없는 것이다.

이러한 브랜드와 외형에 대한 가치는 실제 거래 사례에서도 여실히 드러난다. 얼마 전에 중매 위탁 판매로 올라온 2021년형 메이플 금화가 있었다. 원산지는 캐나다지만 국내에서도 인지도가 높은 이 제품은 중고인데도 경쟁력 있는 가격에 빠르게 팔려 나갔다. 시장에서 이 같은 금화나 골드바가 등장하면 평소 금 시세에 익숙한 고객들은 최저가임을 즉시 알아보고 1분도 채 걸리지 않아 주문을 넣는다. 수요자가 가격의 적정성을 정확히 파악하고 있기 때문이다.

이런 실전 거래는 단순히 시세만이 아닌 '감정의 가치'까지 포함한다. 예를 들어, 누군가는 색채감이 더해진 화투 모양의 골드바를 보며 수집용으로 기꺼이 구입한다. 고스톱에서 볼 법한 오광, 팔광 등의 문양이 들어간 화려한 골드바는 투자와 동시에 하나의 소장품 역할을 하며, 일반적인 골드바보다 더 높은 관심을 불러일으킨다. 실용성과 함께 감성까지 채워 주는 이중적 만족을 누릴 수 있다는 점에서 이러한 이색 골드바는 꾸준한 수요를 형성하고 있다.

최근의 중매 거래 시장에서는 자금 사정에 따라 금을 대량으로 보유한 고객이 급매를 요청하는 경우가 있다. 예를 들어, 특정 고객이 미리 다량의 메이플 은화를 매입해 매장에 보관해 두고 있다가 자금이 필요할 때 "이 가격에 급매로 내놔 달라."고 요청하는 식이다. 이 경우 판매자는 정가보다 낮은 가격에 매물을 내놓지만, 위탁 중개자는 고민에 빠진다. 최저가로 매물 등록을 하여 빠르게 팔 수도 있고, 반대로 직접 인수해서 재판매할 수도 있다. 후자는 수익률이 더 높지만, 재고 리스크가 따르기 때문에 신중한 판단이 필요하다.

이와 같은 거래 환경은 투자자에게 중요한 질문 하나를 던진다. "지금 내가 손에 쥐고 있는 금, 그 금은 정말 잘 산 것인가?"

금 자체의 함량이나 무게만큼이나 중요한 것은 그 금이 어떤 경로, 어떤 상태, 어떤 브랜드로 내 손에 들어왔느냐이다. 시장은 이 차이를 분명히 가격으로 반영한다. 투자자는 단순히 "금은 다 똑같다."는 말에 안주하지 말고, 실제 거래 현장에서 벌어지는 가격 차이와 선호도를 냉정하게 인식해야 한다.

● 골드나라 아우라 골드바 ●

그래서 실물 금 투자를 고민하는 사람들은 이 질문을 가장 먼저 고려해야 한다.

"어떤 골드바를 선택할 것인가?"

동일한 무게와 순도의 금이라도 브랜드와 포장 그리고 보관 상태에 따라 가치가 다르게 매겨진다. 결국 실물 금 투자란 무게가 아닌 신뢰와 디자인, 브랜드 프리미엄까지 종합적으로 판단하는 일이다. 그래서 실물 금 시장의 진짜 고수들은 케이스를 보고, 포장을 보고, 브랜드를 본다.

● 골드나라 아우라 로고 스토리 ●

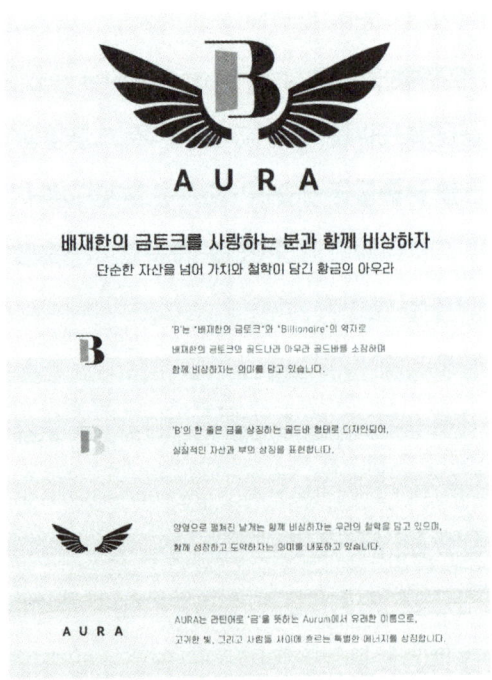

주물금보다 브랜드 골드바를 선택하라

요즘 실물 금에 대한 관심이 높아지면서 많은 사람이 어떤 금을 사야 할지 고민을 한다. 종종 이런 질문을 받는다.

"주물금을 저렴하게 사는 게 더 좋은가요?"

"골드바로 바꾸는 건 비용이 아깝지 않나요?"

이 질문에 대한 내 답은 꽤 분명하다. 나는 항상 유명 브랜드 프레스 골드바를 추천한다. 이유는 간단하다. 주물금은 싸게 보일 수 있어도 결국 손해 보는 구조이기 때문이다.

종로의 뒷금 시장을 활용하면 주물금이나 골드바를 저렴하게 살 수 있다는 말이 있다. 물론 불법적인 거래도 많이 이루어진다. 실제로 시세만 보면 비슷해 보이지만 여기에는 중요한 차이가 존재한다. 바로 '브랜드 가치'다. 똑같이 999.9 순도 금이라 해도 브랜드 인지도가 있는 골드바는 시장에서 인정받는 자산이다. 반면, 주물금은 출처가 모호한 경우가 많고, 함량이 999.9가 안 되는 경우도 종종 발생한다. 심지어 미세하게 모자란 함량으로 인해 제대로 감정이 되지 않거나, 시장에서 판매가 어려운 경우도 있다. 이 모든 불확실성이 결국 가격 차이로 드러난다.

실제로 주물금을 들고 와서 골드바로 교체하고 싶다고 말하는 고객이 꽤 있다. 비용이 들더라도 바꾸겠다는 것이다. 왜 그럴까? 결국 불안하기 때문이다. 이건 단지 시세의 문제만은 아니다. 금을 보유한다는 건 단지 금속 조각 하나를 가진다는 뜻이 아니다. 그것은 '가치가 증명된 무언가를 갖고 있다.'는 심리적 확신이기도 하다. 주물금에는 브랜드가 보장해 주는 안정성이 없다.

　내가 운영하는 매장에서는 주물금을 가져와서 브랜드 골드바로 바꿀 경우 대략 1돈당 15,000원이 든다. 어떤 사람은 이 돈이 아깝다고 말한다. 하지만 이 비용은 나중에 더 큰 시세 차익이나 거래의 용이성으로 돌아온다. 실제로 골드바는 주물금보다 매도 시 더 높은 가격을 받을 수 있다. 시장에서의 신뢰가 다르기 때문이다.

　똑같은 가격이라면 누구나 골드바를 원한다. 당연한 일이다. 그래서 주물금을 갖고 있다면 지금이라도 교체를 고민해 볼 것을 권한다. 그리고 금을 살 계획이라면 애초에 브랜드 골드바로 시작하기 바란다. 그래야 후회하지 않는다.

　금은 단순히 싸게 사는 게 중요한 게 아니다. 믿을 수 있고, 언제든 팔 수 있고, 시장에서 인정받는 자산이어야 한다. 골드바를 추천하는 이유는 단순하고 분명하다. 싸구려 금을 여러 개 들고 있는 것보다 믿을 수 있는 금 하나가 더 낫기 때문이다.

05

정보와 브랜드가
진짜 가치를 만든다

모든 금이 다 똑같다는 말은 거짓말이다

"모든 금은 다 똑같다."

이 말은 절반은 진실이고, 절반은 거짓말이다. 금의 순도만 놓고 본다면 999.9라는 공통 기준이 있으니 똑같다고 말할 수도 있다. 그러나 시장에서 거래되는 실물 금, 특히 골드바나 주얼리 형태로 보유되는 금은 '똑같다'는 말로 설명하기에는 너무도 다양한 층위의 차이를 가지고 있다.

금을 처음 접하는 사람들이 가장 많이 묻는 질문이 있다.

"지금 금을 사도 되나요? 어떤 걸로 사야 하나요?"

금은 단기 시세를 보고 사는 게 아니라 평생 사는 것이다. 평생 차곡차곡 모아 가는 자산이자 언제든 유동화할 수 있는 가장 실질적인 돈이다.

금은 곧 돈이다. 달러도, 원화도 인플레이션의 영향에서 자유로울 수 없지만, 금은 그 자체로 가치를 유지해 주는 자산이다. 그래서 나는 금을 살 때 금리나 시세보다 품질과 브랜드를 더 중요하게 본다.

그런데 종종 사람들은 말한다.

"어차피 녹이면 다 똑같잖아요. 999.9는 다 똑같지 않나요?"

틀린 말은 아니다. 하지만 그건 제조업자의 입장일 뿐이다. 우리는 제조업자가 아니다. 우리는 금을 가지고 있다가 다시 누군가에게 넘기고 거래하는 소비자이자 투자자다. 금을 사는 목적이 '녹여서 다시 가공하기 위해서'라면 맞는 말일 수 있다. 하지만 우리가 그 금을 다시 판매하고, 이전하고, 가치로 전환하기 위해 갖고 있다면 이야기가 달라진다.

나는 여러 브랜드의 금을 취급한다. 한국조폐공사 골드바, LS 골드바, 한국거래소 골드바, 골드나라 골드바, 삼성금거래소 골드바 등 굵직한 공식 브랜드는 모두 취급하고 있다. 이런 브랜드는 부가가치세가 붙는다. 쉽게 말해 '세금 신고가 되는' 정식 유통 구조에 있는 금이다. 이 말은 곧 거래 이력과 신뢰가 확보되어 있다는 뜻이다. 반면, 주물금이라 불리는 비브랜드 금은 브랜드가 없기 때문에 투명한 거래 구조에서 불리할 수 있다.

비브랜드 금을 찾는 이유는 대개 한 가지다. 부가가치세를 피하려는 것이다. 특히 사업자들은 세금 신고를 최소화하려 하다 보니 브랜드 금을 부담스러워한다. 왜냐하면 브랜드 금은 처음부터 부가가치세가 붙어서 출고되기 때문에 '현금 거래'만으로 처리하기 어렵기 때문이다. 이 말은 곧 세무 당국에 거래 내역이 노출된다는 뜻이고, 평소 매출을 과소 신고하던 사람들에게는 큰 부담이 될 수 있다. 그래서 주물금이나 무브랜드 골드바를 선호한다.

문제는 이 과정에서 "어차피 녹이면 다 똑같다."는 말로 자기 선택을 정당화한다는 점이다. 그런데 금을 녹이는 건 제조업자가 하는 일이다. 우리는 거래를 하는 입장이지, 금을 녹이는 입장이 아니다. 소비자나 투자자의 입장에서 보면 브랜드 골드바는 바로 신뢰와 환금성의 지표다. 팔 때도 브랜드가 붙은 금은 훨씬 빠르게 나가고, 매입자들도 브랜드를 선호한다. 심지어는 같은 가격이라도 브랜드가 붙은 금이 먼저 거래될 정도다. 브랜드의 의미는 절대 작지 않다.

홈페이지에 올라온 가격표를 보면 브랜드마다 금값이 다르다. 심지어 어떤 경우에는 브랜드 금이 가격이 더 높은데도 비브랜드 금보다 먼저 거래가 완료되는 경우도 있다. 시장의 반응을 보여 주는 생생한 증거다. 브랜드는 단순한 상표가 아니라 시장에서의 신뢰를 증명하는 도장과도 같다. "모든 금은 같다."는 말은 겉보기에는 맞을 수 있지만 거래 현장에서는 절대 그렇지 않다.

나도 처음 금을 모으기 시작했을 때는 단지 순도만 따졌다. 하지만 금 시장에 오랫동안 몸담으며 느낀 것은 브랜드는 금의 본질적인 가치 그 이상을 부여한다는 것이다. 거래의 신뢰성, 유통의 용이함, 매도 시의 편의성 등이다.

결국 금을 고를 때 가장 중요한 건 '어떻게 되팔 수 있을 것인가?'를 함께 고려하는 것이다. 금은 단순히 모으기 위한 수집품이 아니다. 생존을 위한 유동성 자산이며, 언제든 다시 현금화해야 하는 전략적 자산이다. 그렇다면 브랜드는 절대 무시할 수 없는 가치다. 그리고 그걸 무시하는 사람은 보통 그렇게 말해야만 하는 입장에 있는 사람일 가능성이 높다. 자신이 산 주물금을 정당화하기 위해 "다 똑같다."고 말하는 것이다.

금을 살 때는 가격만 보지 말고 브랜드와 유통 구조까지 함께 살펴보자. 비슷해 보이지만 분명히 다르다. "모든 금은 같다."는 말은 거짓말이다. 브랜드가 곧 실물 금의 신뢰이자 환금성이다. 그러니 똑같다는 말에 속지 마라. 진짜 돈은 진짜 신뢰 위에서 움직인다.

브랜드, 거래 방식, 거래 구조에 따라 금값이 다르다

"브랜드마다, 지역마다 금 시세 차이가 많이 나나요?"

자주 받는 질문 중 하나다. 단도직입적으로 말하자면 차이는 존재한다. 문제는 그 차이가 많다고 느끼느냐, 적다고 느끼느냐는 상대적인 판단이라는 것이다. 예를 들어, 홈쇼핑에서 금을 산다면 가장 비싸게 사는 셈이다. 카드 결제가 가능한 방식이기 때문이다. 그다음으로는 현금영수증을 발급하면서 구입하는 방식, 현금으로 바로 거래하는 방식, 중매 거래를 통한 직거래 방식까지 결제 방식에 따라 가격 차이가 꽤 커진다.

어떤 브랜드의 금을 사느냐에 따라서도 가격이 달라진다. 한국조폐공사 골드바, LS 골드바, 골드나라 아우라 골드바, 한국금거래소 골드바 등 주요 브랜드는 모두 부가가치세가 붙고 신뢰도가 높은 대신 가격도 그만큼 높게 형성되어 있다. 반면, 덜 알려진 비브랜드 골드바는 상대적으로 가격이 낮지만 환금성이나 브랜드 가치 면에서는 분명히 차이가 난다. 이런 최고가와 최저가의 구간을 비교하면 많게는 30%, 40% 차이까지도 벌어진다. 단순한 단가 차이 그 이상이다. 그래서 나는 늘 "공부 좀 하고, 관심을 갖고 들어오세요."라고 말한다. 무턱대고 매입하면 손해 보는 건 순식간이다.

목걸이나 팔찌를 골드바로 교환할 수 있느냐는 질문도 종종 받는다. 물론 가능하다. 특히 골드나라에서 골드바로 교환하는 경우가 많다. 다만, 이 경우 소정의 비용이 들어간다. 999.9 순금인 경우라면 금 1돈당 13,000원 정도의 가공비가 들고, 금 열쇠나 반지·목걸이처럼 99.5% 정도의 순도를 가진 제품은 해리율을 추가로 적용해 금 1돈당 23,000원 정도의 비용이 발생한다. 금 제품의 함량이 다양하기 때문에 그 비용이 1돈 기준으로 적게는 13,000원, 많게는 30,000원까지 발생할 수 있다.

그럼에도 나는 교환을 추천한다. 왜냐하면 팔 때 높은 가격을 받을 수 있기 때문이다. 주물금이나 비브랜드 금과 비교했을 때 브랜드 골드바는 확실히 매입자에게 신뢰를 준다. 그 말은 곧 좋은 가격에 되팔 수 있다는 뜻이다. 금값이 오르면 이 차이는 더욱 벌어진다. 그러니 지금 갖고 있는 금 액세서리나 저가형 주물금을 브랜드 골드바로 바꾸어 두는 것은 좋은 판단이다. 가격 차이 이상의 실익이 남는다.

순금 액세서리를 팔려고 알아보는 사람도 많다. 이런 경우 대부분 한국금거래소에서 공시하는 기준 시세를 참고한다. 가장 큰 국내 기업 중 하나이기도 하고, 실시간 시세 기준이 안정적이다. 이 시세를 기반으로 가격을 책정하고, 순금의 경우에는 약간의 정제비나 수수료가 빠지는 구조다. 하지만 백화점 등에서는 수수료가 더 높게 책정되는 경향이 있으니 주의해야 한다.

결국 중요한 것은 금을 사는 것도, 파는 것도, 교환하는 것도 '정보' 싸움이라는 사실이다. 브랜드, 방식, 거래 구조에 따라 금은 전혀 다른 자산이 된다. 아무리 같은 무게, 같은 순도의 금이라도 어떤 경로를 택하느냐에 따라 '현금화'되는 실익은 천차만별이다. 그러니 금을 다룰 때는 꼭 공부하고 비교하고 판단하자. 내가 늘 강조하는 것처럼 금은 평생의 자산이고, 또 평생을 공부해야 할 자산이다.

골드바를 살 때 호갱이 되지 않는 방법

최근 금 투자에 관심이 높아지면서 골드바 구매를 고민하는 투자자가 많아지고 있다. 그러나 골드바 가격의 변동성으로 인해 매수를 망설이는 경우가 많다. 특히 '언제 1kg 골드바 가격이 떨어질까?' 하며 무작정 기다리다 보면 자칫 투자 기회를 놓칠 수도 있다.

골드바 가격은 기본적으로 국제 금 시세와 원-달러 환율에 의해 결정된다. 여기에 국내 시장의 특수성으로 인해 형성되는 소위 '뒷금 시장' 가격도 영향을 미친다. 이 뒷금 가격이 하락하면 실물 골드바 가격도 소폭 하락하는 경우가 있다. 하지만 이러한 가격 하락이 장기적으로 지속될 가능성은 크지 않다.

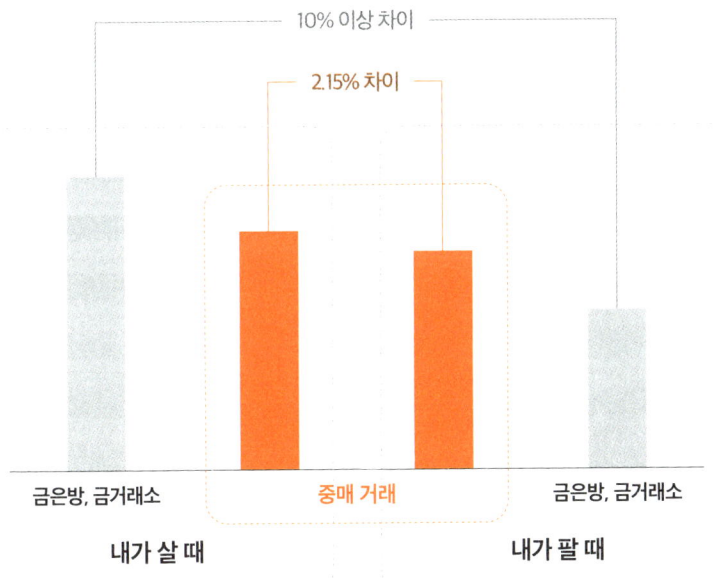

● 금 거래 방식에 따른 가격 차이 ●

골드바 가격이 떨어지기를 막연히 기다리다 보면 오히려 좋은 투자 기회를 놓칠 수 있다. 골드바 가격은 특성상 단기적으로 큰 폭의 하락이 어렵다. 따라서 현재 합리적인 가격을 판단하고, 중매 거래를 통한 전략적인 접근으로 안정적인 투자 수익을 창출하는 게 바람직하다. 현명한 투자자는 단기적인 가격 변동에 집착하지 않고, 장기적인 투자 관점에서 전략적으로 골드바를 매수하여 안정적인 자산 관리를 도모한다는 것을 잊지 말자.

7장

절대 실패하지 않는 금 매매 전략

01
중매 거래로
더 싸게 사고 더 비싸게 팔자

금값 예측보다 거래 방식을 주목하라

실물 금을 구매할 때와 매도할 때 가격 차이가 상당히 클 때가 있다. 예를 들어, 부가가치세를 포함해 금을 매수하면 69만 원이지만, 이를 매도할 때는 58만 원으로 책정된다. 즉 매수와 매도 간 10% 이상의 차이가 발생하는 것이다. 이러한 차이는 왜 생기는 것일까? 단순히 국제 금 시세와 환율 변화 때문만은 아니다. 국내 금 거래 시장의 특성과 거래 방식의 영향도 있다.

금은 자산이면서도 하나의 상품으로 취급된다. 실물 금을 구매할 때는 부가가치세가 부과된다. 예를 들어, 1kg 골드바를 구매할 경우 부가가치세를 포함한 가격이 2억 4,000만 원에서 2억 4,700만 원 사이로 형성된다고 치자. 이 정도면 역대 최고가에 근접한 수준이다. 반면, 매도 시에는 이 가격에서 부가가치세가 빠지므로 실질적인 매도 가격이 더 낮아지게 된다.

금값은 국제 시세와 환율에 따라 실시간으로 변동한다. 이러한 요인들은 국내 금 시세에도 직접적인 영향을 미친다. 하지만 위탁 거래 가격이 상대적으로 낮게 형성될 때가 있다. 이는 시장에 금을 내놓는 사람이 많다는 것을 의미한다. 예를 들어, 경제 상황이 불안정해지면서 투자자들이 보유한 금을 현금화하려는 움직임이 활발해진 것이다.

이런 상황에서는 단순히 금값을 예측하기보다는 어떤 방식으로 금을 거래하는 것이 가장 효율적인지를 고민하는 게 중요하다. 이를 위해 중매 거래 방식이 주목받고 있다. 중매 거래는 개인이 보유한 골드바를 또 다른 개인이 직접 구매하는 방식이다. 부동산 중개 거래를 떠올리면 이해하기 쉽다. 아파트를 분양받지 않고 기존 소유자로부터 중개를 통해 매입하는 것처럼 금도 중개업체를 통해 중매 거래를 할 수 있다.

중매 거래의 가장 큰 특징은 다음과 같다. 먼저 구매자는 시세보다 저렴한 가격에 금을 살 수 있다. 그리고 판매자는 일반적인 매도 방식보다 높은 가격을 받을 수 있다. 마지막으로 중개업체는 거래를 원활하게 진행하며 일정 수수료를 부과한다. 일반적인 금 구매 방식에서는 제조 비용, 도매업체 및 소매업체의 마진이 포함된다. 하지만 중매 거래는 이러한 유통 단계를 최소화해 시세에 근접한 가격으로 거래가 이루어진다. 즉 구매자는 낮은 가격으로 금을 매입할 수 있고, 판매자는 더 높은 가격을 받을 수 있는 구조가 형성된다.

그러나 중매 거래의 특성상 시장에서 금을 내놓는 사람이 많아지면 거래 가격이 낮게 형성될 수 있다. 경기가 침체되고 가용 자산이 줄어들게 되면 금을 판매하려는 사람들이 증가하기 마련인데, 이런 상황에서는 오히려 중매 거래로 저렴한 매입 기회가 열릴 수 있다.

중매 거래 플랫폼을 적극 이용하라

최근 금융시장 변동성이 커지면서 주식과 암호화폐 시장은 변동 폭이 커졌다. 한편 안전자산으로서의 금과 은에 대한 관심은 더욱 높아지고 있다. 실물 금과 은을 사고팔 때는 무작정 거래하기보다 몇 가지 필수 정보를 알고 전략적으로 접근하는 것이 중요하다.

금융시장 불안정이 계속되면서 원화만 보유하는 것은 위험할 수 있다. 달러는 필수적인 자산으로 일정 부분 반드시 보유해야 한다. 그런데 이보다 더욱 안정적인 자산은 실물 금과 은이다.

실물 골드바나 실버바를 가장 경제적으로 사고팔기 위한 효과적인 방법은 중매 거래 플랫폼을 이용하는 것이다. 기존 소매 거래보다 훨씬 합리적인 가격에 실물을 구매하거나 판매할 수 있다. 예를 들어, 중매 거래 플랫폼에서는 시장가 대비 낮은 가격으로 실물 금과 은을 구매할 수 있다. 메이플 주화, 브리타니아 주화, 골드나라 아우라 골드바, 한국조폐공사 오롯 골드바 등 인기 있는 제품들이 일반 시중가보다 저렴하게 거래되고 있다. 판매자 입장에서도 중개 수수료 2.15%만 부담하면 되기 때문에 일반 매입 가격보다 높은 가격을 받을 수 있어 판매자와 구매자 모두에게 유리한 방식이다.

중매 거래를 통해 골드바 37.5g(10돈)을 850만 원에 판매한다고 가정하면, 수수료 2.15%를 제외하고 판매자가 실제 받아가는 금액은 약 831만 8,000원이 된다. 일반 금은방의 매입가인 773만 원보다 약 58만 7,000원의 금액을 추가로 더 받는 것이다. 즉 동일한 금을 판매할 때 일반 거래 방식보다 7% 이상 추가 이익을 얻을 수 있다. 이러한 방식으로 거래하면 5,000만 원어치의 금을 판매할 때는 350만 원, 1억 원어치의 금을 판매할 때는 700만 원의 추가 수익을 얻을 수 있다. 1kg 골드바 시세가 2억 5,000만 원이면 1,750만 원의 추가 이익이 생기는 것이다.

중매 거래로 훨씬 저렴하게 금을 살 수 있다

최근 국내에서 금값이 급변하면서 실물 금 투자를 고려하는 사람들이 늘어나고 있다. 특히 금을 가장 저렴하게 살 수 있는 시기를 놓치지 않고 활용하는 것이 중요하다. 예를 들어, 골드바 10돈의 가격이 약 696만 원 수준이라고 하자. 이런 시세에도 불구하고 중매 거래 플랫폼을 이용하면 같은 제품을 약 623만 원에 구매할 수 있다. 이는 일반 소매 가격보다 약 10% 이상 저렴한 수준이다. 73만 원 정도의 비용을 절약할 수 있는 방법이다.

이러한 현상은 현재 국내 금 시장의 특수한 상황 때문이다. 최근 몇 년간 코로나19로 인해 해외에서의 금 수입과 국내 유통이 원활하지 않아 국내 시장에 공급되는 금 물량이 크게 제한됐다. 과거에는 밀수 금이나 다양한 경로를 통해 국내로 들어온 금들이 시중에 유통되면서 사고팔 때의 가격 차이가 컸지만 최근에는 이런 금의 공급이 제한되면서 실물 금 가격이 비교적 높은 수준을 유지하고 있다.

중매 거래를 중개하는 방식의 플랫폼을 이용하면 일반적으로 판매되는 금값보다 훨씬 저렴하게 실물 금을 구매할 수 있다. 현재 금 시장의 높은 가격 형성으로 인해 중매 거래의 이점이 더욱 커졌다. 예를 들어, 일반적으로 과거 금 거래 시에는 사고팔 때 가격 차이가 약 15%까지 벌어졌다. 하지만 현재 골드나라와 같은 중매 거래 플랫폼을 이용하면 이 차이를 약 2~3% 수준까지 좁힐 수 있다. 그래서 금을 살 때 더욱 합리적인 가격으로 구매할 수 있게 된다.

이러한 구매는 장기적으로 이점을 보는 전략이다. 현재 중매 거래 플랫폼을 통해 골드바를 구매하면 일반 소매 가격 대비 최소 5~7% 이상 비용을 절감할 수 있다. 이는 장기적인 금 투자에서 매우 큰 이점으로 작용할 수 있다. 향후 금 공급이 정상화되고 시장이 안정되면 일반 소매 가격과의 격차는 다시 확대될 가능성이 크다. 따라서 지금 같은 시기에 금을 저렴하게 확보하는 것이 현명한 전략이다.

현재 국내 금 시장의 특수한 환경을 활용하면 중매 거래 플랫폼을 통해 가장 합리적인 가격에 금을 확보할 수 있다. 중매 거래 플랫폼을 이용해 저렴하게 금을 구매하고, 장기적인 안정성과 수익성을 모두 갖춘 실물 금 투자 전략을 적극적으로 실행해 보기 바란다. 지금이 바로 금을 사기에 최적의 시기다.

브랜드 가치가 있는 골드바는 중매 거래로 사라

주식과 비트코인 시장이 급등락할 때 많은 투자자가 손실을 경험했다. 이로 인해 자산가치 하락뿐 아니라 심리적 불안감도 상당히 커졌다. 이러한 불안정한 금융시장 환경에서 보다 안정적인 자산인 실물 금과 은의 중요성이 더욱 강조되고 있다.

투자자들이 실물 금과 은을 선호하는 이유는 간단하다. 바로 '안정감' 때문이다. 변동성이 큰 주식이나 암호화폐와 달리 실물자산은 보유자에게 장기적으로 심리적인 안정감을 제공한다. 특히 금과 은은 역사적으로 안정된 가치 보존과 인플레이션 헤지 수단으로 인정받아 왔다.

골드바를 구매할 때 가장 중요한 요소 중 하나는 브랜드의 신뢰도이다. 예를 들어, 국내에서 가장 인지도가 높은 브랜드는 한국조폐공사, LS MnM, 한국금거래소, 골드나라의 골드바다. LS MnM은 연간 10조 원 이상의 매출을 기록하고 있다. 소비자들이 이러한 골드바를 선택하는 이유는 구매 시 품질에 대한 확신과 팔 때 높은 신뢰도로 인해 좋은 가격을 받을 수 있기 때문이다. 그런데 이전에는 브랜드 가치가 높은 골드바를 구매하려면 가격이 비싸다는 인식이 있었다. 하지만 골드나라와 같은 중매 거래 플랫폼을 통해 저렴한 가격에 골드바를 구매할 수 있다.

골드나라의 중매 거래 플랫폼은 금을 팔고자 하는 개인과 이를 구매하려는 개인을 직접 연결해 주는 시스템이다. 중간 유통 과정을 줄여 매우 합리적인 가격에 실물 금과 은을 구입할 수 있게 도와준다. 또한 전국의 골드나라 지점을 통해 실물을 안전하게 수령할 수 있어 신뢰도와 편의성을 동시에 제공한다.

이처럼 중매 거래 플랫폼을 통해 브랜드 신뢰도가 높은 다양한 골드바를 시중보다 훨씬 저렴하게 구매할 수 있다. 투자 비용을 절약하면서도 안정적인 실물자산을 확보할 수 있는 최적의 방법이다.

실버바도 중매 거래를 적극 이용하라

많은 개인 투자자가 실버바를 보유하고 있지만 매도 시점에서 기대보다 낮은 가격을 받는 경우가 많다. 오프라인 유통망을 통해 직접 판매할 때 구매 가격 대비 손해를 보는 경우가 빈번하다. 그러나 중매 거래 시스템을 활용하면 동일한 실버바를 보다 유리한 조건으로 매도할 수 있다. 적절한 전략을 적용한다면 시장가보다 높은 실수령가를 받을 수 있으며, 특히 다량 보유자의 경우 수익 차이가 상당히 커진다.

예를 들어, 2025년 4월 금 거래소 홈페이지 기준으로 1kg 실버바의 소비자 판매가는 약 200만 원 수준이다. 하지만 동일한 실버바를 일반 금 거래소나 금은방을 통해 매도할 경우 실제 매입가는 170만 원대, 심지어 160만 원대까지 떨어지기도 한다. 이 같은 손해는 다음과 같은 요인에서 발생한다.

- 실버는 골드보다 중량이 커서 재사용·보관·재생산이 어렵고, 거래 회전율이 낮음
- 부가가치세 및 유통 수수료 차감
- 오프라인 도매 매입 단가는 시세 대비 약 75~80% 수준에서 책정

결과적으로 일반적인 실버바 매도는 소비자가격 대비 약 20~25% 이상 손해를 보는 구조다. 실버 가격이 급등하고 공급 차질과 수요 폭증이 오면 매수가와 매도가는 35%까지 차이가 나기도 한다.

실버바를 골드나라와 같은 중매 거래 플랫폼에 등록하면 판매자가 직접 가격을 설정할 수 있다. 예를 들어, 1kg 실버바를 200만 원에 등록하고 거래가 성사되면 수수료 2.15% 차감 후 약 195만 7,000원을 실수령하게 된다. 이는 오프라인 거래 시 매입가 약 155만 원보다 약 40만 원 이상 높은 금액이다. 같은 실버바를 보다 효율적인 방식으로 판매하는 것만으로도 수익률 차이가 발생한다.

중매 거래 방식의 단점은 거래 시점이 불확실하다는 것이다. 이를 보완하려면 시중 최저가보다 1~2만 원 정도 낮은 가격으로 등록하면 빠른 체결을 유도할 수 있다. 예를 들어, 시장 평균가가 190만 원이라면 188만 원에 중매 매도 등록하는 방식이다. 이 경우 실수령액은 약 184만 원이며, 여전히 오프라인보다 유리하다.

그리고 중매 거래 시 품질과 신뢰도는 확보되어 있다. 중매 거래에서 거래 가능한 실버바는 대부분 공인된 제조처의 인증 제품이다. 대표적으로 한국조폐공사, 골드나라, 한국금거래소 등이다. 따라서 거래 안전성에 대한 우려는 낮으며, 중고 매입 거절 등의 문제가 발생할 가능성도 거의 없다.

실버바 매도는 정보와 전략이 수익을 만든다. 실버바 매도 시 단순히 빠르게 파는 것보다 매도 방식과 유통 구조를 이해하고 전략적으로 접근하는 것이 중요하다.

중매 거래 시스템은 판매자에게 가격 설정권을 부여하며, 특히 보유 수량이 많을수록 수익 차이는 더욱 커진다. 즉 일반 오프라인 매도 시 약 20~25%의 손실 가능성이 있지만, 중매 거래 시 약 12~15% 추가 수익을 확보할 수 있다. 수수료는 평균 2% 내외로 부담이 적고, 시세보다 약간 저렴한 가격 설정 시 빠르게 거래할 수 있다. 그리고 공인 제조처 실버바는 중매 거래에서 선호도가 높고 거래가 빨리 성사되는 장점이 있다.

이처럼 중매 거래 시스템을 활용하여 실버바 매도를 설계하면 같은 자산이라도 보다 나은 수익을 기대할 수 있다.

02
수익률은
한 끗 차이에서 갈린다

중매 거래는 매도자와 매수자 모두에게 이익이다

과거 어느 날 금 시세는 큰 변동 없이 유지되는 분위기였지만 실물 금 시장이 다소 강세를 보였다. 국제 금 시세는 쉽게 빠지지 않았고 환율 역시 1,330원대로 급속히 회복되었다. 뭔가 전체적인 흐름이 단단하게 올라가는 느낌이었다. 그러다 보니 실물 금을 찾으려는 수요도 계속 늘었다. 사람들이 눈치를 보다가 막상 오르면 뒤늦게 사려고 하니 실물 시세가 먼저 오르는 것이다. 자료 금(부가가치세 포함 금) 시세는 조용하지만 실물 금만 강세를 보이는 전형적인 시장 흐름이다.

　중매 거래를 잘 활용하면 조금 더 높은 가격에 팔 수 있는데도 여전히 많은 사람이 그냥 매장에 와서 바로 현금으로 매입하길 원한다. 그래서 나는 늘 "매입가를 단순히 비교하지 말고, 중매를 통해 몇만 원이라도 더 받는 구조를 알면 좋겠다."고 이야기한다.

　당시 실물 금 가격이 빠르게 올랐다. 골드나라의 중매 플랫폼에서도 1kg 골드바 시세가 1억 원대를 넘기기 시작했다. 이건 자료 금 기준 시세보다 실물 금 시장 시세가 거의 따라잡았다는 의미다. 예전에는 자료 금 시세가 먼저 오르고 실물 금이 따라가지 못하는 경우가 많았는데 요즘은 반대 현상도 나타나고 있다.

　이런 흐름에서는 중매 거래의 의미가 훨씬 더 커진다. 예를 들어, 500g 자료 금(부가가치세 포함 금)이 1억 500만 원인데 중매 거래로 실물 금을 1억 원 정도에 살 수 있다면, 그 차이가 5% 이내로 줄어드는 순간 중매 거래가 폭발한다. 가격 차이가 줄어들수록 수요자 입장에서는 부가가치세 포함해서 금을 사는 대신 실물 금을 바로 찾는 쪽으로 전환하게 된다.

　중매 거래는 매도자와 매수자 모두에게 이익이 있다. 매도자는 일반 시세보다 더 높은 가격에 팔 수 있고, 매수자는 중고라 하더라도 합법적인 시스템 안에서 실물 금을 싸게 구입할 수 있다. 여기에는 물론 시간이 좀 걸리지만 금 투자를 할 때 그 정도는 감수할 가치가 있다.

　불법 시장, 소위 말하는 '뒷금 시장' 얘기를 들으며 현금을 다 준비해야 하는 방식과 다르다. 나는 공개적으로 활동하고 있고 영상도 남기기 때문에 절대 그런 불법 거래는 하지 않는다. 합법적인 틀 안에서 시스템을 통해 중개한다. 이런 구조를 이해하지 못하면 처음에는 금 시장에 대해 혼란스러울 수 있다. 그래서 나는 늘 오픈 채팅방을 통해 중매 거래 시세, 특가 공지, 금 관련 뉴스 등을 공유한다.

벌써 열 번이나 거래한 고객은 금값이 얼마냐를 따지거나 매입 타이밍을 무겁게 생각하지 않는다. 그냥 자기가 정한 기준 가격이 맞으면 매입하며 꾸준히 모은다. 금값이 오르느냐 내리느냐보다 얼마나 모을 수 있느냐가 더 중요하다. 내 기준은 "얼마에 샀느냐?"가 아니라 "몇 kg을 모았느냐?"다.

많은 사람이 금값 전망을 물어보는데, 나는 단기 시세보다는 장기 보유 전략을 선호한다. 예를 들어, 100kg을 모았다, 200kg을 모았다 이런 식의 총량 게임을 한다. 이런 생각을 가지면 가격에 일희일비하지 않게 된다. 금은 그 자체로 가치가 있고, 시간 속에서 스스로 증명하기 때문이다.

금 투자에서 중요한 건 시세가 아니라 태도다. 실물 금을 꾸준히 전략적으로 모아 가는 마음이 중요하다. 그 마음이 있다면 누구든지 이 시장에서 좋은 결과를 만들 수 있다. 그러니 부디 가격보다는 총량을 생각하며 길게 가면 좋겠다.

사고팔 때는 금은방이 아니라 중매 거래를 이용하라

금 거래를 할 때 아직도 동네 금은방을 먼저 떠올리는 사람이 많다. 하지만 오늘날 금 거래 방식은 훨씬 더 정교하고 합리적인 방향으로 진화해 왔다. 플랫폼이 바로 그 중심에 있다. 이 시스템은 단순히 금을 사고파는 곳이 아니라 '누구보다 싸게 사고 누구보다 비싸게 팔 수 있는 구조'를 갖추고 있다.

골드나라에서는 매일 아침 '베이스 프라이스'라는 기준 시세를 공개한다. 이 가격은 골드나라에서 직접 중매 거래 시장을 조사하고 파악해서 도출해 낸 '가장 현실적인 기준가'다. 예를 들어, 100g 골드바의 베이스 프라이스가 1,610만 원으로 책정되어 있다면, 이는 단순한 참고용이 아니라 실제 거래가 가능한 가격의 기준점이다.

골드바 단가도 중량에 따라 차이가 크다. 1돈 단위로 나눠서 만드는 경우에는 손이 많이 가기 때문에 단가가 당연히 올라간다. 반면, 37.5g(10돈), 100g, 1kg 단위로 만들면 가공 비용이 줄어들기 때문에 단가가 낮아진다. 그래서 같은 금이라도 어떤 중량 단위로 구성되느냐에 따라 효율이 크게 달라진다.

세금 대비 효율도 중요하다. 예를 들어, 100g 골드바는 일반 시중 부가가치세 포함가보다 약 6% 저렴하게 살 수 있다. 1kg 골드바는 기준가만 해도 6.5% 저렴하게 구매할 수 있다. 물론 효율은 시장 상황에 따라 변한다.

그렇다면 매도자는 어떨까? 금을 팔 때도 마찬가지로 베이스 프라이스를 기준으로 위탁 매도를 하면, 시중 금은방에 비해 훨씬 높은 가격을 받을 수 있다. 예를 들어, 100g 골드바를 베이스 프라이스인 1,610만 원에 위탁 매도했을 때 체결되면 수수료 2.15%를 제외하고 실수령액은 약 1,575만 4,000원이다. 반면, 동네 금은방에서 현금으로 즉시 매도하면 통상 1,467만 원 안팎이다. 결과적으로 7.38% 가까운 차이가 난다. 이는 약 108만 4,000원 이상의 차익이 발생하는 구조다.

1kg 단위에서는 이 차이가 더욱 크다. 1억 7,000만 원에 내놓은 골드바가 체결되면 수수료를 뺀 실수령액은 1억 6,634만 5,000원이다. 반면, 동네 금은방에서는 1억 5,466만 6,000원 정도밖에 못 받는다. 무려 1,160만 원이 넘게 차이가 나는 셈이다. 그렇기 때문에 중매 거래 시스템을 제대로 활용하는 사람들은 단순한 금 거래를 넘어 합리적 자산 운용에 가까운 전략을 펼칠 수 있다.

이런 구조는 골드나라가 '수요자와 공급자가 동시에 존재하는 플랫폼'이기 때문에 가능하다. 수많은 매수자와 매도자가 매일 골드나라 시스템 안에서 거래를 기다리고 있다. 그래서 물건을 내놓으면 빠르게 체결이 되고, 가격을 조금만 낮추면 '특가'로 바로 팔려 나간다. 게다가 골드나라에서는 중매 거래를 하더라도 서류 절차를 철저히 진행하고, 계좌 이체와 입금 역시 대부분 당일 안에 완료된다. 마감 시간인 저녁 7시를 넘겨도 그다음 영업일에 바로 처리되므로 고객 입장에서 불안할 이유가 없다.

물론 자금이 급한 사람들은 굳이 기다릴 필요가 없다. 위탁 매도를 하지 않고 즉시 매도를 하더라도 일반 가격보다 1% 이상 높은 가격을 제시할 수 있다. 왜냐하면 골드나라는 단순 매입이 아니라 해당 금을 가공하고 재판매할 수 있는 내부 시스템을 갖추고 있기 때문이다. 금을 사서 다시 도매상에 넘기거나 녹이는 구조가 아니라 직접 재포장하고 제품화해 새로운 구매자에게 전달할 수 있는 구조다. 이게 바로 골드나라가 타사와 다른 이유다.

결론은 분명하다. 금을 싸게 사고 싶다면 중매 거래를 활용하라. 금을 비싸게 팔고 싶다면 동네 금은방 대신 중매 거래 플랫폼을 이용하라. 이제 금 거래는 정보력과 시스템 활용 능력의 차이에서 결정된다. 이 흐름을 아는 사람만이 더 똑똑하게, 더 합리적으로 자산을 불릴 수 있다.

03
홈쇼핑에서 금을 사면 손해다

홈쇼핑에서 금을 사면 안 되는 이유

금 투자를 고려하는 사람들 중에 홈쇼핑을 통해 금 제품을 구매하는 경우가 있다. 홈쇼핑의 접근성이나 편리성 때문에 많이 선택하는 방식이지만, 실제로 홈쇼핑은 금을 구매하는 가장 비효율적이고 비싼 방법 중 하나다.

홈쇼핑에서는 흔히 37.5g(10돈) 골드바 대신 30g 같은 애매한 중량의 금 제품을 판매한다. 이 제품들은 할부 결제를 통해 소비자에게 매력적으로 보이도록 설계된다. 그러나 실제로 가격을 계산해 보면 시장 가격 대비 약 1.3배에서 많게는 1.65배까지 더 비싼 가격에 판매되는 경우가 많다. 즉 소비자들이 월 할부 금액이 적어 보인다는 이유로 이 비싼 가격을 무심코 지불하게 되는 것이다.

장기 할부에는 함정이 있다. 홈쇼핑의 금 제품은 최대 24개월, 36개월, 심지어 48개월까지 장기 할부를 지원하는 경우가 많다. 일반 매장에서는 금 구매 시 카드 할부 기간이 대체로 3~6개월로 제한적인데, 홈쇼핑은 대기업 특유의 금융 협력 시스템을 통해 장기 할부를 가능하게 한다. 그러나 장기 할부로 인해 소비자는 결국 훨씬 높은 가격을 지불하게 되며, 추후 금을 현금화할 때 큰 손실을 입게 될 가능성이 크다.

홈쇼핑의 금 제품이 비싼 이유는 명확하다. 홈쇼핑 업체들이 제품 판매 과정에서 전체 마진의 상당 부분(약 30%)을 가져가기 때문이다. 실제 제품을 공급하는 금 거래소나 제조사는 매우 낮은 마진(0.5~1% 이하)으로 납품하는 구조다. 그런데도 금 거래소들이 홈쇼핑에 제품을 공급하는 이유는 매출 실적과 홍보 효과를 기대하기 때문이다.

홈쇼핑 대신 합리적으로 금을 구매하려면 골드나라와 같은 개인 간 중매 거래 플랫폼을 활용하는 것이 좋다. 중매 거래 플랫폼은 개인 판매자와 구매자를 연결해 중간 유통 비용을 줄임으로써 소비자가 시중보다 훨씬 저렴한 가격에 금을 구매할 수 있게 해 준다. 특히 처음 금 투자를 시작하는 사람이라면 10g, 5돈, 10돈이나 100g 단위의 골드바 구매를 추천한다. 여유자금이 있다면 1kg 단위로 구매하면 더욱 효율적이다. 이를 통해 보다 합리적인 가격으로 실물 금을 확보할 수 있으며, 장기적으로 더 큰 투자 이익을 기대할 수 있다.

홈쇼핑은 편리하다. 하지만 금 투자에서는 결코 합리적인 선택이 아니다. 높은 마진과 장기 할부로 인한 추가 비용은 결국 소비자의 손해로 이어진다. 대신 중매 거래 플랫폼을 활용하여 실물 금을 더 경제적으로 구매하는 게 합리적이다.

홈쇼핑에서 금을 사는 것은 가장 비싼 선택이다

2024년 10월에 금값이 치솟았다. 1kg 골드바의 가격이 1억 3,000만 원을 넘었다. 불과 얼마 전까지만 해도 1억 2,000만 원 중반대에서 중매 거래가 활발히 이루어졌는데, 1억 3,000만 원이라는 상징적인 선을 가볍게 돌파해 버린 것이다. 이럴 때일수록 "얼마에 사느냐?"보다 더 중요한 질문은 바로 "어디서 사느냐?"이다.

홈쇼핑에서 판매하는 골드바와 국내에서 가장 공신력 있다고 평가받는 한국조폐공사 오롯 골드바의 가격을 비교해 보았다. 한국조폐공사 쇼핑몰에서 제공하는 가격은 이미 충분히 높다. 그런데도 사람들이 무심코 접근하는 홈쇼핑의 금값은 이보다도 더 높다. 도대체 얼마나 더 비싼 걸까?

예를 들어, 홈쇼핑에서 판매 중인 10g 골드바 가격이 139만 7,480원이었는데 한국조폐공사 기준 가격은 130만 3,000원이었다. 홈쇼핑 골드바가 단순 비교만 해도 9만 4,000원 가까이 비싼 셈이다. 10g

짜리 하나가 말이다. 이건 카드 결제가 되든 안 되든 상관없이 명백하게 '프리미엄'이 생긴 가격이다. 홈쇼핑 쇼호스트들의 매끄러운 멘트와 할부 혜택에 혹해서 지갑을 열게 되지만, 결과적으로는 일반적인 거래 가격보다 한참 높은 금액을 지불하는 셈이다.

또 다른 예를 들어 보자. 37.5g 골드바, 즉 10돈짜리의 경우 한국조폐공사 오롯 골드바 기준 가격은 488만 8,980원이었다. 그런데 홈쇼핑에서는 523만 4,000원까지 올라가 있는 제품도 있었다. 골드바 하나에 30만 원 이상 차이가 나는 셈이다. '무이자 할부'라는 말로 포장되어 있지만, 사실상 그 이자는 소비자가 대신 부담하는 셈이다.

중매 거래 플랫폼을 기준으로 보면, 이런 검증된 브랜드 골드바는 당시 450만 원 선에서 거래되었다. 시장보다 무려 70만 원 이상 저렴하게 살 수 있는 구조가 있다는 이야기다. 물론 홈쇼핑의 장점은 있다. 무이자 할부나 간편 결제, 쉬운 접근성 등이다. 하지만 금은 자산이다. 자산은 가급적 합리적인 가격에 신중하게 그리고 정보력을 기반으로 매입해야 한다. 단순한 소비와는 다르다.

홈쇼핑에서 금을 구매한다는 건 비유하자면 백화점에서 생필품을 사면서 서비스가 좋다고 위안 삼는 것과 비슷하다. 가격이 비싸다는 걸 알면서도 편의성 하나만으로 감수하는 소비 행태다. 자본주의 사회에서 돈에는 금융비용이 붙기 마련이고, 홈쇼핑은 이 구조를 이용해 그 비용을 제품 가격에 자연스럽게 녹여 둔다. 무이자 할부라는 말이 매력적으로 보여도 결국은 소비자가 떠안게 되는 셈이다.

나는 수많은 금 투자자를 상대하며 확신하게 됐다. 금은 합리적인 선에서 싸게 사고, 가능하면 비싸게 팔아야 한다. 단순한 논리지만 이 원칙을 지키는 사람은 많지 않다. 정보를 모으지 않고, 가격을 비교하지 않고, 눈에 먼저 들어오는 걸 사는 경우가 너무 많다.

혹시 금 구매를 고려하고 있다면 묻고 싶다.

"정말로 가장 합리적인 가격에 금을 사고 싶은가?"

그렇다면 홈쇼핑보다 더 나은 대안이 분명히 존재한다. 골드나라에서는 중매 거래를 통해 가격 차이의 허점을 줄이고, 판매자에게는 더 높은 매각 기회를, 구매자에게는 더 저렴한 가격을 제시한다. 매일 실시간으로 수백 건의 거래가 이루어지고, 고품질 골드바와 실버바가 합리적인 가격에 거래가 된다.

사람들은 말한다.

"금은 어차피 다 똑같은 금 아닌가요?"

아니다. 금 자체는 같을 수 있어도 그 금을 어디서, 어떻게, 얼마에 사느냐에 따라 투자 성과는 완전히 달라진다. 정보가 자산이고, 신뢰가 프리미엄인 시대다. 홈쇼핑에서 금을 사는 것은 가장 비싼 선택이다. 반면, 중매 거래를 이용하는 것은 가장 똑똑한 선택이다.

04
아무리 급해도
아무 데나 팔지 마라

골드바와 실버바를 아무 데나 팔면 손해다

금과 은 가격은 실시간으로 시시각각 변동한다. 하지만 일반 오프라인 금은방은 이러한 가격 변동을 즉시 반영하지 않는다. 하루에 한두 번, 많아야 몇 차례만 가격을 조정한다. 이 때문에 골드바나 실버바를 급히 판매하면 제대로 된 가격을 받지 못하는 경우가 많다. 실제 실물 금 시장에서는 매일 오전 10시 전후에 첫 가격이 형성된다. 이후에도 수시로 가격이 조정된다. 따라서 급하게 팔기보다는 일주일에서 한 달 정도의 여유를 가지고 위탁 매매를 통해 판매하면 더 좋은 가격에 거래할 수 있다.

개인 간 금과 은 거래를 중개하는 시스템인 중매 거래 방식으로 시중 금은방보다 평균적으로 3~7% 더 높은 가격에 금을 팔 수 있다. 예를 들어, 1억 원 상당의 금을 판매할 때 위탁 매매를 활용하면 300만~700만 원 정도 더 받을 수 있다. 실버바의 경우에는 이 차이가 더욱 커서 최소 7% 이상 높은 가격을 받을 수도 있다.

한때 중매 거래 플랫폼에서 유명 브랜드 실버바 1kg 제품을 특가 99만 원으로 내놓았는데 하루 만에 모두 판매되었다. 10돈 골드바도 특가로 348만 5,000원에 올라왔을 때 빠르게 소진되어 거의 품절 상태가 된 적이 있다. 이렇게 합리적인 가격으로 판매된 제품들은 빠르게 거래가 이루어진다.

이런 식으로 중매 거래 플랫폼은 매일매일 최신 가격이 업데이트되고, 판매 제품에도 즉시 반영된다. 판매자는 시장 가격보다 조금 더 낮게 가격을 책정하더라도 금은방 판매가보다 높은 가격을 받을 수 있다. 구매자 역시 시중가보다 저렴하게 금과 은을 구매할 수 있어 모두에게 이익이다.

금과 은을 중매 거래로 판매하려면 다음과 같은 간단한 과정을 거치면 된다. 첫째, 신뢰할 수 있는 중매 거래 플랫폼에 가입한다. 둘째, 판매할 금이나 은의 시세를 확인하고 가격을 책정한다. 셋째, 시간을 여유 있게 잡고 판매될 때까지 기다린다. 이 방법을 활용하면 성급하게 저가로 판매하지 않고 보다 높은 가격을 받을 수 있다.

골드바나 실버바를 판매할 때는 절대 금은방에 바로 팔지 않아야 한다. 그 대신에 조금의 시간과 여유를 가지면 중매 거래를 활용하여 더욱 합리적이고 높은 가격에 거래할 수 있다.

프리미엄 제품은 신중하게 처리하라

요즘 실물 금을 갖고 있는 사람들이 많이 하는 질문이 있다.
 "메이플 코인이나 이글 코인, 혹은 은화 같은 실버 제품을 급하게 현금화하려고 할 때 금은방에 그냥 가져가도 괜찮은가요?"
 이 질문을 받을 때마다 나는 "그냥 가져가지 마라."고 단호하게 대답한다. 그 이유는 단순히 가격 문제만이 아니다. 요즘처럼 현금 흐름이 막혀 있는 시대에는 그 선택이 큰 손해로 이어질 수 있다.
 먼저 현재 현금 상황부터 짚어 보자. 금융당국이 FIU 시스템을 통해 1,000만 원 이상의 현금 인출은 자동 보고 대상으로 삼고 있다. 500만 원만 인출하려고 해도 은행 직원이 용도를 묻고, 보이스피싱 예방 명목으로 신분 확인을 요구한다. 내 돈인데도 그걸 찾는 이유를 설명해야 한다는 현실은 점점 더 '현금 없는 사회'가 다가오고 있음을 보여 준다.
 금은방 역시 예외는 아니다. 실물 금이나 은을 파는 사람들이 주로 찾는 이유는 대부분 '급전'이다. 갑작스러운 자금 수요, 생활비 부족, 혹은 통장 압류 상태 등 현실적인 이유가 많다. 특히 통장 입금이 불가능한 경우 현금만이 유일한 해답이 된다. 하지만 이처럼 절박한 상황일수록 제대로 된 가격을 받기란 더욱 어렵다.

메이플 실버 코인이나 이글 금화처럼 프리미엄이 붙은 고급 실버 제품도 예외는 아니다. 예를 들어, 메이플 실버 1oz 코인을 금은방에 가져가면 은 시세 기준으로 단순 환산된 가격밖에 받지 못한다. 예를 들어, 은 시세가 3.75g에 3,400원일 때 이 기준으로 계산하면 코인의 매입가는 고작 2만 8,197원에 불과하다. 하지만 중매 거래를 활용하면 가격 차이가 15% 이상 나기도 한다. 단지 '급해서' 그냥 파는 경우 손해는 감당하기 어려운 수준이 된다.

정말 급하다면 어쩔 수 없지만 가능한 한 시간을 벌자. 최소한 1주일만이라도 여유를 두고 중매 거래 방식으로 천천히 판매하면 손해를 줄이고 실질적인 이익을 지킬 수 있다. 중매 거래는 내가 원하는 가격을 설정하고 시장에 내놓는 방식이다. 당장 돈이 들어오지는 않지만 더 높은 가격을 받을 수 있는 기회가 생긴다. 실제로 그렇게 해서 160만 원대에 팔릴 메이플 코인 1tube, 25oz를 260만 원에 매도한 사례가 있다.

현금 유통이 막히면서 시장 전체의 흐름도 바뀌고 있다. 과거에는 유통량이 많고 수급이 원활해 금은방에서도 어느 정도 현금을 맞출 수 있었지만 지금은 아니다. 매입 자체를 꺼리거나 매입가를 현저히 낮춰서 부르는 경우가 많다. 특히 이글 금화처럼 거래가 드문 제품은 정해진 루트가 없으면 제값을 받기가 어렵다. 금은방도 팔기 쉬운 제품만 선호하고, 나머지는 "그냥 녹여서 쓸게요."라는 식으로 헐값에 사들이는 게 현실이다.

결국 답은 하나다. 실물 금이나 은을 정리할 때는 중매 거래를 활용해 시장 흐름을 반영한 가격으로 판매하는 것이 가장 합리적이다. 특히 메이플, 이글, 프루프 실버 같은 프리미엄 제품은 단순 시세로 가격이 매겨질 수 없는 자산이다. 더구나 지금처럼 현금 흐름이 막히고 정부의 관리 감독이 강화된 시기일수록 시간을 투자해 신중히 움직여야 한다.

현명한 선택이 자산을 지키는 길이다. 다시 말하지만, 메이플이나 이글, 수집용 금화·은화, 귀한 골드바, 실버바 등을 그냥 금은방에 가져가지 마라. 그건 당신의 자산가치를 스스로 저평가하는 일이다.

05
실물 금 거래는 아는 만큼 번다

비싸게 팔려면 정보를 모으고 구조를 이해하라

2024년 10월, 금값이 사상 최고치를 찍었다. 국제 금 시세 기준으로 1oz당 2,078달러, 은값은 아직 억눌려 있지만 1oz당 31.89달러로 상승의 기운을 드러내기 시작했다. 여기에 환율까지 상승하며 원화 기준 금값이 이중으로 뛰는 현상이 벌어졌다. 금을 사 본 적 없는 사람이라면 의문이 들 수 있다. "이렇게 비싼데 누가 사?"라고 말이다. 하지만 정작 거래 현장에서는 반대다. 사려는 사람은 넘치고, 팔려는 사람이 사라지고 있다. 그게 지금 금 시장의 현실이다.

이런 상황에서 나는 중매 거래를 활용해 금을 유통한다. 중매 거래는 매도자가 제시한 물건을 매수자에게 연결해 주는 방식이다. 가격은 매도자가 제안한다. 그 가격이 베이스 프라이스보다 합리적이면 매수자는 빠르게 붙는다. 실제로 나는 한국조폐공사 골드바를 기준으로 국내 최고가 수준에서 금을 중개해 주었다. 단순한 현금화가 아니라 수수료 2.15%만 제외하고 가장 높은 수익률을 매도한 고객에게 안겨 준 셈이다. 매수자도 물론 만족한 낮은 가격으로 자산을 취득한 것이다.

왜 이런 게 가능할까? 이유는 간단하다. 살 사람이 너무 많기 때문이다. 금을 팔고 나면 재고 수량은 바로 떨어진다. 중매 거래에 물건을 올리는 사람은 가격을 조금만 조정해도 빠르게 체결된다. 오히려 공급이 모자랄 정도다.

실제 운영 중인 오픈 채팅방에 들어가 보면 분위기를 체감할 수 있다. 실물 금과 은에 투자하는 사람들, 정보를 교환하고 서로의 매입 사례를 공유하는 이들이 활발하게 활동 중이다. 네이버 카페도 마찬가지다. 이런 커뮤니티 기반의 정보망이 점점 더 중요해지고 있다. 팔 때도, 살 때도 혼자 판단하면 손해다. 누가 어디서 어떤 가격에 팔았는지를 아는 것만으로도 수익률은 크게 달라진다.

나는 금값이 오른 지금이 오히려 '파는 기술'이 중요한 시점이라 생각한다. 단순히 금은방이나 주변에 보이는 금 거래소가 아니라 실시간 시세와 수요·공급 흐름을 바탕으로 거래하는 것이 진짜 실력이다. 특히 한국조폐공사 골드바처럼 브랜드가 명확한 제품은 프리미엄을 더 얹을 수 있다. 그걸 모르고 그냥 파는 사람은 정보 부족으로 5~10% 이상 손해를 본다.

지금처럼 금값이 최고가를 뚫고 있는 시점에는 매도자가 '왕'이다. 금은 단순한 자산이 아니라 전략 자산이다. 금을 어떻게 사느냐도 중요하지만 어떻게 파느냐가 훨씬 더 중요해진 시대다. 나처럼 정보를 모으고, 구조를 이해하고, 실전 경험을 축적한 사람만이 '가장 비싸게 파는 방법'을 체득하게 된다.

금도 브랜드가 대우받는다

겉보기에는 모두 반짝이는 금덩어리일지 몰라도 실물 금 시장에서 금은 결코 모두 같지 않다. 특히 실물 골드바를 매매하거나 보유하려는 이들에게는 금의 순도나 무게 외에 중요한 평가 기준이 하나 더 존재한다. 바로 브랜드다. 같은 1kg짜리 999.9 골드바라도 누구의 이름이 찍혀 있는지에 따라 시장의 반응은 현격히 달라진다. 금은 단순한 금속이 아니라 시장의 신뢰와 취향 그리고 유통력까지 품은 '브랜드 상품'인 셈이다.

많은 사람이 "금은 다 똑같다."고 쉽게 말하지만, 실제 거래를 해 본 사람이라면 이런 말이 얼마나 현실과 동떨어져 있는지 잘 안다. 예를 들어, 브랜드가 없는 막금 골드바는 대체적으로 큰 문제가 없지만, 시장에서는 브랜드 파워가 약하다. 다시 말해 이름값이 상대적으로 약하기 때문에 동일한 조건에서도 선호도가 떨어진다. '브랜드 없는 골드바'에 대한 대중의 인식은 "이왕이면 이름 있는 걸 사겠다."로 귀결된다. 실물 금 시장에서의 선택은 언제나 '신뢰'와 '인지도'를 바탕으로 움직인다.

국내 금 시장에서 흔히 말하는 '4대장'이 있다. 이 4가지 골드바는 많은 투자자 사이에서 대표 브랜드로 통한다.

첫 번째는 단연 LS 골드바다. LS MnM은 단순한 민간 기업이 아니다. 재계 13위권에 드는 대기업으로 전선과 구리 소재 분야에서 이미 독보적인 위상을 가지고 있다. 이 LS 그룹 산하의 재련 기업에서는 전선 재료를 생산하는 과정에서 부산물로 금, 은, 팔라듐, 플래티넘 등이 함께 추출된다. 이렇게 고도로 정제된 원재료를 기반으로 LS 골드바가 생산된다. 중요한 것은 이 LS 골드바가 런던금시장협회 LBMA의 딜리버리 인증을 받은 골드바라는 점이다. 즉 글로벌 기준으로도 인정받은 품질과 신뢰도를 갖춘 국내 유일의 브랜드라고 할 수 있다.

두 번째는 한국조폐공사 골드바다. 국가기관이 직접 생산에 참여한 제품이라는 사실 하나만으로도 이 골드바는 압도적인 신뢰를 얻는다. 한국조폐공사는 말 그대로 대한민국의 화폐를 제작하는 기관이다. 그런 곳이 보증하고 생산한 골드바는 단순한 귀금속을 넘어선 '공신력의 상징'이다. 국가가 품질을 보증한다는 것만으로도 일반 소비자와 투자자는 안심하고 골드바를 선택할 수 있다. 그래서 중고 거래 시에도 한국조폐공사 골드바는 압도적으로 높은 환금성을 보이며 선호도가 가장 높다.

　세 번째로 주목할 브랜드는 한국금거래소 골드바다. 이 브랜드는 실물 금 유통을 담당하는 민간 기업 중에서 가장 많이 알려진 편이다. 한국조폐공사 골드바나 LS 골드바에 비하면 원자재 공급이나 공신력 면에서는 뒤처질 수 있지만, '판매와 유통' 면에서는 다소 강점을 보인다.

　마지막으로 소개할 브랜드는 골드나라 아우라 골드바이다. 최신 기술로 제작된 최고급 골드바와 실버바는 정교한 품질과 세련된 디자인으로 대중의 높은 관심을 받고 있다. 특히 뒷면에는 위조·변조를 방지하는 잠상 기술이 적용되어 제품의 보안성과 진품 인증 기능을 한층 강화했다. 또한 골드나라는 중매 거래 부문에서 국내 독보적인 위치를 차지하며, 실물 금 투자자들 사이에서 가장 신뢰받는 브랜드 중 하나로 자리 잡았다. 더불어 골드나라는 KRX 금시장의 자기매매 회원사로서 국내 금 거래의 신뢰성과 투명성을 함께 선도하고 있다.

　이렇듯 각 골드바 브랜드는 단순한 제조사를 넘어 시장에서의 신뢰, 유통의 편의성, 환금성 그리고 포장 상태와 미관까지 아우르는 종합적인 평가를 받는다. 나 역시 처음 실물 금 시장에 들어왔을 때 작은 업체로 시작해 이 거대한 브랜드들에 맞서보려고 했다. 하지만 현실은 단단했다. '한국조폐공사'라는 글자가 금과 함께 각인된 순간, 시장은 이미 그 신뢰를 인정하고 있었다. 그래서 나도 이러한 신뢰를 구축하는 방향으로 사업을 해 왔다.

나는 골드바를 고르는 고객들에게 이렇게 묻는다.

"정말 금이 다 같다고 생각하세요?"

실제로는 아니다. 시장은 늘 어떤 금이 '조금 더 낫다.'고 판단한다. 어디서 찍었는지, 어떻게 포장됐는지, 무엇이 보증하는지에 따라 금의 '상품 가치'는 천차만별이다. 이 모든 조건이 '같은 금속'이라는 본질을 넘어서는 새로운 가치를 만들어 낸다.

이제 실물 금 투자를 고민하는 사람이라면 명심해야 한다. 금은 단지 무게로만 판단되는 자산이 아니다. 신뢰, 브랜드, 유통력, 디자인, 포장, 심지어 포장재의 형태까지 모두 가격에 영향을 미친다. 골드바는 단순한 금속 덩어리가 아니라 자신이 믿고 거래하는 시장에서의 '이력서'다. 브랜드가 있는 금, 신뢰가 담긴 금, 보장받는 금. 이것이 실물 금 투자에서의 진짜 기준이 되어야 한다.

금 투자는 부의 상징이 아니라 부자가 되는 방식이다

국제 금 시세가 1oz당 4,398달러로 최고치를 달성한 지금 "진작에 예금 깰 걸 그랬어요." 하는 사람이 많다. 나는 그런 얘기를 들을 때마다 속으로 '그때 제 얘기를 들으셨다면 얼마나 좋았을까요?'라고 생각한다. 지금은 마치 달리는 말에 올라탄 것과 같다. 물론 앞으로 어떻게 될지는 모른다. 하지만 분명한 건 이 흐름을 먼저 탄 사람들은 이미 수익을 보고 있다는 사실이다. 내 주위만 봐도 조금이라도 일

찍 금을 준비한 사람들은 이미 200~500% 이상의 수익을 얻고 있다.

나는 금과 은을 단기 차익보다는 장기 자산으로 보고 접근해 왔다. 금은 진짜 돈이다. 내가 금을 통해서 배운 건 단순히 가격이 오르내리는 게임이 아니라 부를 관리하고 유지하는 법이다. 그렇게 실물자산과 함께 수년을 보내다 보니 어느 순간 금은 내 자산의 일부가 되어 있었다. 지금처럼 금값이 100g당 2,400만 원을 넘는 상황이 와도 당황하지 않고 자연스럽게 받아들일 수 있다.

십수 년간 많은 고객과 거래를 했다. 그때 100g 골드바를 450만 원, 500만 원, 550만 원에 샀던 사람들은 지금 2,400만 원의 가치를 가진 골드바를 손에 쥐고 있는 셈이다. 꾸준히 함께해 온 사람들은 지금 대부분 '검증된 수익'을 경험하고 있다.

지금 금값이 많이 오른 건 사실이다. 하지만 더 오를지, 조정을 받을지는 아무도 모른다. 그러니 너무 조급해하지 말고, 내가 가진 자금의 일부를 정해진 날짜에 일정한 방식으로 꾸준히 실물 금을 사 모으는 것이 좋다. 장기적인 관점에서 금은 반드시 우상향한다. 물론 조정은 온다. 하지만 그때는 다시 좋은 매수 기회가 된다.

금 투자에서 가장 큰 착각은 '최저점에서 사고 싶다.'는 욕심이다. 예전에 100g을 샀는데, 지금 올라서 기분 좋다가 조정이 오면 "본전됐다."며 실망하는 건 투자가 아닌 도박이다. 타이밍보다 중요한 것은 '평균'이다. 평소처럼 매달 일정 금액으로 마치 저축하듯이 쌓다 보면 평균 단가가 맞춰진다. 이렇게 하면 장기적으로 가격이 올랐을 때 평단가 아래로 떨어질 일이 거의 없어진다.

그리고 팔아야 할 상황이 왔을 때 당황하지 말아야 한다. 갑작스레 현금이 필요해진 상황이라면 더욱 그렇다. 그럴 때는 '어떻게' 파느냐가 핵심이다. 나에게 매도 의사를 밝히는 사람은 보통 국내 최고가 수준으로 금을 팔 수 있다. 동네 소매점에 넘기는 것과는 비교도 안 된다. 수십만 원에서 수백만 원의 차이를 만들 수 있다. 그게 바로 정보의 힘이다.

지금 나와 연결된 플랫폼은 유튜브만 해도 구독자 수가 10만 명이 넘는다. 다수의 오픈 채팅방에서는 4,000여 명이 실시간으로 소통한다. 실제 거래에 참여하는 중매 거래방에도 약 700명, 여기에 네이버 블로그, 인스타그램, 틱톡까지 움직인다. 이 커뮤니티와 시스템이 있기 때문에 거래가 가장 빠르고 확실하고 활발하다. 많은 사람이 나와 연결되어 있기 때문이다.

금은 부자의 상징이 아니라 부자가 되는 방식이다. 눈앞의 등락에 흔들리지 말고 장기적으로 가야 한다. 꾸준한 실천이 곧 부로 이어진다. 그렇게 쌓은 금은 위기의 순간에 든든한 버팀목이 되어 줄 것이다.

06
실물 골드바는 움직이는 돈의 최전선이다

금 투자는 시세보다 실물이 중요하다

금값이 심상치 않다는 이야기는 이제 더 이상 뉴스도 아니다. 그런데 정작 중요한 건 단순히 시세가 오르고 있다는 사실이 아니다. 진짜 이상 징후는 '출고 지연'이라는 현상에서부터 시작된다. 2024년 2월과 10월 그동안 금을 거래해 오면서 이렇게까지 실물 출고가 밀려본 적이 없을 정도로 시장이 들썩였다.

상황이 이러니 사람들도 빠르게 움직였다. 어떤 고객은 1kg 골드바 가격이 4,000만 원일 때 고민하다가 놓쳤고, 7,500만 원일 때 또

놓쳤다며 이번에는 미루지 않겠다고 했다. 결국 현금을 들고 직접 매장에 와서 골드바를 사 갔다. 이전에는 달러나 예금만이 안전자산이라 생각했지만 시간이 지나면서 사람들이 금의 실질 가치를 깨닫고 있다.

내가 하는 조언은 단순하다. 더 늦기 전에 인출하는 게 낫고, 보관료를 피하고 싶다면 직접 들고 있든지, 믿을 수 있는 곳에 맡겨야 한다. 골드나라에서는 보관증을 발급하고 따로 수수료를 받지 않는다. 보관 및 운용을 통해 금 시세 상승에 따른 차익을 추구하는 동시에 배당금을 지급하는 정책도 시행하고 있다. 보관처가 없다면 그런 방식도 고려해 볼 수 있다.

지금 금을 사는 사람들은 단기 시세 차익만을 노리는 게 아니다. 언제 닥칠지 모를 위기에 대비해 돈의 본질, 가치 저장의 수단으로서 금을 택한 것이다. 하루라도 빨리 준비하려는 사람들이 움직인다. 금은 한 번 사 두면 없어지지 않는다. 기억에서 잊힐 수는 있지만 사라지지 않는다. 금을 사야 할 타이밍을 말하자면 지금보다 더 빠른 시간은 없다.

저렴한 금보다 자신의 취향에 맞는 금을 찾는 추세다

금값이 신고가를 경신할 때마다 당연히 실물 금 투자에 대한 관심이 뜨겁다. 시장의 수요가 높아질수록 사람들은 같은 1kg짜리 골드바라 해도 더 나은 브랜드, 더 예쁜 디자인, 더 공신력 있는 제조사를 찾는다. 결국 '어떤 금을 사느냐?'는 '무엇을 믿고 사느냐?'의 문제이자 '어떤 가치를 추구하느냐?'의 선택이다.

예전에 신한은행 골드바가 특가로 판매되었는데, 1kg짜리가 9,425만 6,000원에 거래됐다. 일반 소비자들은 이런 거래가 언제 이루어지는지조차 모른 채 지나가곤 하지만, 실물 금 시장에 익숙한 투자자들에게는 결코 낯선 일이 아니다. 신한은행 골드바는 LS MnM과 직접 계약을 맺고 생산하는 제품으로 품질 면에서는 흠잡을 데 없다. 그러나 실제 거래 현장에서는 아이러니하게도 동일한 재료를 쓴 LS 순정 골드바보다 인기가 다소 떨어진다. 왜 그럴까?

그 이유는 단순히 '브랜드 감성'의 차이다. 순수 LS 골드바에 신한은행이라는 로고가 추가로 새겨져 더 신뢰감을 준다고 생각하지만 사람들은 LS MnM에서 만든 원형 그 자체의 골드바를 더 선호한다. LS 골드바 100g에는 봉황이 정교하게 새겨져 있다. 이 봉황 문양은 단순한 장식이 아니라 상징성을 갖는다. '전통과 정통성'을 동시에 품고 있다는 인식 덕분에 시장에서는 LS 골드바에 자연스럽게 프리미엄이 붙는다. 브랜드 가치와 심미성, 유통력이라는 요소가 얽혀 있는 것이다. 아무리 신한은행이라는 금융권 대기업의 후광이 있다고 해도 골드바 시장에서는 시각적 아름다움과 유통 신뢰가 우선 평가 기준이 된다.

100g 골드바 시장도 사정은 비슷하다. 같은 LS 골드바를 원자재로 한국조폐공사에서 만든 오롯 골드바는 초기 공급가 자체가 LS 오리

지널보다 1~1.5%가량 비싸다. 이는 단순히 부가가치세 차이가 아니라 한국조폐공사의 네이밍과 입체감 있는 조형 기술 그리고 패키징의 차이에서 비롯한다. 한국조폐공사 골드바에는 용이나 호랑이 같은 전통 문양이 입체적으로 새겨져 있는데, 이 정교한 디테일은 '금의 기능'이 아닌 '금의 상징성'을 소비자에게 각인시키는 요소가 된다. 공을 들여 만든 제품이라는 인식은 그 자체로 프리미엄을 만든다.

초보자일수록 한국조폐공사 제품을 선호하는 경향이 강하다. 이유는 단순하다. 한국조폐공사에서 만든 거니까 안심된다는 것이다. 한국조폐공사라는 이름은 국가기관이 품질을 인증했다는 무언의 보증서 역할을 하며, 실물 금에 대한 불안감을 한 방에 덜어 준다. 특히 입체적인 디자인, 튼튼한 케이스 포장, 깨끗한 표면 마감은 '선물용', '보관용', '상속용' 등 여러 목적을 가진 소비자에게 확실한 만족감을 준다. 시장에서의 신뢰, 유통의 편의성, 심미적 만족감까지 모두 고려한 선택이다.

물론 이런 제품들은 비싸다. 같은 100g 골드바라 해도 몇만 원 이상 차이가 나기도 한다. 하지만 실물 금을 장기 보유하는 사람이라면 이 몇만 원이 단기 손익보다 훨씬 큰 안정감과 유동성 프리미엄을 제공한다는 사실을 알아야 한다. 똑같은 금이라도 누가 만들었는지, 어떻게 포장되었는지, 무엇이 새겨져 있는지에 따라 시장은 전혀 다른 가격을 붙인다.

심지어 어떤 투자자들은 뚱뚱한 모양의 신한 골드바보다 얇고 긴 형태의 한국조폐공사 골드바를 더 선호한다. 외형의 미묘한 차이,

색채의 미세한 인식이 시장의 선택을 좌우한다. 어떤 사람은 "금은 다 똑같은데 왜 비싼 걸 사냐?"고 묻지만, 이는 자동차를 단지 바퀴 4개 달린 이동 수단으로만 보겠다는 것과 같다. 누군가에게는 브랜드가 곧 신뢰고, 품격이며, 교환가치다.

일부 골드바에는 플라스틱 캡슐이 씌워져 있어 '만져 보는 맛'을 추구하는 소비자들에게 인기가 높다. 실물 금을 손에 쥐었을 때의 차가운 감촉, 무게는 일반적인 금융상품에서는 느낄 수 없는 특별한 경험을 제공한다. 그래서 아예 5종류의 골드바를 컬렉션처럼 구입하는 사람도 있다. 가격의 높고 낮음을 떠나 자신만의 만족과 가치 기준을 위해 투자하는 것이다.

오늘날의 실물 금 시장은 단순히 저렴한 금을 찾는 사람들만의 것이 아니다. 자신에게 맞는 금, 자신이 만족할 수 있는 금을 찾는 사람들로 가득하다. 당신이라면 어떤 골드바를 선택하겠는가? LS MnM의 봉황일까? 한국조폐공사의 용일까? 아니면 직접 손으로 만질 수 있는 둥근 캡슐형일까? 선택은 결국 당신의 취향과 제품에 대한 신뢰가 결정할 것이다.

골드바는 단순한 상품이 아니라 시간을 이기는 자산이다

2022년 초 금값이 치솟았다. 국제 금 시세는 1oz당 1,930달러를 넘나들고, 러시아의 우크라이나 침공 소식이 전해졌을 때는 1,975달러까지 치솟았다가 급락하고 다시 반등하는 등 시장은 숨 가쁜 변동을 겪었다. 이러한 급등락 속에서 내가 눈여겨보는 것은 단기적인 가격보다 '흐름'이다. 당시는 단순한 조정이 아니라 제3차 오일쇼크를 방불케 할 정도의 인플레이션 그리고 지정학적 충돌이 겹친 격변의 시기였다.

그때 국제유가는 이미 1배럴당 110달러대를 돌파했다. 서부텍사스유WTI는 113달러, 브렌트유는 119달러까지 치솟았다. 이 정도면 그냥 유가 상승이 아니라 글로벌 물가를 뒤흔드는 파도였다. 내가 이 상황을 바라보는 관점은 단순하다. 세상은 변하고 있고, 지금은 자산을 지키기 위한 대비가 필요한 시점이라는 것이다.

이런 상황에서 나는 금, 특히 실물 골드바를 강조한다. 단기 차익을 노리는 ETF, 선물거래, 종이 금이 아닌 손에 쥘 수 있는 '진짜 금, 진짜 돈' 말이다. 내가 생각하는 골드바의 본질은 단순한 상품이 아니라 '시간을 이기는 자산'이다. 매수와 매도를 반복하며 스트레스를 받을 필요가 없다. 오히려 시간이 흐를수록 가치가 더 또렷해지는 자산이기 때문이다.

당시 나는 "금값이 오른 지금도 결코 늦지 않았다. 오히려 지금이 두 번째 기회다."라고 역설했다. 당시 시장에서는 한국조폐공사 오롯 골드바 37.5g(10돈)이 평균 327만 원 선에 거래되었다. 타 브랜드보다 다소 비싸다고 생각할 수 있지만, 브랜드 프리미엄과 중고 거래 시 되팔 때의 가격까지 고려하면 그만한 이유가 있다. 실제로 중고시장에서는 1~3% 프리미엄을 받고 거래되는 경우가 많다. 그만큼 사람들은 브랜드와 안정성, 신뢰를 가격에 반영하는 것이다.

내가 강조하고 싶은 것은 단지 브랜드 프리미엄에 관한 이야기가 아니다. 그때는 오히려 한국조폐공사 오롯 골드바조차도 298만 원대에 살 수 있는 절호의 기회였다는 점이다. 무슨 말이냐면, 브랜드 골드바도 인지도가 떨어지는 비브랜드 골드바보다 오히려 더 저렴하게 살 수 있는 상황이 된다는 것이다. 이 가격 차이가 어떻게 가능한 걸까? 바로 골드나라 플랫폼을 통해 중매 거래 방식으로 거래를 진행하기 때문이다. 매도자가 자금이 급한 경우에는 아주 저렴한 가격으로 내놓기도 한다.

한 가지 더 중요한 사실이 있다. 한국조폐공사 오롯 골드바는 중고 시장에서도 환금성이 매우 뛰어나다. 단순히 싸게 사는 것이 중요한 것이 아니다. 나중에 팔아야 할 때 유동성이 확보된다는 것이야말로 진짜 자산이 갖춰야 할 조건이다. 그런 점에서 볼 때 한국조폐공사 골드바를 비브랜드 골드바보다 싸게 살 수 있는 구간은 '역설적인 황금의 기회'다.

금값은 앞으로도 쉽게 꺾이지 않을 것이다. 러시아의 금본위제 도입 움직임, 달러 패권의 균열 조짐 그리고 연이은 인플레이션 압력은 실물자산에 대한 수요를 계속해서 자극하고 있다. 환율이 오르고 국제 금값이 상승하는 구조 속에서 국내 실물 금값은 글로벌 시세를 앞서 반영할 수도 있다. 그때처럼 해외 금값은 1%밖에 오르지 않았는데 국내 실물 금값은 3% 이상 상승하는 일이 벌어지기도 한다. 이처럼 실물 시장은 국제 시세와는 다르게 독립적 움직임을 보이기도 한다는 점에서 지금의 구간은 더욱 주목할 필요가 있다.

당시 나는 투자자들에게 "지금은 게임이 바뀌었다."고 말했다. 단순히 시세만 따라가는 시대는 지났다. 실물 금의 품질, 브랜드, 되팔 때의 가격, 구매 경로까지 전부 고려해야 하는 시대다. 특히 골드나라 같은 중매 거래 플랫폼을 통해 실물 거래를 체험해 본 사람이라면, 단순히 싸게 사는 것이 아니라 '제대로 된 금'을 제대로 된 가격에 사는 방법을 알게 될 것이다.

8장

절대 실패하지 않는 금 투자 리스크 관리

01
골드뱅킹은 수익을 갉아먹는다

**골드뱅킹은 수익이 아닌
세금을 늘리고 유동성을 제한한다**

금 투자를 고려하는 사람들에게 골드뱅킹은 한때 매력적이었다. 공신력 있는 은행에서 취급한다는 게 무엇보다 믿음직스러웠을 것이다. 하지만 많은 투자자가 실물 금을 인출하거나 매도 차익을 실현하려는 경우 엄청난 세금 부담을 지게 된다는 사실을 뒤늦게 깨달았다. 골드뱅킹의 구조적 문제와 과세 체계로 인해 투자자들이 감당해야 할 비용이 생각보다 상당히 많다.

예를 들어, 매매 차익에 대해 배당 소득세 15.4%가 부과되고, 실물을 인출할 때는 부가가치세 10%가 추가된다. 또한 실물 인출 수수료도 발생한다. 이 모든 세금과 수수료를 합치면 처음에는 분명히 수익이 났다고 생각했지만 결과적으로는 투자만큼의 기대 수익을 얻지 못할 때가 많다.

문제는 많은 투자자가 이 구조를 잘 알지 못한 채 수년간 금을 보유하다가 인출 시점에서야 '세금 폭탄'을 맞는다는 사실을 알게 된다는 것이다. 세제 혜택을 기대하고 투자했던 상품이 실물 인출이라는 가장 기본적인 과정에서 도리어 손실을 유발하는 역설적인 구조인 셈이다. 따라서 금 투자를 고려하는 사람이라면 골드뱅킹의 구조를 반드시 다시 살펴봐야 한다. 그리고 더 나은 대안을 고민해야 한다.

투자란 수익률만이 전부가 아니다. 세금과 수수료까지 포함한 '최종 수익'을 지키는 전략이 진짜 투자다. 골드뱅킹은 표면적으로는 안정적이지만 실질적으로는 많은 함정을 내포하고 있는 상품이다. 지금이라도 골드뱅킹이라는 이름 뒤에 감춰진 위험을 제대로 이해하고, 보다 현명한 선택을 해야 할 때다.

나는 평소에 실물 금을 강조한다. 실물 금은 화폐의 신뢰가 흔들릴 때 그 가치를 지켜 주는 확실한 자산이다. 하지만 금 투자라고 해서 다 같은 게 아니다. 특히 고액 자산가라면 절대로 해서는 안 되는 방식이 골드뱅킹이다.

많은 사람이 골드뱅킹의 표면적인 장점에 현혹된다. 소액으로도 투자할 수 있고, 실물을 보관할 필요도 없고, 실시간으로 환율과 금 시세를 반영해 손쉽게 거래할 수 있다고 한다. 겉보기에는 매력적으로 보일지 모르지만 실상은 그렇지 않다. 골드뱅킹은 실물 금을 보유하지 않은 채 가격에만 투자하는 구조로 '종이 금'에 불과하다.

문제는 여기서 끝나지 않는다. 골드뱅킹의 가장 큰 함정은 세금이다. 일단 매수할 때 1%, 매도할 때 1%, 총 2%의 수수료가 붙는다. 여기에 실물 인출을 원하면 부가가치세 10%가 추가되고, 환차손 보전 명목으로 4%의 수수료까지 요구되기도 한다. 결국 실물 인출을 원할 경우 총 16%의 비용이 발생한다. 이쯤 되면 금 시세가 상당히 올라야 본전을 맞출 수 있다.

더 큰 문제는 세금이다. 골드뱅킹 수익은 금융소득으로 간주되며, 기본적으로 15.4%의 이자소득세가 원천징수된다. 그러나 연간 금융소득이 2,000만 원을 초과하면 금융소득종합과세 대상이 되고, 예금자 보호가 되지 않는다. 나라 좋은 일만 시켜 주는 진정한 애국자가 되는 것이다. 이게 끝이 아니다. 금융소득이 2,000만 원을 넘으면 건강보험료도 함께 오른다. 소득월액보험료라는 항목으로 매월 일정 금액을 납부해야 하며, 장기요양보험료까지 따라붙는다. 결국 고액 자산가가 골드뱅킹을 통해 얻게 되는 수익의 절반 이상이 세금으로 빠져 나가게 되는 셈이다.

나는 수많은 고객을 만나며 이런 경우를 실제로 보았다. 금값이 3배 가까이 올랐는데도 실익은커녕 세금 부담에 숨이 막힌다는 이야기를 듣는다. 그래서 나는 단호하게 말한다. 고액 자산가일수록 골드뱅킹은 절대 금지라고 말이다.

그렇다면 어떻게 해야 하는가? 정답은 실물 금 투자다. 지금처럼 중매 거래 플랫폼을 활용하면 시세보다 저렴하게 금을 사고, 필요할 때 실물 보관과 운용도 할 수 있다. 부가가치세 부담이 줄어들고, 장기 보유로 인한 과세 이슈도 피할 수 있다. 실제로 나는 많은 고객에게 이런 방식으로 금 투자를 안내하고 있으며, 충분히 실현 가능한 대안이다.

금값이 오르면 오를수록 골드뱅킹과 실물 금의 차이는 더욱 벌어진다. 오히려 많이 오른 지금이야말로 정리를 해야 할 시점이다. 이미 골드뱅킹을 하고 있다면 수익이 나는 지금 시점에서 과감히 청산하고 실물 금으로 전환해야 한다. 그래야 더 큰 세금 부담을 피할 수 있다.

은행은 설명하지 않는다. 고객이 모든 책임을 진다. 골드뱅킹에 대한 은행의 설명은 매우 제한적이다. 예를 들어, 계좌 개설 시 실물 인출 시 수수료, 세금 구조, 금융소득종합과세 대상 여부 등에 대한 설명이 부족할 때가 많다. 담당 직원은 "실물 찾을 때 부가가치세와 소정의 수수료만 내면 됩니다." 정도의 안내만 한다. 그러나 실제로는 세무 신고, 분할 매도 불가, 과세 구간 진입 등 복잡한 구조를 고객 스스로 책임져야 한다.

골드뱅킹에 자금을 묶어 두기보다는 실물 금을 직접 거래하거나 골드나라 등의 중매 거래 플랫폼을 활용하는 방식이 훨씬 유리하다. 이 방식은 인출, 세금, 분할 매도, 시세 반영 측면에서 훨씬 유연하며, 무엇보다도 불리한 과세 구간 진입을 방지할 수 있다.

처음에는 '금도 예금처럼 통장에 넣어 두고 불려 보자.'는 생각으로 골드뱅킹을 시작했을 것이다. 하지만 결과적으로 골드뱅킹은 수익을 늘리는 것이 아니라 세금을 늘리고, 유동성을 제한하며, 투자자의 발을 묶어 두는 구조적 덫이다. 골드뱅킹은 신중하게 접근해야 한다. 이미 골드뱅킹에 진입한 상태라면 빨리 정리하고 실물 기반 골드바, 실버바 투자 전략으로 전환하는 것이 현명한 대응이다.

세금 부담 없는 실물 골드바에 투자하라

금 투자를 고려할 때 많은 투자자가 걱정하는 부분 중 하나가 바로 세금 문제다. 금값이 상승해 투자 수익이 발생하면 이에 대한 세금이 부과되지 않을까 우려하기 마련이다. 실물 골드바 투자에서 세금 문제는 많은 투자자의 예상과 달리 상당히 명확하게 정리되어 있다.

기본적으로 대한민국 현행법상 개인이 실물 골드바를 사고팔 때 그 과정에서 발생하는 차익에 대한 별도의 양도소득세나 차익에 따른 추가 세금은 존재하지 않는다. 즉 개인이 실물 골드바를 매입한 후 일정 시간이 지난 후에 가격이 올라 차익을 얻더라도 이 차익에 대해서 별도의 세금이 부과되지 않는다는 것이다.

투자자들이 흔히 우려하는 것은 혹시라도 세무 당국이 골드바의 매입 가격과 매도 가격의 차이를 근거로 세금을 추징하지 않을까 하는 것이다. 하지만 현실적으로 이를 시행하기는 매우 어렵다. 그 이유는 금은 현금처럼 유통되며 과거에 어떤 가격에 구매했는지 명확하게 입증하기 어렵기 때문이다.

예를 들어, 골드바를 사서 일정 시점에서 현금화하거나 다른 형태로 유출하면 최초의 매입 가격과 거래 이력이 명확히 드러나지 않는 경우가 많다. 개인이 평생 다양한 경로를 통해 금을 사들이는 과정에서 매입 가격을 일일이 추적하기는 사실상 불가능에 가깝다. 따라서 세무 당국이 개인의 금 거래 내역을 정확히 파악하고 차익을 계산해 세금을 부과하는 구조는 현실적으로 어렵다.

명품백이나 고가의 중고 시계를 거래할 때도 비슷한 원리가 적용된다. 이 물품들 역시 최초 구매 시 부가가치세가 이미 포함된 상태로 개인에게 판매된다. 개인이 중고 시장에서 명품을 더 높은 가격에 판매하더라도 이미 최초 구매 단계에서 부가가치세를 포함한 세금이 완납된 상태이므로 추가적인 세금을 부과하지 않는다.

골드바 거래 역시 이와 같은 원리다. 최초 구매 단계에서 이미 부가가치세 등 세금이 포함된 금액으로 구매한 골드바를 중매, 중고, 위탁 거래로 판매할 때 추가적인 세금을 부과할 수 있는 명확한 근거가 없기 때문이다.

실물 골드바 투자에 대한 명확한 결론은 '별도의 세금 부담이 없다.'는 것이다. 개인이 골드바를 사서 보유하고 가격이 상승했을 때 이를 판매하더라도 현행 대한민국 법률상 차익에 대한 추가 과세는 이루어지지 않는다. 따라서 금 투자를 고려하는 투자자라면 세금 문제에 대한 우려 없이 실물 골드바를 통해 안정적이고 장기적인 자산

● 골드바의 양도소득세 과세대상 여부 ●

답변 내용

답변일시	2025-06-23 17:31:45
처리결과 (답변내용)	안녕하십니까? 귀하께서 국민신문고를 통해 신청하신 민원(1AA-2505-0430217)에 대한 검토결과를 다음과 같이 알려드립니다. 귀하의 민원내용은 "골드바의 양도소득세 과세대상 여부"에 대한 문의로 판단되어 이에 대하여 답변 드립니다. 귀 상담의 경우 골드바 등 실물금은 현행 소득세법 상으로는 양도소득세 과세대상에 해당하지 아니함을 알려드립니다.

관리 계획을 세울 수 있다. 그러나 지속적이고 반복적으로 거래를 하는 경우에는 세무 당국에서 사업자로 분류해 소명을 요구하는 사례도 있으니 참고해야 한다.

02
세금 걱정 없는 금 투자 전략

중매 거래를 적극 활용하라

금 투자를 시작할 때 대부분의 투자자는 실물 골드바 구매 시 발생하는 부가가치세 때문에 부담을 느낀다. 일반적으로 골드바 가격에는 부가가치세 말고도 제조 공임이나 유통 마진 등이 추가되어 첫 구매 시 가격이 상당히 높아지기 때문이다.

금을 구매하는 한 가지 방법은 '유가증권' 형태로 거래하는 것이다. 이 방식은 신용카드 결제가 불가능하다. 신용카드는 부가가치세가 반드시 포함되어 결제된다. 음료수든 옷이든 물건을 살 때 카드 결제를 할 경우 항상 부가가치세와 카드 수수료가 포함된다. 그런데 유가증권은 부가가치세 없이 거래되기 때문에 신용카드를 통한 결제가 불가능하다.

금을 구매할 때 유가증권 방식보다 더 편리하고 경제적인 방법은 중매 거래 방식을 활용하는 것이다. 중매 거래는 개인 간 거래를 중개하는 방식으로 부가가치세 없이 실물 금을 보다 저렴한 가격으로 구매할 수 있다.

중매 거래는 이미 실물 금을 보유한 개인 판매자와 매수자를 연결해 주는 형태이기 때문에 일반적인 소매 마진이나 제조 공임, 부가가치세 등이 포함되지 않아 더욱 합리적인 가격에 금을 매입할 수 있다. 이러한 방식을 이용하면 부가가치세 부담을 피할 수 있을 뿐만 아니라 초기 비용 절감 효과도 크다.

부가가치세 없이 금 거래하는 방법

"금을 살 때 부가가치세를 안 내는 방법이 있나요?"

많은 사람이 하는 질문이다. 결론부터 말하자면 방법이 있다. 다만 그 구조를 이해해야 하고, 그 구조를 활용할 수 있는 시스템 안으로 들어와야 한다.

골드나라 사이트에 들어가면 '베이스 프라이스'가 기본 가격 기준으로 제시된다. '뉴 어라이벌' 코너를 누르면 신상품, 특별한 제품들이 올라온다. 국내 주요 브랜드 골드바와 실버바는 기본이고 팜프 골드바, 메이플 시리즈, 영국 퀸즈비스트 골드바 같은 것들이다. 단순한 불리온(투자용 골드바)보다 희소성과 디자인 가치가 있는 제품들도 여럿 있다. 가격은 투명하게 공개돼 있다. 줄이 쳐진 금액은 시세 기준 가격이고, 까맣게 굵은 글씨로 표시된 게 실매매 가격이다.

이 구조의 핵심은 바로 '중매 거래'다. 중고 거래, 위탁 거래, 중개 거래, 위임 거래를 모두 포함하는 말이다. 쉽게 말해 금을 팔고자 하는 고객이 위탁을 맡기고, 그 물건을 다른 고객이 구입하는 구조다. 여기에는 부가가치세가 없다. 이미 한 번 유통된 실물에 대해서는 세금이 붙지 않는다. 그래서 가격이 더 싸다. 골드나라에서는 매수, 매도 고객의 니즈에 따라 중간 지점을 제시한다. 가격은 저렴하되 신뢰는 보장되는 거래다.

예를 들어, 다양한 상품이 올라와 있는데 그중에는 2022년 임인년 호랑이 골드바 1돈도 있다. 정상가는 49만 7,000원이지만, 여기서는 43만 7,000원에 거래된다. 누군가 찜하고 결제하면 끝이다. 일반 매장에서는 이 가격에 절대 못 산다. 그런데도 사람들은 잘 안 믿는다. 화면으로 보여 주고 설명해 주어도 못 믿겠다고 한다. 그래서 나는 말한다.

"그럼, 직접 오세요. 트렁크에 현금 가득 싣고 오셔도 됩니다. 직접 와서 보면 압니다."

와서 보면 정말 이 시스템이 얼마나 합리적인지, 구조가 얼마나 잘 짜여 있는지 느낄 수 있다. 나는 고객을 말로 설득하지 않는다.

대신 정보를 제공하고, 믿을 수 있는 시스템을 유지한다. 그 안에서 고객이 판단하는 것이다. 부가가치세 없이 금을 사고 싶다면 중매 거래 시스템을 제대로 이해해야 한다. 이것은 탈세나 꼼수가 아니라 합법적이고 투명한 대안 구조다. 내가 이 업계에 몸담은 15년 넘는 시간 동안 쌓아 온 노하우가 고스란히 녹아든 시스템이다.

  부가가치세 없이 금을 사고 싶다면 먼저 시스템을 공부하고 구조를 이해하자. 그리고 직접 경험해 보자. 믿지 못하겠다면 직접 와서 확인하면 된다. 정답은 늘 현실 안에 있다.

03
보이지 않는 힘과 유혹을 경계하라

금과 은의 선물 증거금을 제대로 알고 투자하라

금과 은의 가격은 단순히 수요와 공급의 결과물일까? 실물자산으로서 금과 은은 안전자산, 인플레이션 헤지 수단, 실물 가치 저장소 등 다양한 의미를 지닌다. 하지만 금융시장에서는 이러한 귀금속조차도 선물 시장의 구조적 조정에 따라 강제적으로 눌릴 수 있다. 이 조정의 핵심은 바로 '증거금 인상'이라는 메커니즘이다.

금이나 은을 선물로 거래하는 것은 실제 실물을 들고 거래하는 것이 아니라 미래의 금을 계약 형태로 사고파는 파생 거래를 의미한다. 이때 투자자는 전체 계약 금액의 일부(증거금)만을 예치하고, 나머지는 레버리지로 거래하게 된다. 예를 들어, 43만 5,600달러짜리 금 선물 계약을 1만 9,800달러의 증거금으로 체결할 수 있다면 레버리지는 22배가 된다. 선물 시장에서는 이 증거금이 올라가면 동일한 자금으로 체결 가능한 계약 수가 줄어들며, 레버리지 비율도 낮아진다. 결과적으로 매수 여력이 줄어들고, 가격 상승세에 브레이크가 걸릴 수 있다.

실제 시장에서 증거금 인상이 어떻게 작동하는지는 2020년 코로나19 팬데믹 직후의 금 시장을 보면 명확하다. 2020년 3월 금 선물의 위탁 증거금은 5,500달러 수준이었다. 2020년 4월 금값이 급등하자 증거금을 6,600달러에서 7,700달러, 9,100달러까지 인상했다. 2개월 사이에 약 65%의 증거금이 인상된 것이다. 2025년 10월 금값이 4,300달러를 돌파한 현재는 증거금이 1만 9,800달러이다.

이러한 인상은 매수 포지션을 잡고 있던 개인 투자자에게는 큰 부담으로 작용했으며, 금값 급등세가 일시적으로 꺾이는 원인이 되었다. 같은 시기에 은도 비슷한 양상을 보이며 증거금이 6,000달러에서 11,000달러까지 인상되었고, 이 역시 은값의 급등세를 제한했다. 이와 동시에 레버리지 비율을 축소해서 금값 상승을 억제하기도 한다.

증거금 인상은 단순히 리스크 관리 차원의 결정일 수도 있다. 하지만 시장에서는 종종 이 조치를 금값이나 은값의 급등을 견제하기 위한 의도적 정책 수단으로 받아들인다. 금값이 급등하는 시기에는 실물 금 수요도 급증하고, 미국 달러나 금융 시스템에 대한 불신이 커진다. 이때 금 선물 시장에서의 매수세를 억제하려는 시도가 나타나며, 선물거래소는 증거금을 인상한다. 이는 '작은 돈으로 많은 금을 사지 못하도록 만들기', 다시 말해 레버리지를 억제해 상승세에 제동을 거는 구조적 장치다.

과거 여러 차례의 증거금 인상 사례를 보면, 대부분 금값과 은값이 급등할 때 증거금도 함께 인상되었으며, 인상 직후 일시적 조정이 따라오는 경우가 많았다. 2011년 금 최고점 당시에도 증거금이 여러 차례 인상되었고, 이후 금값이 급락했다. 2020년 코로나19 팬데믹 당시에도 유사한 패턴이 반복되었으며, 은 역시 증거금 인상이 집중되던 시기에 큰 조정이 발생했다. 이는 선물 시장의 유동성 조절 장치로서 증거금이 실제 가격 흐름에 영향을 미친다는 방증이다.

2022년과 2023년 초에는 금 선물 증거금이 오히려 낮아진 상태였다. 예를 들어, 8,250달러에서 7,150달러까지 증거금 인하 사례가 있었다. 이는 시장이 다시 상승을 준비하는 신호일 수 있었다. 증거금이 낮다는 것은 레버리지를 활용한 매수세가 더 들어올 수 있음을 의미한다. 즉 현재 금값이 바닥을 다지고 재차 상승하려는 흐름이 이어질 수 있으며, 시장에서는 이를 주시해야 한다.

금값과 은값은 단순히 수요와 공급, 국제 정세로만 움직이지 않는다. 그 이면에는 파생 시장의 증거금 조정, 레버리지 제어 그리고 대형 플레이어들의 전략적 움직임이 동시에 작동한다.

투자자 입장에서는 다음 3가지를 기억할 필요가 있다. 첫째, 금값이 급등하면 증거금 인상 가능성을 의심해야 한다. 둘째, 증거금 인상은 단기 조정, 혹은 눌림 구간으로 이어질 수 있다. 셋째, 증거금이 낮아지는 시점은 매수 타이밍의 신호일 수 있다.

금이나 은을 단순한 실물자산이 아닌 시장 구조와 함께 움직이는 금융상품으로 이해해야 한다. 그래야 가격 흐름에 대한 인사이트와 함께 실제 매매 타이밍까지 전략적으로 설정할 수 있다.

금 투자 리딩방을 경계하라

최근 금값이 연일 사상 최고치 근방을 맴돌고 있다. 이로 인해 금에 대한 투자 열풍이 다시금 달아오르고 있다. 나 역시 실물 금을 취급하는 사업자로서 이러한 금리와 물가 불안 시대에 금이 갖는 의미를 매일 체감하고 있다. 문의 전화가 폭증하고, 매장에서는 골드바 실물 매입·매도 수요가 폭발적으로 늘었다. 그런데 이 열기 속에서 심각한 문제가 하나 함께 고개를 들고 있다. 바로 '금 투자 리딩방'이라는 이름의 신종 금융사기다.

이들은 금에 대해 잘 모르는 일반 투자자들을 대상으로 "금값이 2배, 3배 오른다."라거나 "단기간에 100%, 200%, 심지어 400~500%까지 수익을 올릴 수 있다."는 허황된 약속으로 현혹한다. 언뜻 보기에 투자 전문가처럼 보이는 이들은 실제로는 투자 경험이 전무하거나, 심지어 조직적인 사기단인 경우도 많다. 언론에서도 이러한 금 투자 리딩방의 실태를 고발하는 보도가 이어지고 있다.

최근 골드나라 등 주요 금 거래 업체의 임직원을 사칭해 오픈 카톡방이나 네이버 카페 등에서 사기 행위를 벌이는 사례가 발생하고 있어 각별한 주의가 필요하다. 특히 영업시간이 아닌 야간이나 새벽 시간대에 상담을 진행하거나 입금을 유도하는 경우, 사기 행위일 가능성이 높으므로 주의가 요구된다.

금은 '가장 보수적인 자산'이다. 수익률이 단기간에 폭등하는 자산이 아니라 오히려 10년에 한 번 있을까 말까 한 '급등'을 제외하면 매우 안정적인 흐름을 보인다. 오히려 이 점이 금의 강점이다. 그렇기에 많은 전문가가 금을 '안전자산'이라 부르고, 역사적으로 전쟁, 경제 위기, 통화 불안이 있을 때마다 금값은 천천히, 그러나 단단하게 우상향해 왔다.

최근 금값이 급등하면서 골드바 실물 수요가 급격히 늘어났다. 특히 100g 단위, 10돈짜리 골드바가 가장 인기 품목으로 꼽히고 있다. 나 역시 1kg짜리 대형 골드바를 녹여서 10돈 단위 등으로 재가공해 공급을 맞추고 있는 실정이다. 시중에서는 수요에 비해 공급이 턱없이 부족하다. 매장 진열장에 빈자리가 많아 보이는 것도 그 때문이다. 요즘 들어 많은 사람이 "이제 금값이 고점이 아닌가?", "혹시 내가 비싼 가격에 산 건 아닐까?" 하는 고민을 많이 털어놓는다.

하지만 금은 단순히 가격이 오르고 내리는 투자 수단이 아니다. 내가 벌어들인 자본, 즉 노동의 결과물 중 일부를 '진짜 돈'으로 바꾸어 두는 방식이다. 나는 여유자금이 생길 때마다 현금의 상당 부분을 금과 은으로 바꾸어 두는 방식으로 운용한다. 물론 세금, 생활비,

급여 지급을 위한 현금은 남겨 두지만, 그 외는 금으로 전환한다. 그리고 이렇게 바꾸어 놓은 금의 '총량'을 기준으로 자산을 바라본다.

금값이 오르면 좋다. 금값이 떨어져도 문제없다. 어차피 나는 10년, 20년을 바라보고 금을 모으기 때문이다. 그래서 오히려 금값이 떨어졌을 때 더 많이 매수할 수 있어 좋다고 생각한다. 많은 사람이 '최저점'을 잡으려 한다. 하지만 국가의 중앙은행도, 수백조 자산을 운용하는 헤지펀드도 최저점을 정확히 예측하지는 못한다. 일반 개인이 저점을 잡겠다는 생각은 지나친 욕심일 수 있다. 그보다는 여유자금이 생길 때마다 분할 매수하는 방식이 훨씬 안정적이고 현명하다.

금값이 오르면 사람들은 공포심에 매수를 꺼리고, 반대로 하락하면 더 떨어질까 봐 주저한다. 이 모순이 투자를 어렵게 만든다. 금은 그 자체로 통화 가치 하락에 대한 '보험'이 된다. 특히 2023년 이후 글로벌 금융 질서는 뚜렷한 변화의 조짐을 보이고 있다. 미국의 달러 패권이 흔들리고 있고, 브릭스 국가를 중심으로 '탈달러화' 흐름이 본격화되고 있다. 중국·러시아·인도 등이 주도하는 이 움직임은 기존 달러 중심의 금융 체제에 거대한 균열을 내고 있다.

그 와중에 미국에서 실리콘밸리은행, 시그니처은행, 퍼스트리퍼블릭은행 등의 파산 사태가 연이어 터졌다. 유럽에서는 크레디트스위스(CS뱅크)가 UBS에 인수되는 등 대형 금융기관조차 위기를 맞고 있다. 이것은 단순한 금융위기가 아니다. 글로벌 통화 시스템 전체가 흔들리고 있다는 증거다. 이런 시대에 평범한 개인이 준비할 수 있는 최소한의 '보루'는 바로 금과 은이다.

미국의 코인숍에서는 지금 골드바와 실버바가 사실상 동났다. 99.9% 이하의 '정크 실버'조차 없을 정도로 미국 투자자들은 실물자산 확보에 나섰다. 유럽·베트남·동남아 등도 마찬가지다. 반면, 아직 한국에는 실물 금이 남아 있다. 이유는 단순하다. 한국에서는 아직도 금을 '자산'보다 '장신구'로 인식하는 사람이 많기 때문이다. 하지만 시간이 흐를수록 우리 사회도 서서히 인식을 바꾸게 될 것이다.

지금은 싸게 사서 비싸게 팔겠다는 전략보다 '지금이라도 빨리 얼마라도 금을 모아야 한다.'는 관점이 더 중요하다. 기회는 그렇게 자주 오지 않는다. 중매 거래 시스템을 활용하면 부가가치세를 최소화하고 중간 마진을 줄여 훨씬 유리하게 금을 구매할 수 있다. 시스템은 준비되어 있다. 문제는 결단이다.

땀 흘려 벌어 모은 돈을 가치 있게 지키는 방법은 '의심 없는 희망'이 아니라 '사실에 기초한 경계'에서 시작해야 한다. 누군가는 달콤한 수익률을 약속할 것이다. 그러나 금은 그런 꿈의 자산이 아니다. 오히려 금은 우리가 가진 돈의 '진짜 가치'를 지켜 주는 묵묵한 수호자다.

04
KRX 프리미엄 신호등과 금의 외환보유 비중 확대

KRX 금시장과 실물 금 시장의 관계

국내 금 투자 방법 중 대중에게 많이 알려진 KRX 금시장과 실물 금 시장의 관계는 2025년 들어 아주 민감하게 반영되고 있다. 국제 금값이 오르고 환율이 뛰면서 국내 공급가액 기준 금 가격이 g당 20만 원, 1돈당 75만 원을 넘어섰다. 2025년 10월 15일 기준, 한국 내 종이금 시장의 대표로 알려진 KRX 금시장에서 거래되는 가격은 1g당 약 23만 원이다. 외국에서 수입한 금, LS MnM으로부터 공급받는 금의 가격보다 18% 넘게 높은 가격에 거래되고 있다. 소위 이야기하는 김치 프리미엄이 18% 넘게 형성된 것이다.

구조는 단순하다. KRX가 더 비싸면 대형 금 거래 업체는 KRX에서 매도해 무위험 차익을 확보하고, 그만큼 실물 시장으로의 공급이 말라 국내 실물 가격의 추가 상승 압력으로 되돌아온다. 실제로 이 현상은 2025년 2~3월에 심화되었고, 9~10월에도 유사한 패턴이 반복됐다.

프리미엄은 주변 시장을 흔든다. 금이 비싸지면 대체재로 은 수요가 급증해 더 큰 가격 왜곡이 나타나기 쉽다. 거래는 급해지고 스프레드는 벌어지며, 일부 품목은 재고 부족과 호가만 남는 '이상 가격' 신호를 보인다. 여기에 공급 충격이 겹치면 파장은 커진다. 예를 들

● 금과 은 비율 100년 차트 ●

※ 왼쪽 숫자가 금 대비 은의 가치를 나타냄. 예를 들어, 80이면 금 1oz당 은 80oz의 가치이고, 금 1kg당 은 80kg의 가치라는 뜻임.

어, 2025년 9월 국내 최대 금·은 공급망 중 하나인 LS MnM에서 노동자 사망 사고가 발생해 중대재해법 관련 조사가 진행 중이라는 보도가 있었다. 높은 가격 국면에 공급 차질까지 발생하면 금·은 모두에 추가적인 상승 압력이 전이되는 전형적 현상이 나타나게 된다.

그렇다면 개인 투자자의 대응은 무엇이 합리적일까? 핵심은 프리미엄의 방향을 이용하는 것이다. 첫째, 프리미엄은 심리에 좌우되어 압축·재팽창을 빠르게 반복한다. 둘째, 실물의 재유통성은 브랜드·상태·정품 확인 이력에 따라 크게 갈린다. 즉 단순 '싼값'보다 되팔기

● 실물 사업자 판매량 ●

일자	기관	외국인	개인	실물사업자
2025/10/21	238,530	991	471,705	-711,226
2025/10/20	360,421	2,981	366,957	-730,359
2025/10/17	281,947	1,197	454,502	-737,646
2025/10/16	360,702	1,214	339,845	-701,761
2025/10/15	486,719	1,679	143,350	-631,748
2025/10/14	376,476	1,096	317,357	-694,929
2025/10/13	319,566	1,782	347,360	-668,708
2025/10/10	141,697	5,980	285,452	-433,129

※ 2025. 10. 21. 종가 기준

• 금 현물 99.99 1kg 프리미엄 현황 •

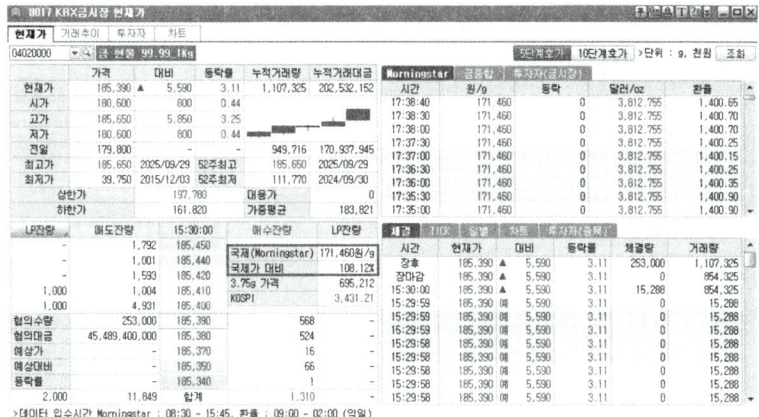

※ 2025. 9. 29. 종가 기준(108.12%)

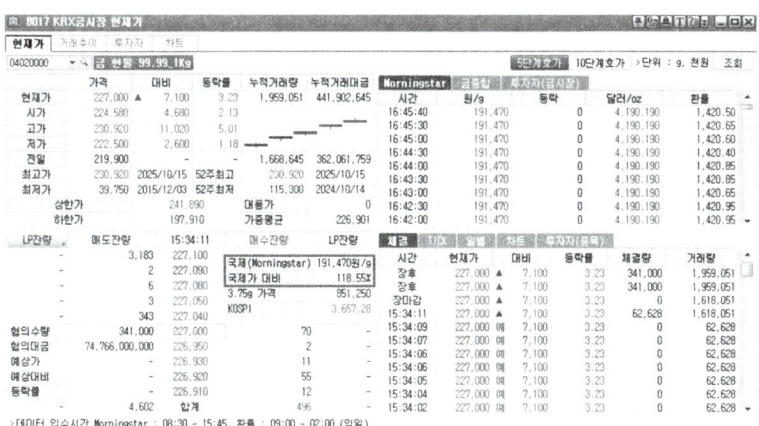

※ 2025. 10. 15. 종가 기준(118.55%)

쉬운 자산성을 우선한다. 예시한 일봉 차트, 실물 사업자 판매량, 중량별 프리미엄 현황을 함께 모니터링하면 가격(국제, 환율)과 프리미

• KRX 금시장 금 현물 99.99 1kg 시세 일봉 차트 •

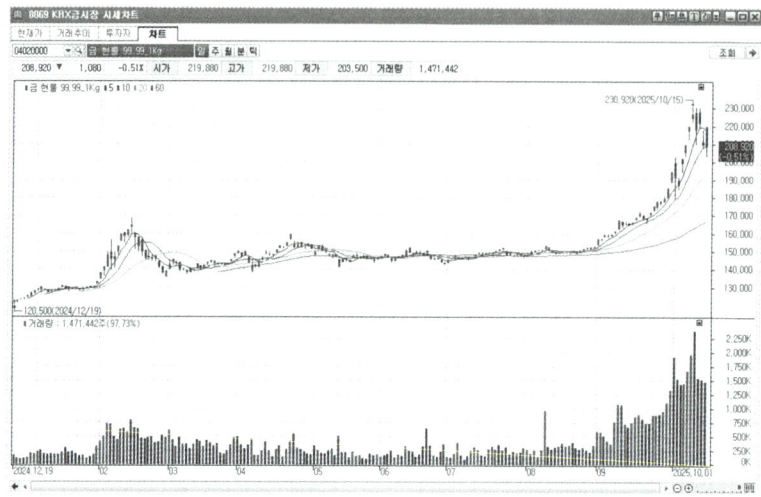

※ 2025. 10. 21. 종가 기준

엄, 재고의 3축으로 합리적 매매 판단을 할 수 있다.

한국은 외환보유고에 왜 금을 더 담아야 하는가

외환보유액은 한 나라의 대외 지급 능력을 나타내는 최후의 방어선이다. 구성의 주력은 달러·유로·엔·위안 같은 기축통화 채권이지만, 금은 역사적으로 안전자산·가치 저장·최종 담보라는 3가지 기능으로 위기 때 진가를 발휘해 왔다.

글로벌 금융위기, 팬데믹, 미·중 갈등의 10여 년을 지나며 주요국은 금 비중을 재평가해 왔다. 그 과정에서 드러난 한국의 문제의식은 분명하다. 경제 규모 대비 금 비중이 낮다는 점이다. 특히 글로벌 금융위기, 코로나19 팬데믹, 미·중 갈등 등 불확실성이 커지는 상황에서 주요국들은 금 비중을 늘리는 추세이다. 그렇다면 한국은 어떤 위치에 있으며, 경제 규모에 걸맞은 금 보유 비중은 어느 정도일까?

한국은 세계 12위권의 경제 규모를 갖춘 나라임에도 불구하고 금 보유량은 35위권, 한국의 외환보유고 중 금이 차지하는 비중은 약 1% 수준에 불과하다. OECD 주요국 평균인 약 10~15%보다 현저히 낮다. 미국·유럽 주요국은 물론 일본(3.5%)과 중국(4~5%)에도 크게

● 세계 주요국 외환보유액과 금 보유 비중 ●

국가	외환보유액(억 달러)	금 보유량(톤)	금의 외환보유고 내 비중
미국	-(달러 발행국)	8,133t	약 70% 이상
독일	4,500	3,352t	약 67%
이탈리아	2,200	2,452t	약 65%
프랑스	2,400	2,436t	약 65%
러시아	6,000	2,333t	약 25%
중국	32,000	2,264t	약 4~5%
일본	12,000	846t	약 3%
인도	6,000	822t	약 8%
한국	4,200	104t	약 1%

※ 출처 : 세계금협회(WGC)

못 미친다. 원화는 아직 국제 결제통화 위상이 제한적이어서 외환 포트폴리오에서 달러 일극 의존은 구조적 취약성을 남긴다. 한국의 외환보유 전략에서 안전자산(금)의 역할 강화가 필요하다.

그렇다면 한국 경제 규모에 맞는 금 보유 비중은 어느 정도가 되어야 할까? 한국의 GDP는 세계 10위권이다. GDP 대비 안정적 금 보유 비중은 최소 3~5%가 되어야 충격 흡수력이 급격히 좋아진다. 외환보유고 기준으로 보면, 한국의 외환보유액은 약 4,200억 달러이다. OECD 평균인 10%를 적용하면 420억 달러 상당의 금이 필요하다. 2024년 기준으로 금 가격은 1oz당 2,500달러이다. 대략 1톤은 약 8,000만 달러이다. 이 기준을 적용하면 약 522톤 수준이 필요하다. 현재 104톤 대비 5배 확대가 필요하다.

왜 이처럼 외환보유고에서 금 비중을 높여야 할까? 먼저 리스크 분산이다. 외환보유고에서 달러 의존도가 높을수록 미·중 갈등이나 미국 금리 정책에 취약하다. 그런데 금은 무위험자산으로 외환 포트폴리오의 안정성을 강화할 수 있다. 다음으로 국가 신뢰도 제고이다. 국제 금융시장에서 금 보유는 국가 신용도의 무형자산으로 작용한다.

따라서 한국은 2030년을 내다보는 중장기 전략으로, 향후 5~10년간 단계적으로 금 보유량을 확대해 외환보유고의 최소 5% 이상을 금으로 전환할 필요가 있다. 이는 단순한 안전자산 확보를 넘어 국가 신뢰도 강화, 대외 충격 대응력 제고, 금융 주권 확보라는 전략적 의미를 지닌다.

이러한 변화는 개인 투자자에게도 중요한 시사점을 제공한다.

첫째, 국가 차원의 금 매입은 시장의 하방 지지력을 형성한다.

둘째, 환율과 금의 상관관계가 국내 금값에 직접적인 영향을 미친다. 국제 시세가 조정되더라도 환율이 상승하면 국내 금값은 쉽게 하락하지 않는다.

셋째, 관세·규제 변화는 단기적 왜곡을 초래할 수 있으나 장기적으로는 거래 투명성을 높이고 시장의 건전성을 강화한다.

궁극적으로 국가 차원의 금 보유 확대는 시장의 구조적 하방을 만들어 내고, 한국 경제의 취약성을 완화하는 포트폴리오의 안전판 역할을 한다. 이는 정부와 개인 모두에게 금의 전략적 가치를 재인식해야 할 시점임을 의미한다.

에필로그

금은 '진짜 돈'의 가치를 아는 사람들의 실물자산이다

최근 금 시장이 출렁이는 걸 보며 다시금 실물 금·은 투자 세계의 깊이에 대해 생각해 봤다. 이스라엘과 이란 사이에 긴장이 고조되자 오전 10시쯤부터 금값이 폭등하고 환율이 출렁였다. 몇 분 사이에 금은 1.5% 넘게 급등했고, 비트코인도 심하게 흔들렸다. 이쯤 되면 시장이 정말 전쟁을 예고하는 것처럼 보인다. 하지만 시장은 진짜 전쟁보다는 해프닝으로 받아들이는 분위기다.

그런 상황에서도 나는 매도 주문을 받고, 매수를 위한 전화벨 울림을 실시간으로 지켜보았다. 골드바와 실버바가 중량별로 빠르게 거래되었다. 이 시장에서는 '감각'이 생명이다. 금값이 요동치고 수요가 몰릴 때, 실물 거래는 폭발적으로 늘어난다.

사람들은 실물자산 투자가 지루할 거라고 생각하지만, 사실 나는 이 세계를 즐긴다. 고객이 웃고, 내가 설계한 시스템이 매끄럽게 돌아가면 무척 즐겁다. '천재는 노력하는 자를 이기지 못하고, 노력하는 자는 즐기는 자를 이기지 못한다.'는 말처럼 나는 금과 은을 진심으로 즐기며 이 업을 하고 있다.

유튜브 방송을 통해 고객들과 나누는 대화도 내게는 중요한 연결고리다.

고객이 묻는다.

"골드바 100g 2개를 샀는데 보증서가 없어요. 팔 때 문제 있나요?"

나는 이렇게 답한다.

"중매 거래로 충분히 가능하니 걱정하지 마세요."

내가 운영하는 골드나라 시스템은 위탁자와 매입자 간의 실시간 거래를 가능하게 한다. 금이든 은이든 제값을 받고 거래할 수 있는 구조가 마련되어 있다. 그런 이유로 많은 사람이 내 채널을 통해 정보를 얻고, 실제 거래에 참여한다.

가끔은 물량이 크게 들어올 때가 있다. 매도자 입장에서는 급하게 현금을 원하고, 매수자는 최저가를 찾는다. 이럴 때는 내가 가격대를 조정하고, 주문을 하루 한 번으로 제한하기도 한다. 고객들이 한꺼번에 몰려들면 가격이 왜곡되기 때문이다. 실버 메이플 불리온을 튜브 단위로 229만 원에 내놓았는데 순식간에 두 튜브가 팔려 나갔다. 사람들이 최저가에 얼마나 민감한지 여실히 보여 주는 장면이다. 단 몇 초 안에 주문이 몰리는 이 긴박한 현장감은 살아 숨 쉬는 실물 시장의 본질이기도 하다.

실물 시장에서는 정보가 중요하다. 앞서 여러 번 말했지만, 내가 운영하는 오픈 채팅방에는 이미 4,000여 명 가까운 사람이 참여하고 있다. 이들은 대부분 실물 금과 은을 실제로 거래한 경험이 있고, 경제 흐름에 대한 감각도 예민하다. 새내기로 들어온 이들은 며칠만 조용히 지켜보면 흐름을 파악할 수 있다. 가격이 얼마인지, 적정선이 어디인지, 어떻게 중매를 맡기고 수수료는 얼마인지, 자생적으로 학습되는 시스템이다.

사람들은 금값이 얼마까지 오를지 묻는데, 나는 그런 질문을 별로 좋아하지 않는다. 금은 본질적으로 '돈'이다. 1돈이 얼마까지 갈 것인가를 묻는 것은 마치 은행 예금 금리가 어디까지 갈지를 묻는 것처럼 무의미하다. 자신만의 자산 플랜을 세워 '1kg 모으기', '10돈 100개 모으기' 같은 목표를 설정해 놓고 꾸준히 쌓아 가는 것이 중요하다. 가격을 예측하기보다 계획적으로 모으는 것이 실물자산의 진정한 의미다.

내가 금과 은에 진심이듯 많은 고객이 각자의 이유로 진입하고 있다. 누군가는 자녀 혼수용으로, 누군가는 은퇴 후 생활비로, 누군가는 단순한 자산 방어 수단으로 실물 금과 은을 모은다. 목적은 다르지만 '진짜 돈'의 가치를 아는 사람들만이 이 세계에 오래 남는다.

고객들과의 대화, 실시간 시세 체크, 긴급한 매매 결정, 심지어는 댓글로 오가는 농담 등 모든 것이 하나의 흐름이고 에너지다. 이 흐름은 결국 '함께 잘 살자.'는 마음에서 출발한다. 내가 집중하는 건 내 일을 잘 해 내는 것이다. 시스템을 정교하게 운영하고, 신뢰를 쌓

● 골드나라 종로점 ●

● 골드나라 엘시티점 ●

고, 하나하나의 거래를 정확하게 마무리하는 일이다.

나는 이 일에 사명감을 갖고 있다. 단순한 사고팔기의 반복이 아니라 시대의 변곡점 속에서 사람들에게 믿을 수 있는 실물자산을 제공하고 있다는 자부심이 있다. 나는 고객들에게서 실물 금과 은에 담긴 인생의 목표, 가족을 위한 결정 그리고 긴 시간 동안 쌓아 올린 신뢰를 배운다. 이것이 바로 내가 이 업을 지속할 수 있는 이유다.

실물금 투자를 시작하려는 이들에게 나는 3가지를 추천한다. 골드나라 홈페이지, 네이버 카페, 그리고 오픈 카카오톡방이다. 이 세 곳이야말로 가장 빠르고 정확하게 금을 이해할 수 있는 창구다.